BASTEI
LÜBBE

Andrea Jöhnk

Diesmal werde ich es schaffen

Aufgezeichnet von Sabine Eichhorst

BASTEI LÜBBE

BASTEI LÜBBE TASCHENBUCH
Band 61 469

1. Auflage: Juni 2001

Die Namen der Personen wurden aus persönlichkeitsrechtlichen Gründen geändert. Etwaige Ähnlichkeiten mit lebenden oder verstorbenen Personen sind daher nicht beabsichtigt und somit rein zufällig.

Vollständige Taschenbuchausgabe

Bastei Lübbe Taschenbücher ist ein Imprint der Verlagsgruppe Lübbe

Originalausgabe

Titelillustration: Photonica
Einbandgestaltung: Manfred Peters
Satz: hanseatenSatz-bremen, Bremen
Druck und Verarbeitung: Cox & Wyman, Ltd.
Printed in Great Britain
ISBN 3-404-61469-0

Sie finden uns im Internet unter
http://www.luebbe.de

Der Preis dieses Bandes versteht sich einschließlich
der gesetzlichen Mehrwertsteuer.

Prolog

In den vergangenen zwanzig Jahren habe ich, alles in allem, 120 Kilo abgenommen. Ich habe zahllose Diäten und Hungerkuren gemacht. Ich bin Expertin in Sachen Ernährung

Es hat alles nichts genutzt.

Ich habe gehungert, gelitten, gehofft, aufgegeben und mich wieder hochgerappelt. Ich habe tapfer durchgehalten, mir Mut zugesprochen und am Ende doch versagt. Ich habe abgenommen und zugenommen und abgenommen und noch mehr zugenommen.

Ich wiege heute 92 Kilo, bei einer Größe von 1,62 Meter.

Lange Jahre wusste ich nicht, dass Essen zur Sucht werden kann. Ich aß einfach gern. Essen war Genuss, eine Freude für die Sinne. Essen war ein Fest und dumm, wer sich dem Genuss nicht hingab.

Doch irgendwann begann meine Umwelt, mich darauf aufmerksam zu machen: Ich war zu dick.

In den vergangenen zwanzig Jahren habe ich zahllose Diäten ausprobiert. Anfangs wild entschlossen, später voller Zweifel. Zahllose Male dachte ich: Das ist es, nach dieser Methode wird es funktionieren! Und immer gab es einen Grund, warum es doch nicht funktionierte.

Ich habe geweint und gerätselt, warum ich es nicht schaffe. Habe ekelhafte Abführmittel geschluckt, lebensgefährliche Diuretika gestohlen und abenteuerliche Operationen erwogen. Ich ging zu Hausärzten, Internisten, Heilpraktikern und Psychologen.

Ich blieb dick. Mehr noch: Ich wurde immer fetter.

Ich habe mich zurückgezogen, mich nicht mehr unter Menschen getraut und lieber die Nähe von Tieren gesucht. Habe Distanz zu Männern aufgebaut und gescheiterte Beziehungen damit begründet, dass es an meinem Gewicht gelegen haben musste. Ich hatte Angst, mich um eine Stelle zu bewerben, und wurde nervös, sobald jemand einen Fotoapparat herausholte.

Ich fand mich immer zu dick.

Ich habe meinen Körper verwünscht. Habe die Speckrollen meines Bauches gegriffen und sie geschüttelt, dass mein dicker Körper bebte. War das noch ich – all dieses Fett? Diese unbeherrschbare, unkontrollierbare, wuchernde Masse Weichfleisch?

Auf dem Höhepunkt meiner Karriere wog ich 112 Kilo.

Jeder Blick auf der Straße schien mir zu gelten, schien zu sagen: Wie kann man nur! Kann sie sich nicht beherrschen?

Ich konnte mich nicht beherrschen. Und lange Jahre verstand ich selbst nicht, warum ich es nicht konnte. Ich wurde depressiv, einsam, verzweifelt. Und aß, um mir ein bisschen was Gutes zu tun.

Ich kämpfte mit einem massigen Körper und einem mickrigen Willen.

In den vergangenen zwanzig Jahren habe ich 120 Kilo abgenommen. Und immer wieder zugenommen. Ich kenne unendlich viele Diäten, alle Fallen und Fußangeln, kann den Body-Mass-Index auswendig herunterbeten und Fettpunkte im Kopf addieren. Ich bin Meisterin im Jonglieren mit Kalorien und immer noch nicht schlank.

Ich habe gezweifelt, alles verflucht, in nichts mehr einen Sinn gesehen. Habe mich gezwungen, kasteit, bestraft und verurteilt. Ich war hart zu mir und doch nie hart genug, um mein Ziel zu erreichen.

Ich war todunglücklich.

In den schlimmsten Zeiten aß ich, bis ich mich nicht mehr bewegen konnte. Bis mein Körper rebellierte, Knochen, Gelenke, Organe schmerzten. Und quälte mich hinterher mit Selbstvorwürfen.

In den finstersten Momenten sah ich keinen Ausweg als den Tod. Besorgte mir Tabletten und nahm sie am Ende doch nicht. Ich fragte mich: Wer soll dich überhaupt aus dem Haus schaffen, wenn du tot bist – deine zentnerschwere Leiche abtransportieren?

In den fürchterlichsten Tagen hatte ich immer einen guten Freund: das Essen.

Erst seit eineinhalb Jahren gelingt es mir, mich halbwegs zu akzeptieren wie ich bin.

Ich hatte mir eine letzte Chance gegeben: Einmal noch wollte ich versuchen abzunehmen. Diesmal ohne mich massiv unter Druck zu setzen, wie ich es all die Jahre hindurch getan hatte. Diesmal ohne zu erwarten, dass ich innerhalb kürzester Zeit grandiose Erfolge erzielen würde. Diesmal mit Vernunft.

Zum ersten Mal nach langer Zeit traue ich mir wieder zu, es zu schaffen. Zum ersten Mal seit Jahren bin ich wieder zufrieden mit meinem Leben.

Zur Hilfe kamen mir eine gewisse innere Ruhe, ein neues Medikament und dieses Buch.

1

Anfang des Jahres 1962 wurde ich in Eckernförde geboren, mittags, Schlag zwölf Uhr. Es war eine leichte Geburt, immerhin war ich das vierte Kind. Morgens hatte meine Mutter noch Kohlen geschippt. Dann setzten die Wehen ein, sie nahm ein Bad, und mein Vater fuhr sie ins Krankenhaus.

Meine Mutter hieß Anke, meine Großmutter Anita, meine Tante Annerose; auch mein Name sollte mit »An ...« beginnen. So nannten meine Eltern mich Andrea.

Es war Weihnachten und die Großmutter zu Besuch gekommen. Auf dem Tisch dampfte die Pute.

»Reich mir den Teller.« Meine Mutter tranchierte den Braten und legte mir eine der beiden Putenkeulen auf. Ich bekam immer als Erste und immer die Keule, die mochte ich am liebsten. Seit ich denken kann, liebe ich Fleisch. Alles andere – Gemüse, Kartoffeln, die Soßen – ist Beiwerk. Ich habe es immer zuerst gegessen, hab mir das Beste bis zuletzt aufgehoben. Um das ganz und gar zu genießen.

»Kartoffeln?« Großmutter reichte die Schale herum. Mutter schnitt ein Bruststück in der Mitte durch und verteilte die Stücke auf den Tellern meiner Brüder. Draußen lag der Garten im Schnee, am Weihnachtsbaum brannten Kerzen. Meine Schwester Kerstin trug ein schwarzes Kleid, hatte ihre Haare hochgesteckt und gab sich als Dame. Rainer, der älteste von uns Geschwistern, schenkte Wein ein. Mein Vater saß am Tischende und zerlegte einen Putenflügel. Er kaute, und sein scharf geschnittenes Gesicht wirkte weich im Licht der Kerzen.

»Kriege ich noch eine Keule?« Ich schob meinen Teller in die Tischmitte. Mutter griff nach dem Messer.

»Du bist verfressen.« Lutz, mein anderer Bruder, sah mir unverwandt ins Gesicht. Aus dem Radio klangen Weihnachtslieder. »Du willst immer am meisten haben.«

»Lass deine Schwester«, sagte Vater. »Ihr schmeckt es, das ist doch in Ordnung.« Schweigend aß Lutz weiter. Mutter legte die Putenkeule auf meinen Teller. Mit der Gabel schob ich die Kartoffeln beiseite, zerteilte sie und tunkte sie in die Soße. Ich sah zu Vater hinüber. Er zwinkerte mir zu.

In unserer Familie sind alle gute Esser. Und alle hatten immer mehr oder weniger Probleme mit ihrem Gewicht. Mein Vater hatte Übergewicht, meine Mutter kämpfte nach meiner Geburt mit den Pfunden. Meine Großeltern waren allesamt Schwergewichte, der Vater meiner Mutter wog beinahe 150 Kilo. Dabei war er allerdings flink und beweglich. Nur die Mutter meines Vaters blieb ihr Leben lang eine schlanke Frau.

Meine Mutter war immer eine gute Köchin und brachte auf den Tisch, was in den Sechziger- und Siebzigerjahren als solide deutsche Hausmannskost galt. Fleisch, Kartoffeln, gebundene Soßen, Bohnen und Blumenkohl in Mehlschwitze, auf dem Brot lag dick die Butter. Es wurde gegessen, bis jeder satt war.

Zu naschen gab es wenig. Manchmal kochte Mutter Pudding. Sonntags buk sie Kuchen; keine Torten, sondern Marmorkuchen, Nusskuchen oder Sandkuchen. Einmal in der Woche brachte Vater Süßigkeiten mit nach Hause. Süßigkeiten waren etwas Besonderes.

»Jeder bekommt einen Riegel Schokolade.« Den Rest

der Tafel schloss Mutter in den Schrank. Nur im Urlaub gab es reichlich Süßes, oder wenn ich krank war. Dann bereitete Mutter Schokoladensuppe, und ich lag im Bett und löffelte diese süße Mischung aus Pudding und Soße und fühlte mich behaglich.

Großmutter legte das Besteck beiseite und fuhr sich mit der Serviette über die Lippen. »Ein guter Braten, Anke.« Mutter schob ihr die Schüssel mit dem Gemüse hin.

»Kriege ich noch Fleisch, ein Stück von der Brust?«

»Was das Kind essen kann«, staunte meine Großmutter und blickte mich an. »Wo lässt du das?«

Ich war damals knapp sechs Jahre alt.

Als ich in die Schule kam, begann eine neue Zeitrechnung. Zum ersten Mal traf ich Menschen, die mich nicht mochten.

Ich habe die Schule gehasst.

Bisher war mein Leben wie ein nicht enden wollendes Spiel verlaufen. Allerdings zeigten meine großen Brüder nur wenig Interesse, sich mit mir, dem Nesthäkchen, zu beschäftigen. Lutz hatte eine Freundin und schrieb ihr Liebesbriefe, Rainer war beinahe volljährig und aus dem Haus. Mit meiner sechs Jahre älteren Schwester Kerstin habe ich viel gestritten; vor ein paar Jahren gestand sie, dass sie sehr eifersüchtig gewesen sei. Als ich geboren wurde, hatten meine drei Geschwister ihre Rangordnung in der Familie längst geklärt. Plötzlich kam ein Nachzügler, stand auf kurzen, dicken Babybeinen überall im Mittelpunkt und drängte die anderen an den Rand. Meine Mutter ließ Kerstin nicht allein mit mir im Kinderwagen auf die Straße. Sie hatte Angst, Kerstin würde ihn den Hang hinunterrollen lassen und ohne mich nach Hause zurückkehren.

Trotzdem habe ich diese Zeit als sehr glücklich in Erinnerung. Ich spielte den ganzen Tag mit den Nachbarskindern. Wir buddelten in der Sandkiste, versteckten uns im Garten oder tobten über die Koppel, die damals noch an unser Grundstück grenzte; heute ist dort ein Parkplatz. Wir spielten fangen und Cowboy und Indianer. Außer zwei weiteren Mädchen wohnten nur Jungen in unserer Nachbarschaft. Sie waren älter, aber sie ließen mich mitspielen.

Am liebsten spielte ich mit Jörg. Er wohnte drei Häuser weiter und besaß die größte Spielzeugautosammlung, die ich kannte. Wenn es draußen regnete, gingen wir zu ihm und spielten Autorennen. An manchen Tagen verbrachte ich Stunden allein zu Hause auf meinem Bett, schmuste mit meinen Stofftieren, bis unter dem Fell das Schaumgummi zum Vorschein kam, hörte meine Märchenplatten und versank in fremden Welten.

Dann kam der Tag, an dem ich eingeschult wurde.

Jeden Morgen, wenn ich zur Schule gehen sollte, weinte ich. Noch nie war ich von zu Hause fort gewesen. Meine Eltern hatten mich nicht in den Kindergarten geschickt. Das taten nur Leute, »die es nötig hatten«. Mütter, die arbeiten mussten und sich nicht um ihre Kinder kümmern konnten. Meine Brüder lachten diese Kinder manchmal aus; so dachte man damals über Prestige und sozialen Status. Meine Mutter nahm mich stets mit sich durch den Tag, behütete und umsorgte mich. Ich war ein sehr anhängliches Kind. Abends, wenn Vater aus dem Geschäft kam, saß ich auf seinem Schoss, und wir erzählten uns, was wir den Tag über erlebt hatten. Wann immer es Streit gab, nahmen meine Eltern mich in Schutz.

Die Trennung von zu Hause, das stundenlange Sitzen zwischen Fremden, empfand ich, als hätte man mich aus einer Idylle gerissen.

»Ich will nicht in die Schule«, heulte ich und sah vor lauter Tränen die Ärmel meines Pullovers nicht. »Ich will nicht.« Mutter zerrte an dem Pulli herum und schob meine Arme in die Armlöcher.

»Alle Kinder gehen in die Schule.« Mutter war ein ruhiger Mensch, nie aufbrausend; aber sie war auch streng. »Jetzt zieh deine Jacke an, du musst los.« Sie band mir die Schuhe zu und schob mich zur Tür.

Auch später fiel es mir schwer, mich auf Veränderungen oder eine neue Umgebung einzustellen. Wenn wir einen neuen Lehrer bekamen, hatte ich Angst, panische Angst, weil ich nicht wusste, was auf mich zukommen würde. Ich fürchtete mich vor Menschen, die ich nicht kannte. Hatte ich jemanden einmal kennen gelernt, legte sich die Furcht. Als ich auf das Gymnasium umgeschult wurde, weinte ich wieder wochenlang.

Zur gleichen Zeit begann auch die Pubertät.

Ich bekam sehr früh meine Regel, mit zehn Jahren. Als Erste in der Klasse hatte ich einen Busen. Er wuchs rasch, und die Jungen riefen böse Bemerkungen über den Schulhof. Ich litt und begann zu naschen, heimlich und üppig. Mein Taschengeld gab ich für Schokolade und andere Süßigkeiten aus. Auch zu Hause bei den Mahlzeiten aß ich mehr. Ich war 1,44 Meter groß und wog 62 Kilo. Ich wuchs nicht und nahm beständig zu.

In der Klasse hatten wir eine gemischte Sitzordnung. Eines Tages kam unsere Klassenlehrerin herein. Wie gewöhnlich legte sie ihre lederne Tasche auf das Pult, holte ein Buch heraus und ein Etui und arrangierte alles vor sich auf dem Tisch.

»Heute ändern wir die Sitzordnung. Jeder sucht sich einen neuen Platz und einen neuen Nachbarn.« Sie ließ ihren Blick durch den Raum wandern. Widerstrebend begannen die meisten, ihre Sachen zusammenzupacken. Unschlüssig sahen sie sich um. Ein paar Jungen und Mädchen reagierten schnell, riefen einander »Hier!«,

»Hierher!«, zu und ließen sich auf Stühle fallen, die kaum frei geworden waren. Ich stand zögerlich herum und setzte mich schließlich neben einen Jungen in der hinteren Reihe, Kai.

»Neben der will ich nicht sitzen!«, rief Kai. Er verzog sein Gesicht, rückte ein Stück zur Seite und sah an mir vorbei in die Klasse. »Die ist fett.«

Ein paar kicherten.

»Die ist fett, und ich mag sie nicht.« Jetzt sah Kai zu mir herüber, sehr abschätzig. Die Lehrerin ging darüber hinweg, und ich blieb neben Kai sitzen. Doch ich war schockiert. Es war das erste Mal, dass mir jemand ins Gesicht sagte, er könne mich nicht leiden. Ich war solche feindlichen Äußerungen nicht gewöhnt. Ich kannte es nicht, dass Menschen schlecht übereinander redeten. Wann immer ich mich mit einem meiner Spielkameraden gezankt und im Eifer des Streits gerufen hatte: »Du bist doof!«, hatten meine Mutter oder mein Vater abgemildert. Das andere Kind sei nicht doof, kein Mensch sei doof oder blöd, nur vielleicht einmal nicht ganz so nett. Ich kam aus einer Welt, die Konflikte nicht kannte.

Außerdem hatte ich mich bis zu diesem Tag nicht als dick empfunden. In meinen Augen war ich nicht anders als alle anderen.

Jedes Jahr im Sommer fuhr ich mit meinen Eltern in ein Ferienhaus nach Dänemark. Ohne Zweifel waren die Ferien in Dänemark das Beste in meinem Kinderleben. Es war ein Leben in einem Freiraum.

Morgens machte ich die Tür auf und fiel in die Dünen. Mein Vater musste nicht zur Arbeit gehen und verbrachte den ganzen Tag mit mir am Strand. Wir spielten und machten Spaziergänge, und er brachte mir das Schwimmen bei. Es war wunderschön.

In Dänemark begann auch meine Liebe zu den Pferden.

An unser Ferienhaus grenzte ein Reitstall. Jeden Abend, wenn wir vom Strand zurück waren, sah ich die Reiter von ihren Ausflügen zurückkehren. Im Schritttempo ritten sie den Schotterweg entlang, der vor unserem Haus zu den Ställen hinauf führte. Die Pferde waren groß, keine Ponies, sondern schwere Warmblüter. Der Besitzer, Thore, sah mich stehen und staunen. Eines Abends zog er die Zügel seines Pferdes an.

»Darf ich die Kleine mal eine Runde mitnehmen?«, fragte er meinen Vater. Der war einverstanden. Thore hob mich hoch und platzierte mich auf dem Rücken des Pferdes, direkt vor den schweren Sattel. Das Pferd setzte sich in Bewegung. Wir ritten einmal um das Grundstück herum, und als Thore mich wieder absetzte, strahlte ich über das ganze Gesicht.

Von da an gab ich keinen Abend Ruhe, bevor mein Vater mit mir zum Reitstall hinaufging. Ab und zu hob Thore mich auf eines der Pferde. Meine Beine waren zu kurz, um ihren Bauch zu umschließen, und so hielt Thore mich an einem Fuß fest, während er neben dem Pferd herging.

Einmal streichelte ich eines der Ponies, die auf der Wiese hinter dem Stall standen, und es biss mich. Ich schimpfte mit ihm – und strich weiter über seinen warmen Hals. Ich hatte nie Angst vor Pferden, obwohl sie aus meiner damaligen Perspektive enorm große Tiere waren. Doch waren sie sanft, weich und schön. Sie faszinierten mich. Auf der Koppel legte ich mich zu den Fohlen, schmiegte mich dicht an ihre warmen Körper und streichelte ihr Fell.

Die Zeit in Dänemark verging jeden Sommer wie im Flug.

Irgendwann, ich war schon älter, durfte ich zum ersten

Mal allein ausreiten. Ohne Sattel, nur mit einer Decke über dem Bauch des Pferdes, ritt ich durch die Dünen. Es war Abend, und die Sonne ging unter. Niemand war am Strand. Ich ritt durch die Natur, spürte die sanften rhythmischen Bewegungen des Pferdes, hörte das Geräusch des Windes und der Wellen und war glücklich.

In den schlimmsten Jahren habe ich während der gesamten Rückfahrt von Dänemark nach Eckernförde im Auto gesessen und geweint. Wieder zu Hause zählte ich die Tage bis zum nächsten Urlaub.

Natürlich musste ich jeden Morgen zur Schule. Ich weinte nicht mehr, aber ich hasste sie immer noch, ich hatte auch kaum Freunde in der Klasse. Nachmittags spielte ich mit den Nachbarskindern. Wenn Kerstin zu Hause war, fragte sie schnippisch: »Was will der denn hier?«, und stichelte so lange, bis meine Spielkameraden vorschlugen, lieber zu ihnen zu gehen. Manchmal ohrfeigte Kerstin meine Freunde. Wir hatten in diesen Jahren die schlimmsten Streitereien. Sobald mein Vater abends aus dem Geschäft kam, kroch ich auf seinen Schoss und weinte mich aus.

Nur wenn Kerstin Süßigkeiten haben wollte, und bei uns zu Hause gab es ja keine Vorräte, dann war sie nett zu mir.

»Gehst du zu Strecker?«, säuselte sie in liebenswürdigstem Ton. Strecker hieß der Besitzer des kleinen Kiosks in unserer Straße. »Ich gebe Süßigkeiten aus.« Sie schmeichelte und lockte, bis ich ging. Sie selbst war zu faul, loszugehen. Wenn ich zurückkam, gab meine Schwester mir einen Schokoriegel oder ein paar Gummibärchen ab. Im nächsten Moment konnte sie schon wieder die größte Zicke sein.

Meine Eltern ermahnten uns, nicht so viel zu streiten. Vor allem meine Mutter, denn für die Erziehung war letztendlich sie zuständig, da mein Vater den ganzen Tag über in der Firma war.

»Das könnt ihr doch auch anders regeln«, sagte sie, wenn Kerstin und ich uns zankten. »Jetzt nehmt euch zusammen.« Meist zog sie Kerstin beiseite, weil Kerstin die Ältere war.

»Die Klügere steckt zurück«, sagte Mutter. »So eine Kleinigkeit ist einen Streit nicht wert.«

Meine Eltern suchten stets nach gütlichen Regelungen. Sie hatten beide gelernt, hart zu sein, hart gegen sich selbst. Sie hatten den Krieg mitgemacht, mussten lange Zeit mit sehr wenig Geld auskommen und auch während der Nachkriegszeit, als mein Vater sein Elektrogeschäft aufbaute, wurde zu Hause jeder Pfennig umgedreht. Beide wussten sich einzuschränken; uns Kindern gegenüber haben sie es jedoch nie an etwas fehlen lassen. Mein Vater war ohnehin ein wohl wollender Mensch, sehr nachgiebig und weich. Meine Mutter war eher eine kühle Norddeutsche, still, rau und immer etwas unnahbar. Doch auch sie tat für ihre Kinder, was sie konnte.

Ich war zwölf, als unser Hausarzt erklärte, ich sei zu dick.

Nach dem Wechsel auf das Gymnasium war ich häufig unkonzentriert, ich schlief schlecht und manchmal wurde mir schwindelig. Damals kam zum ersten Mal der Begriff »Schulstress« auf, und man schickte mich zum Arzt. Er untersuchte mich, fand aber keine Ursache für meine Beschwerden.

»Allerdings bist du zu dick«, sagte er, als ich mich wieder anzog. »Wie groß bist du?« Er griff nach meinem Krankenblatt.

»1,44 Meter.«

»Normalgewicht bei der Größe wären 44 Kilo.« Er

wandte sich an meine Mutter. »Ihre Tochter wiegt fast 20 Kilo zuviel. Das Kind muss abnehmen.«

»Wie meinen Sie das?«, fragte Mutter.

»Sie sollten darauf achten, was Ihre Tochter isst, und beim Kochen die Kalorien zählen. Ich gebe Ihnen eine Kalorientabelle mit.« Er zog eine Schublade seines Schreibtisches auf und schob Mutter eine kleine Broschüre zu. Mutter blätterte durch die Seiten. »Und versuchen Sie, ohne Fett zu kochen. Keine gebundenen Soßen, keine Öle, Margarine statt Butter.« Ich knöpfte meine Jacke zu. Mir war, als sei ich doch krank. Mutter legte die Broschüre vor sich auf den Tisch.

»Sie meinen, meine Tochter soll abnehmen?«

»Ja.«

Mutter musterte mich prüfend. Dann stand sie auf und steckte die Broschüre in ihre Handtasche. Sie wusste nicht recht, wie sie auf diese Äußerungen reagieren sollte.

»Und nichts mehr zu naschen«, sagte der Arzt. Die Untersuchung war beendet, er reichte erst Mutter, dann mir die Hand.

Mutter hielt sich eine Zeit lang an die Vorgaben des Arztes; doch ich nahm nicht ab. Mir selbst wurde in jener Zeit zum ersten Mal bewusst, dass ich doch anders war. Ich war dick. Zu dick. Wie ein Bann standen die Worte im Raum.

Eine Weile später begann ich zu wachsen. In den folgenden zwei Jahren schoss ich empor und mein Gewicht verteilte sich schließlich auf 1,62 Meter. 62 Kilo waren da normalgewichtig. Das Problem hatte sich von allein gelöst.

2

Die Kornfelder lagen in der Julisonne wie goldene Teppiche. Das gleichmäßige Geräusch des Motors lullte mich ein, ich spürte die Müdigkeit und war doch zu aufgekratzt, um zu schlafen. Ich schaute aus dem Busfenster, bis zum Horizont das sanfte Wogen des Weizens.

New York lag hinter uns. Jetzt fuhren wir durch Illinois. In Ohio hatten wir ein Mädchen aus Gelsenkirchen abgesetzt, sie würde das Jahr bei Gasteltern in Springfield verbringen. Von meiner Gastfamilie hatte ich bislang nur ein Foto gesehen, ich war gespannt und ein wenig nervös. Bis Milwaukee waren es noch sechs Stunden.

Zu Hause in Deutschland hatten meine Eltern mich zum Zug gebracht. Aus Eckernförde kam noch ein anderes Mädchen mit, Patrizia, aus meiner Parallelklasse. In Kiel waren weitere zugestiegen, in Frankfurt war die Gruppe komplett gewesen. Am nächsten Morgen flogen wir nach New York. Wegen der Collegeferien brachte man uns in einer der Universitäten unter. Drei Tage lang erklärten uns die Veranstalter, was in diesem einen Jahr als Austauschschüler auf uns zukäme. Sie beschrieben uns das Leben in den USA in seinen Grundstrukturen, erklärten, was die Gastfamilien von uns erwarteten, worauf wir achten sollten. Am vierten Tag wurden wir auf verschiedene Busse verteilt und brachen auf zu einer Reise über einen unbekannten Kontinent, hin zu einem unbekannten Ziel.

»*Hi*«, sagte Sheila. Ihr Haar war straff nach hinten gekämmt, und das Erste, was mir auffiel, war eine steile senkrechte Falte auf ihrer Stirn. Kurt, ihr Mann, gab mir die Hand, eine schwielige, raue Handwerkerhand.

»*Hi*«, sagte ich. »Schön, endlich hier zu sein.«

Wir fuhren in ihrem Pick-up Richtung East Troy.

»Wie war die Reise?«, fragte Sheila und wandte sich nach hinten. Neben mir saß Lucy, sie war ein wenig jünger als ich und beobachtete mich abwartend.

»Okay«, sagte ich. »Ein wenig anstrengend, aber okay.« Es kam mir vor, als holperte ich umständlich durch die fremde Grammatik. Fünf Jahre lang hatte ich in der Schule Englisch gelernt, aber es war ein Sprung ins kalte Wasser, nun mit drei Amerikanern zu plaudern. Draußen flogen die Vorstadthäuser vorbei, eines sah aus wie das andere.

»Wir wohnen ein bisschen außerhalb von East Troy«, sagte Lucy. Sie hatte eine angenehme Stimme. Sheila wandte sich wieder nach vorne. Eine Weile sagte niemand etwas.

Ich sah aus dem Fenster. Wir fuhren an einem See entlang. Lucy bemerkte meinen Blick.

»Der Michigansee.« Ich nickte.

»Hier oben gibt es fünf große Seen«, sagte Kurt und fing im Rückspiegel meinen Blick auf. »Kennst du sie?«

»Nein.«

»Michigansee, Huronsee, Eriesee, Ontariosee und der Obere See.« Lucy zog eine Tüte Bonbons aus ihrer Tasche und bot mir eins an. Sie schmeckten zart nach Pfefferminz. »Und dann gibt es zahllose kleine Seen.«

Kurt bremste abrupt, als ein Reh über die Straße lief. Es sprang mit ausholenden, geschmeidigen Sprüngen über die Fahrbahn und verschwand zwischen den Fichten auf der anderen Seite der Straße.

»Du hast Zeit, dich einzugewöhnen. Noch sind Schulferien«, sagte Kurt und startete den Motor neu. »Lucy wird dir alles zeigen.« Ich würde mit Lucy in eine Schule gehen, hatte Sheila in ihrem Brief geschrieben. In die East Troy Highschool.

»Schule finde ich ja ziemlich blöd.« Ich lutschte an meinem Pfefferminzbonbon und spürte, wie seine Kanten langsam rund wurden. In Deutschland hatte ich in den vergangenen Jahren häufig geschwänzt. Im Laufe der Jahre hatte sich meine ängstliche Schüchternheit in freche Dreistigkeit verwandelt. Hausaufgaben waren mir lästig, meine Leistungen schlecht, in vielen Fächern konnte ich dem Stoff nicht folgen. Wenn ich ohnehin kein Bein auf den Boden bekam, warum sollte ich respektvoll und gehorsam sein? Meine Eltern verordneten mir schließlich Nachhilfeunterricht. In den Nachhilfestunden konnte ich alle Aufgaben lösen; doch sobald ich in der Schule saß, war ich unfähig, die einfachsten Gleichungen zu lösen. Schule empfand ich als permanenten Druck, ich fühlte mich eingeengt und reglementiert. Ich wollte frei sein.

»Ah ja?«, sagte Sheila und steckte sich ein Bonbon in den Mund. »Blöd?« Lucy schob die Tüte zurück in die Tasche ihrer Jeans.

Eine Weile später hielt Kurt vor einem riesigen Holzhaus.

»Hier wohnen wir. Und du jetzt auch«, sagte er. Auf der Veranda standen Blumentöpfe. Rotblühende Trompetenblumen schlangen sich um das Geländer. Kurt trug meinen Koffer ins Haus und stellte ihn auf die Dielen. Auch innen war das Haus sehr weitläufig. Im Souterrain lagen die Zimmer von Darden und Cass, doch Lucys ältere Brüder kamen nur noch ab und zu, sie studierten Jura und Volkswirtschaft in Milwaukee und Washington D.C.

»Dein Zimmer ist oben«, sagte Sheila und bedeutete mir, ihr zu folgen. Sie öffnete eine Tür, und ich blickte hinaus auf den Michigansee. Es war ein großartiges Panorama.

»Willkommen«, sagte Lucy. Sie stand im Türrahmen und lutschte ein Pfefferminzbonbon. »Mein Zimmer liegt gleich nebenan.«

Ich erwachte vom Geräusch einer Säge, stand auf und sah aus dem Fenster. Unten stemmte sich Kurt mit aller Kraft gegen einen am Boden liegenden Baumstamm. Stück für Stück fraß sich die Säge durch einen armdicken Ast. Kurt trug einen grünen Overall und einen Hut, unter dem ein paar schwarze Haarsträhnen hervorlugten. Ich legte mich wieder ins Bett.

Mein Blick wanderte durch das Zimmer. Die Tapete hatte ein blassblaues Blumenmuster, die Möbel waren aus Holz, jemand hatte sie weiß gestrichen. An der Wand hing ein Bild vom Eriesee. Mich fröstelte, und ich zog die Decke höher.

In Deutschland war es jetzt Nachmittag. Ich stellte mir meine Mutter vor, wie sie mit Aggi, unserem Hund, spazieren ging und sich danach eine Tasse Kaffee kochte. Später würde sie das Abendessen vorbereiten, und gegen sieben Uhr würde Vater kommen, und sie würden zusammen essen. Eine leise Wehmut erfasste mich. Ich rief mich zur Ordnung. Ich hatte schließlich nach Amerika gehen wollen.

Meine Freundin Astrid hatte sich bei einer internationalen Jugendorganisation als Austauschschülerin beworben. In meinen Augen war sie die ideale Kandidatin, Deutschland im Ausland zu repräsentieren – so formulierte der Verein sein Anliegen in seinem Statut. Sie kam aus gutem Haus, der Vater war Apotheker. Astrid war immer nett, hilfsbereit, konnte sich gut einfügen und trat allen Menschen und Situationen sehr aufgeschlossen gegenüber. Doch sie wurde abgelehnt. Aus purer Neugier bewarb ich mich ebenfalls. Ich wurde eingeladen, erst zu einem Vorgespräch und später zu einem Wochenendseminar, in dem über 70 Bewerber in gruppendynamischen Spielen auf ihre soziale Eignung getestet wurden. Dann kam eines Tages ein Brief, in dem es hieß, ich sei als eine von insgesamt drei Kandidatinnen für einen einjährigen Schüleraustausch ausgewählt worden.

Ich sprach mit meinen Eltern.

»Das ist ja schön«, sagte Vater, doch spürte ich, dass ihn die Vorstellung, seine Tochter für ein Jahr ins Ausland zu schicken, erschreckte.

»Kind, muss das sein?«, fragte meine Mutter. »Und so weit?«

Doch ich wollte weg. Die Idee, nach Amerika zu gehen, hatte mich inzwischen gepackt. Ein Jahr in einem fremden Land: Das hieß, nicht mehr in diese verhasste Schule gehen zu müssen. Weg von meinen alten Eltern, ihren verkalkten Ansichten. Weg aus dieser Enge, in der ich immer häufiger das Gefühl hatte, keine Luft mehr zu bekommen. Meine Eltern dachten eine Weile über das Vorhaben nach. Niemand aus unserer Familie war bisher auf die Idee gekommen, für ein Jahr ins Ausland zu gehen.

Ich zog eine Packung Schokoladenkekse aus der Schublade des Nachttischs.

Der Aufenthalt wurde durch ein Stipendium finanziert; trotzdem musste jeder Teilnehmer einen Eigenanteil von 5000 Mark tragen. Schließlich machten meine Eltern mir den Aufenthalt möglich.

»Wir kriegen das schon hin«, sagte Vater.

Draußen schaltete Kurt die Säge aus. Ich hörte seine schweren Stiefel auf dem Boden der Veranda.

»Andrea?« Sheilas Stimme kippte leicht, wenn sie laut wurde. »Andrea!« Ich sprang aus dem Bett und lief zur Tür. Sheila stand unten am Treppenabsatz. Sie trug ihre alten Jeans, die sie immer zum Saubermachen anzog.

»Please get your laundry down.« Der Ton duldete keinen Aufschub. Sheila drehte sich um und verschwand in der Küche. *Laundry?* Was heißt *laundry?* Ich wusste es nicht. Lucys Tür stand offen. Ich schlüpfte in ihr Zimmer. Sie lag auf dem Bett und las Comics.

»Was heißt *laundry?*«, fragte ich leise.

Lucy sah hoch. »Wäsche«, sagte sie. »Du sollst deine schmutzige Wäsche hinunterbringen.« Sie blätterte eine Seite um. »Das müsstest du langsam wissen. Du bist jetzt seit drei Wochen hier.«

Ich sammelte ein paar Hosen und T-Shirts zusammen und trug sie in den Keller. Später setzte ich mich an meinen Schreibtisch und schrieb einen Brief nach Hause.

Lucy und ich fuhren jeden Morgen mit Sheila und Kurt zur East Troy Highschool. Sheila arbeitete als Bibliothekarin in der Schulbibliothek, Kurt war Physiklehrer.

In der Schule fühlte ich mich erstaunlicherweise sehr wohl. Anders als in Deutschland gab es in Amerika keine festen Klassen. Die Schüler eines Jahrgangs trafen sich zu den einzelnen Fächern; man sprach eher von der »Biologieklasse« oder der »Geschichtsklasse«. So war ich jede Stunde mit anderen Mitschülern zusammen. Feste Rollen – der Klassenclown, der Anführer, der Doofe, die Dicke – entstanden in dem ständigen Wechsel kaum. Außerdem fand ich leicht Kontakt. Meine Mitschüler begegneten mir sehr offen, und die Lehrer waren, von der einen oder anderen Ausnahme abgesehen, ebenfalls sehr nett und interessiert an meinem Leben in Deutschland.

Außer mir gab es an der Schule noch einen zweiten Austauschschüler, einen Jungen aus Indonesien.

Im Unterricht kam ich gut mit. Anfangs hatte ich noch Schwierigkeiten mit der Sprache; vor allem, dass Worte oft ineinander gezogen wurden, fand ich gewöhnungsbedürftig. Eines Tages fragte mich eine Mitschülerin: *»D' yuwannagototh' bar?«* Ich versuchte, die einzelnen Worte und Silben zu rekonstruieren. Sie sah mein verdutztes Gesicht und wiederholte: »*Do you want to go to the bar?* – Hast du Lust, etwas trinken zu gehen?«

Ich nickte. Und ging mit.

Bald legten sich diese Schwierigkeiten, und ich war stolz, dem Unterricht in einer fremden Sprache folgen zu können. Der Stoff war mir zum größten Teil bekannt, in Deutschland waren wir in der Schule weiter gewesen. Ich fühlte mich gar nicht mehr als die ewige schlechte Schülerin.

Mittags aßen alle in der Schulkantine. Es gab Fleisch und Pommes frites und Spaghetti Bolognese und zum Nachtisch Pudding mit Sahne. Alles war sehr fett, doch es schmeckte, und ich hatte immer Appetit.

Nachmittags fuhr ich mit Lucy, Sheila und Kurt wieder zurück nach Hause.

Die Nacht war stockdunkel. Von unten drangen halblaute Küchengeräusche herauf. Ich drehte mich auf die andere Seite. Eine Viertelstunde noch, noch ein bisschen Schlaf und die Wärme der Kissen. Jemand klopfte an meine Tür.

»Aufwachen.« Ich hörte Kurts Schritte auf dem Flur. Kurz darauf fiel die Badezimmertür ins Schloss. Nebenan klingelte Lucys Wecker. Ich schob die Decke beiseite und suchte meine Kordhose. Über dem Stuhl hing eine frisch gebügelte Bluse.

Eine Viertelstunde später stieß ich die Tür zur Küche

auf. Kurt saß am Tisch und las die Morgenzeitung. Sheila schenkte Kaffee ein. Ich nahm einen der Becher und sagte: »Guten Morgen.«

»In der Kirche werden keine Hosen getragen.«

»Bitte?« Der Kaffee war so heiß, dass man sich an dem dickwandigen Becher beinahe die Finger verbrühte.

»Keine Hosen in der Kirche.« Kurt sah von seiner Zeitung auf und zu seiner Frau hinüber.

»Warum?« Ich blickte an mir herunter. »Was ist mit der Hose? Sie ist frisch gewaschen und völlig in Ordnung.«

»Ich habe gesagt, in der Kirche werden keine Hosen getragen.« Sheilas Gesicht färbte sich rot. »Geh nach oben und zieh dir einen Rock an!«

Ich stellte den Becher auf den Tisch und lief in mein Zimmer.

Es geschah immer häufiger, dass Sheila mich zurechtwies. Selten schrie sie mich an wie an diesem Morgen. Doch ihr Ton wurde spürbar schärfer. Ich machte Dinge falsch, ohne es jeweils zu ahnen. Sheila schien aber zu erwarten, dass ich wusste, was sie von mir verlangte. Auch Lucy machte entsprechende Bemerkungen. Man setzte voraus, dass ich mich in die Familie einfügte, und das wollte ich auch. Nur wusste ich nicht, was man eigentlich von mir erwartete. Ich hatte Sheila in den ersten Tagen gefragt, welche Aufgaben im Haushalt ich übernehmen sollte.

»Dies und das, was so anfällt. Du wirst es schon sehen«, antwortete sie. Zwei Wochen später kam Lucy in mein Zimmer: »Du hast das Bad noch nicht geputzt.«

»Soll ich?«

»Wir machen es abwechselnd, und jede zweite Woche bist du dran.« Es hatte mir niemand gesagt.

Ich putzte fortan alle vierzehn Tage das Bad und

schaute auch sonst, ob es etwas zu tun gab. Zu Hause hatte Mutter sich um den Haushalt gekümmert, ich hatte nie mithelfen müssen. In meiner Gastfamilie übernahmen alle ihre Aufgaben, und ich war bemüht, mich den neuen Umständen anzupassen. Doch mal hatte ich die Wäsche nicht aufgehängt, mal den Abwasch nicht erledigt.

Unten fuhr Kurt das Auto aus der Garage. In Rock und Bluse lief ich hinunter und stieß beinahe mit Lucy zusammen. Sheila saß bereits auf dem Beifahrersitz. Kurt legte den Gang ein. Schweigend fuhr er nach East Troy. Jeden Sonntag ging meine Gastfamilie in die Kirche zur Frühmesse, und Kurt und Sheila fanden es selbstverständlich, dass ich mitging.

Eine Weile später nahm Sheila mich zur Seite.

»Ich muss mit dir reden. So geht es nicht weiter. Ich habe fast den Eindruck, du machst das absichtlich. Du sitzt in deinem Zimmer und schreibst lange Briefe, während unten im Keller ein Stapel Bügelwäsche liegt. Du bringst kein Altpapier weg und kümmerst dich nicht um die Blumen.«

»Gestern habe ich die Blumen auf der Veranda gegossen.«

»Aber nicht die Pflanzen im Haus. Man muss dir alles sagen, alles hinterhertragen, du bist sehr egoistisch und stellst dich permanent quer.« Sie war ungerecht. Sheila war entschieden ungerecht. Aber sie ließ mich gar nicht zu Wort kommen. »Du wirst dieses Wochenende das Haus sauber machen, allein. Kurt und ich fahren Sonnabend nach Milwaukee zum Einkaufen, da hast du Zeit.« Sie drehte sich um und zog die Tür hinter sich zu.

Ich ging in mein Zimmer, schob die Schulbücher vom Schreibtisch, zog ein Blatt Papier aus der Schublade und einen Karamellriegel. Warum tat Sheila das? Was hatte sie gegen mich, was war falsch an mir? Alles schien verfahren. Die ganze Situation war fremd und ungewohnt. Ich kaute und dachte nach. Ich würde mich wohl mehr unterordnen müssen. Ich würde mich besser einfügen müssen. Wahrscheinlich hatte Sheila Recht, ich war zu leicht gekränkt und fühlte mich schnell missverstanden. Ich wollte versuchen, mich besser zu integrieren.

Am kommenden Wochenende putzte ich das Haus. Ich machte das Badezimmer sauber, wischte Staub und saugte, bezog die Betten neu, wusch ab, hängte die frisch gewaschene Wäsche auf, fegte die Veranda und goss alle Blumen. Als Sheila und Kurt mit Lucy vom Einkaufen wiederkamen, half ich, die Vorräte zu verstauen. Später tranken wir zusammen Kaffee und aßen frische Waffeln, die Sheila gebacken hatte.

»Lasst uns heute Abend zum Barbecue gehen«, schlug Kurt vor. Die Stimmung war gelöst, alle Auseinandersetzungen schienen vergessen.

Ich schrieb damals sehr viele Briefe nach Hause, und sie waren immer dramatisch. Entweder war ich am Boden zerstört, weil ich mich einsam, ungerecht behandelt und missverstanden fühlte. Oder ich war euphorisch. »Mama, Papa, macht euch keine Sorgen, es geht mir gut und alles ist wunderbar. Ich bin so froh, dass ich mich auf das Abenteuer Amerika eingelassen habe. Sheila ist sehr nett zu mir, und Lucy hat mich gestern gefragt, ob ich mit zum Badminton kommen will. Sie ist neuerdings Mitglied in einem Sportverein in East Troy.«

Doch die Phasen, in denen ich dachte, nun hätte ich meinen Platz in der Familie gefunden und die Querelen ein Ende, währten nur kurz.

In der Schule lernte ich ein Mädchen kennen, das in der Nähe meiner Gastfamilie wohnte, etwa einen Kilometer entfernt. Sie hatte Pferde und lud mich eines Tages zum Reiten ein. Ich lieh mir von Kurt eine alte Arbeitshose aus, und wir machten einen Ausritt am See entlang. Betty war eine passable Reiterin, und was ich besonders an ihr mochte, war ihre Ruhe im Umgang mit den Tieren.

»Wenn die Pferde launisch sind, dann hilft es nichts, wenn du ungeduldig wirst. Sie haben ihren eigenen Willen und ihre Gefühle, genau wie Menschen. Du bist ja auch nicht jeden Tag in Siegerlaune.« Sie lockerte die Zügel ihres Rappen, das Tier fiel in einen leichten Trab und Betty lachte. »Oder?«

»Nein, ganz gewiss nicht.« Ich musste ebenfalls lachen, aber in das Lachen mischte sich etwas Beklemmendes, wenn ich an zu Hause und an Sheila und Kurt und Lucy dachte. Es tat gut, einmal herauszukommen. Weil wir so weit außerhalb wohnten und es außer dem Schulbus keine öffentlichen Verkehrsmittel gab, war es schwierig, Anschluss zu finden.

Gegen Mittag erreichten wir eine Wiese, von der unten ein Steg ins Wasser führte. Wir sattelten die Pferde ab und ließen sie grasen. Bettys Mutter hatte uns Verpflegung für ein Picknick mitgegeben, und Betty zog Sandwiches, gebratenes Hähnchen und Schokoladenkuchen aus ihren Satteltaschen. Dazu gab es eine Flasche selbst gemachten Blaubeersaft. Es war Spätsommer und noch warm. Ich ging hinunter zum Steg und tauchte einen Zeh ins Wasser. Das Wasser war angenehm, wir könnten später baden.

»Wie fühlst du dich in deiner Familie?«, fragte Betty. Sie klappte ein Sandwich auf und reichte es mir: »Hier: Truthahn, nimm. Du isst doch gern Fleisch. Die Remoulade hat meine Tante gemacht, sie ist unschlagbar.«

Ich biss in das Sandwich und genoss den Geschmack auf der Zunge. Der Truthahn war zart und die Remoulade ohne Zweifel die beste, die ich je gegessen hatte. Mit dem Finger strich ich auf, was am Rand des Sandwiches herunterzutropfen drohte.

»Meine Familie?« Ich kaute und dachte nach. »Es ist sehr unterschiedlich. Es gibt Tage, an denen denke ich, ich habe es geschafft. Ich bin drin, und alles wird gut. Dann macht Sheila mir wieder Vorwürfe, weil ich etwas falsch gemacht habe. Sie ist dabei nicht sehr diplomatisch.«

»Und Kurt?«

»Kurt ist zurückhaltend. Er sagt nicht viel. Sheila gibt den Ton an.« Ein paar Mal hatte ich Kurt beim Bauen der neuen Scheune geholfen. Er hatte nicht immer als Physiklehrer gearbeitet. Er war Holzfäller oben in Kanada gewesen, Zimmermann, und eine Zeit lang hatte er sogar als Hufschmied in einem kleinen Ort in Montana gearbeitet. Ich mochte Kurt, und wenn wir allein waren, konnten wir gut miteinander reden. Er war geduldiger als Sheila und einfühlsamer.

Ich nahm ein zweites Sandwich. Auch auf gekochtem Schinken schmeckte die Remoulade vorzüglich.

Kurt hatte versucht, zu vermitteln.

»Sheila ist nicht so, wie du denkst. Sie hat ein warmes Herz. Aber sie ist impulsiv, und manchmal ist es schwierig damit umzugehen. Sie hat auch gerade viel Ärger in der Bibliothek. Eine Mitarbeiterin wurde beim Stehlen erwischt, in der Schule. Man hat ihr fristlos gekündigt. Jetzt müssen die anderen ihre Arbeit mitmachen, und nebenbei sucht Sheila noch eine neue Kraft. Es ist alles sehr anstrengend für sie. Versuch, ein bisschen auf sie einzugehen.«

»Ich werde mich bemühen. Ich möchte ja wirklich keine Schwierigkeiten machen.« Kurt drückte kurz meinen Arm. »Gibst du mir die Schachtel mit den Nägeln?« Ich stieg von der Leiter und holte die schmale Pappkiste, die auf einem abgesägten Baumstumpf stand. »Es gefällt dir doch bei uns?«, fragte Kurt, als ich ihm die Nägel reichte.

»Doch, ja.«

Abends blickten wir stolz auf das Dach der neuen Scheune, das wir in seiner ganzen Länge mit Dachpappe bedeckt hatten.

In der Brotdose lag noch ein Sandwich. Fragend sah ich Betty an. »Nimm, ich kann nicht mehr«, sagte sie.

Ein Mal hatte ich mit meiner Französischlehrerin gesprochen, Mrs. Burnette. Sie kümmerte sich um die Austauschschüler an unserer Schule. Daneben fanden sporadische Treffen mit den Betreuern vom Austauschdienst statt. Auch von anderen Austauschschülern hörte ich, dass sie zuweilen Schwierigkeiten in ihren Familien hatten, allerdings waren sie weniger gravierend. Am Ende des Gesprächs hatte Mrs. Burnette versucht, mich aufzumuntern, und gesagt: »Versuch es noch einmal. Es ist schwierig, eine neue Familie zu finden.«

»Fühlst du dich wohl?«, fragte Betty und schnitt zwei große Stücke von dem Schokoladenkuchen ab. Ich zuckte mit den Schultern. Ich dachte nach, doch fand ich keine Antwort.

Am frühen Nachmittag ritten wir weiter. Als wir später am Haus von Bettys Eltern ankamen, die Pferde absattelten und sie in den Stall brachten, hatte ich das Gefühl, sehr lange fort gewesen zu sein. Betty breitete die Satteldecken zum Trocknen aus. Ich nahm ein Bündel Stroh, rieb das Fell meines Pferdes ab und kratzte ihm die Hufe aus.

»Ich rufe dich an«, sagte Betty, als ich mich verabschiedete. »Dann gehen wir wieder reiten.«

»Gern.«

Es kam nie ein Anruf von ihr.

Sheila tobte.

»Du bist wirklich ein verzogenes, egoistisches Gör. Alles muss man dir hinterherräumen, du bist völlig unselbstständig.« Sie warf einen Arm voll schmutziger Wäsche auf den Küchenfußboden, drehte sich um und verschwand.

Ich stellte die Milchflasche zurück in den Kühlschrank und das Glas in die Spülmaschine und sammelte die Kleidungsstücke zusammen. Weinend ging ich hinauf in mein Zimmer und schloss die Tür hinter mir ab. Ich zog meine Bettdecke von der Matratze, schlang sie um die Schultern und hockte mich auf das Fensterbrett. Draußen war es dunkel. Die Stare, die während des Sommers im Birnbaum genistet hatten, waren fort, und im Garten herrschte eine fast tote Stille. Die Sträucher waren kahl, und in der Ferne sah man die erleuchteten Fenster eines Nachbarhauses.

Von unten hörte ich Sheilas Stimme. Sie redete mit Kurt, worüber, das konnte ich mir denken.Ich wollte hier weg. Ich wollte raus aus dieser Familie. Es war nicht möglich, etwas richtig zu machen. Sheila hatte es darauf abgesehen, mich zu schikanieren. Längst versuchte ich, ihr aus dem Weg zu gehen. Bei den gemeinsamen Abendessen war ich still, aß und ging möglichst bald auf mein Zimmer. An den Wochenenden gab ich vor, Schularbeiten machen zu müssen, um allein sein zu können. Wie nasser grauer Nebel saß das Heimweh in mir.

Ich rutschte von der Fensterbank, ging hinüber zum Bett, öffnete die Tür des Nachtschränkchens und zog eine Hand voll Schokoladenriegel heraus, die ich in der Schulpause im Ort gekauft hatte. Ich nahm die Bettdecke, wickelte mich wieder hinein und kroch zurück in die Ecke auf der Fensterbank. Ich zog einen Schokoriegel aus seiner Verpackung und biss hinein. Auf meiner Zunge zerfloß das tröstliche Aroma der Schokolade. Ich weiß nicht, wie lange ich am Fenster gesessen hatte, jedenfalls zuckte ich zusammen, als jemand den Griff der Tür herumdrehte.

»Andrea?« Es war Lucy. Sie klopfte und drehte noch einmal am Türknauf. Ich sprang von der Fensterbank und öffnete.

»Mama ist sauer, weil du deine Wäsche nicht auseinander sortiert hast. Du weißt doch: In den Wäschekorb kommt die Kochwäsche, in die Tonne sollen die hellen Sachen, und die dunklen gehören in den Plastikkasten.«

»Das wusste ich nicht. Als ich die Hosen in den Keller gebracht habe, waren alle drei Behälter leer.«

»Das ist doch nicht erst seit gestern so.«

»Trotzdem habe ich es nicht gewusst.«

»Okay, wenn du so stur bleiben willst. Ich wollte dir nur helfen. Sheila ist jedenfalls stinksauer.« In dem Moment ging unten eine Tür auf. Jemand knipste das Licht im Flur an. Am Fuß der Treppe stand Sheila.

»Bring deine Wäsche in den Keller, verteile die Sache in die Behälter, in die sie gehören, und dann komm ins Wohnzimmer. Wir müssen reden.«

»Okay«, murmelte ich. Ich wollte nicht mit ihr reden. Ich wollte mit niemandem mehr reden. Sie warf mir die Hosen und Sweatshirts zu

Im Wohnzimmer saß Kurt in dem ledernen Ohrensessel. Sheila stand vor dem Fenster. Als sie mich hereinkommen hörte, drückte sie ihre Zigarette in einem Aschenbecher auf der Fensterbank aus und drehte sich um. Ihr Mund war schmal. Die Falte auf ihrer Stirn stach hervor wie ein scharfer Schnitt und beherrschte das ganze Gesicht. Ich sah von Sheila zu Kurt hinüber und wusste nicht, ob ich mich setzen sollte.

Kurt räusperte sich. »Sheila sagte, ihr hattet Schwierigkeiten?«

»Sheila hat mir meine Wäsche vor die Füße geworfen, weil ich nicht wusste, dass ich sie in die verschiedenen Behälter hätte sortieren sollen.«

»Weil ich nicht wusste ...«, äffte Sheila. Ich schwieg. Auch Kurt schwieg. »Du bist 17 Jahre alt. Lucy ist jünger als du und weitaus eher in der Lage, sich in die Familie einzufügen. Ihr muss ich nicht alles hinterherräumen.«

»Entschuldigung. Es tut mir leid, dass ich es falsch gemacht habe.«

»Warum hast du die Wäsche nicht sortiert?«, fragte Kurt. »Du müsstest es doch langsam wissen.«

»Ich ...«

»Sie will es nicht wissen«, fuhr Sheila dazwischen. »Sie ist ignorant!« Kurt seufzte.

»Du bist ignorant.« Als wolle sie die Schwere des Vergehens bekräftigen, wiederholte Sheila den Satz. Sie stand nur ein paar Schritte von mir entfernt. Die Falte auf ihrer Stirn zitterte leicht. »Und du bist vorlaut.«

»Vorlaut? Wann denn?« Meine Stimme klang brüchig, und das machte mich wütend.

»Wenn man mit dir redet, sagst du ständig ›Ich weiß ...‹ – als würdest du alles immer schon im Voraus wissen. Ziemlich hochnäsig, meine Liebe.« Sheila sah zu ihrem Mann hinüber. »Kurt hat schon gar keine Lust mehr, dir irgendwas zu erklären oder zu erzählen.« Ich sah zu Kurt, doch er schwieg.

»Aber ...« Ich suchte nach Worten. »In Deutschland sagt man das so. Es ist eine Redewendung. Jemand redet mit mir, sagt: ›Weißt du?‹, und ich antworte: ›Ich weiß‹. Es bedeutet so viel wie: Ich verstehe ...« Sheila zündete sich eine neue Zigarette an und ging mit wütenden Schritten durchs Zimmer.

»Außerdem bist du unverschämt«, schimpfte sie. »Ich

erinnere mich noch, wie du schon am allerersten Tag selbstherrlich verkündet hast, Schule sei blöd.«

»Das war in der Tat nicht sehr höflich.« Kurt fuhr mit seiner schwieligen Hand über die Nieten im Sesselleder. »Du wusstest doch, dass Sheila und ich in einer Schule arbeiten.«

»Das habe ich nicht so gemeint.«

»Du lügst, sobald du den Mund aufmachst.« Wütend drückte Sheila ihre Zigarette aus. »Du wirst den Fußboden in der Küche scheuern. Zur Strafe.« Kurt sah zu seiner Frau hinüber. Sheila blickte mich an. »Vielleicht hilft das, deinen Starrsinn zu brechen.« Einen Moment lang schwieg sie, als erwartete sie eine Reaktion. Ich sah zu Kurt hinüber. Er zuckte mit den Schultern. Einen Augenblick lang tat er mir fast leid. Sheila benutzte ihn, holte sich seine Zustimmung, wenn sie sie brauchte, und fuhr ihm im nächsten Moment gnadenlos über den Mund.

Ich drehte mich um und ging. Ich wollte nicht, dass sie sahen, dass ich weinte. Ich schloss mich in mein Zimmer ein.

Am nächsten Tag nach dem Abendessen scheuerte ich auf Knien den Küchenfußboden. Nebenan saßen Sheila, Lucy und Kurt und sahen die »David-Letterman-Show« im Fernsehen an.

Am Montag ging ich nach dem Unterricht zu Mrs. Burnette.

»Andrea?« Sie sah mich fragend an, als ich zur Tür herein kam. Im nächsten Augenblick fing ich an zu weinen. Es dauerte einige Minuten, bis ich sprechen konnte.

»Ich gehe nie wieder dorthin zurück.«

Ich wurde bei einer liebenswürdigen alten Dame untergebracht, Mrs. Parker. Sie war selbst Betreuerin für Austauschschüler gewesen und eine sehr aufgeschlossene

Frau. Nach vier Monaten bei Sheila, Kurt und Lucy hatten der ständige Druck und die allgegenwärtige Angst, unausgesprochene Erwartungen nicht zu erfüllen, ein Ende. Ich war erleichtert.

Einmal sollte es jedoch noch ein Gespräch mit allen Beteiligten geben. Sheila hatte sich sehr aufgeregt, dass ich ohne ein Wort zu sagen verschwunden war. Sie hatte mich überall gesucht, und als sie schließlich mit Mrs. Parker telefonierte, hörte ich ihre Stimme bis ins Nebenzimmer. Die Leute vom Austauschdienst bestanden auf einem Treffen. Ich sollte mich bedanken, dass Kurt und Sheila mich während der ersten Zeit aufgenommen hatten, um vor allem Sheila zu beschwichtigen.

»Ich werde deinen Eltern einen Brief schreiben und ihnen schildern, was für eine undankbare Person du bist«, schimpfte Sheila außer sich. »Was für ein Kind haben die bloß aufgezogen?«

Das war nun auch für die Leute vom Austauschdienst nicht mehr tragbar. Mrs. Parker schrieb vorsorglich an meine Eltern und bat sie, sollten sie tatsächlich einen Brief von Sheila bekommen, diesen nicht weiter zu beachten. Später stellte sich heraus, dass meine Gastfamilie schon einmal einen Austauschschüler beherbergt hatte; es war ihm ähnlich ergangen.

Ich wohnte bereits eine Weile bei Mrs. Parker, als ich Betty auf dem Flur zur Turnhalle traf. Ich zögerte einen Moment, dann ging ich auf sie zu. Sie lächelte.

»*Hi.*«

»*Hi.* Wie geht es den Pferden?«

»Gut. Am Wochenende habe ich mit meinen Eltern einen Ausritt gemacht. Fast dieselbe Route, die wir damals auch geritten sind.« Ich schluckte.

»Schade, dass du nie angerufen hast. Ich wäre gern wieder mit dir reiten gegangen.«

»Aber ich habe angerufen. Mehrmals. Mal war Lucy am Apparat, mal Sheila. Sie haben mir immer gesagt, du seist nicht da. Oder du hättest zu viel zu tun und keine Zeit.« Ich war sprachlos. Lucy und Sheila hatten von den Anrufen nie erzählt. Sie hatten mich regelrecht isoliert.

Ab und zu begegnete ich Lucy, Kurt und Sheila noch in der Schule; wir grüßten einander, ansonsten versuchten wir, uns aus dem Weg zu gehen.

Als ich Sheila, Kurt und Lucy verließ, passte keine meiner Hosen mehr. Was nicht schlimm war, denn zum einen konnte man in East Troy billig bequeme, weite Arbeitshosen kaufen. Zum anderen ging man in Amerika mit dicken Menschen anders um. Auf den Straßen sah ich viele Dicke, sie liefen ungeniert in kurzen Hosen und engen T-Shirts herum, und niemand lästerte. Was ich aus Deutschland gewohnt war, dass nämlich Menschen spitze oder sogar bösartige Bemerkungen über das Äußere anderer machten, selbst wenn diese nur ein wenig pummelig waren, fand in Amerika nicht statt. Es dauerte eine Weile, bis ich begriff, dass sogar Männer und Frauen, die extrem übergewichtig waren, akzeptiert wurden.

Ich selbst hatte mich auch schnell an die fremden Essgewohnheiten angepasst. Sheila briet zum Frühstück Ei mit Schinken oder bereitete Pfannkuchen oder Arme Ritter – Toast, eingelegt in Milch und Ei, gebraten in der Pfanne und anschließend mit Zucker und Butter bestrichen. In der Küche und im Wohnzimmer standen stets Dosen mit frisch gebackenen Keksen. Zu Hause in Eckernförde hatte es das nicht gegeben. In meiner Gastfamilie wurde ich animiert zu essen, weil immer etwas bereit stand. Und die anderen aßen ebenfalls, ich war nicht die Einzige, die in die Keksdose griff. Ich hatte nicht das Gefühl, mehr zu essen; allerdings setzte das, was ich aß, bei mir mehr an.

Das Essen in der Schulkantine war, vor allem vom heutigen Verständnis her, nicht besonders gesund. Junk-food – doch es schmeckte. Ich aß, bis ich satt war. Mein Körper hatte sich längst an amerikanische Mengen gewöhnt. Ich hatte Hunger und stellte keine Fragen. Ich aß einfach gern.

Natürlich bemerkte ich, dass meine Hosen kniffen. Ich kaufte ein paar neue, und das Problem war vom Tisch. Zwar wurden die Hosen im Laufe der Zeit größer. Doch hatte ich wenig Ambitionen, auf mein Gewicht zu achten, weil alle um mich herum es auch nicht taten. Rückblickend denke ich, ich aß in den Monaten, in denen ich bei Sheila, Kurt und Lucy lebte, auch aus Kummer. Ich hatte Heimweh, fühlte mich unverstanden, erniedrigt und gedemütigt.

Ich aß, um mich zu trösten.

Mit Sally besuchte ich den Französischunterricht. Sie fragte mich häufig nach dem Leben, das ich zu Hause in Eckernförde geführt hatte, nach meiner Familie, meinen Geschwistern, der Schule. Sally war mir nicht sonderlich sympathisch; ich fand sie neugierig. Eines Tages bekam sie mit, dass ich Schwierigkeiten mit meiner Gastfamilie hatte.

Ich hatte in der Schule nichts von den Problemen mit Sheila, Kurt und Lucy erzählt. Die einzigen Menschen, die mir nahe standen und denen ich mich anvertrauen mochte, waren ohnehin meine Eltern. Abgesehen von kurzen Gesprächen mit Mrs. Burnette und den Betreuern vom Austauschdienst hatte ich versucht, alles mit mir selbst abzumachen. Ich wusste auch gar nicht, wer in der Schule in welchem Verhältnis zu den dreien stand; auf keinen Fall wollte ich als Fremde offen die Menschen kritisieren, die mich aufgenommen hatten. Bis die Situation schließlich eskalierte und man mich bei Mrs. Parker unterbrachte. Doch konnte ich dort nicht ewig bleiben, es musste ein neue Gastfamilie gefunden werden.

»Hast du nicht Lust, zu uns zu kommen?«, fragte Sally mich eines Tages, als wir nach dem Unterricht in die Schulkantine gingen. Ich war verblüfft und wusste nicht, was ich antworten sollte. Ich sagte, ich würde darüber nachdenken.

Ein paar Tage später besuchte ich Sally.

»Hi, honey«, begrüßte mich Sallys Mutter, als ich hinter Sally die große, helle Diele betrat. Sie wischte die Hände an ihrer Schürze ab, kam auf mich zu und umarmte mich. Spontan schossen mir die Tränen in die Augen. Aus der Küche zog ein Geruch von Bratäpfeln und Gebäck durchs Haus.

»Hi.« Ich versuchte, meine Tränen zu verbergen, Sharon bemerkte es und lachte mir zu. Ich fühlte mich auf Anhieb wohl.

Später beim Abendessen lernte ich auch Ben, Sallys Vater, kennen sowie ihre Brüder, Tom und Tim. Tom war vierzehn und Tim zehn Jahre alt. Sally selbst war ein Jahr jünger als ich. Bald merkte ich, dass ich mich in meinem ersten Eindruck getäuscht hatte. Sally war nicht neugierig, ihre Fragen nach meinem Leben in Deutschland entsprangen einfach einem Interesse an meiner Person. Ich entschied mich, zu Sally und ihrer Familie zu ziehen. Bei ihnen fand ich, was ich monatelang vermisst hatte – ein Gefühl von Wärme und Geborgenheit.

Morgens fuhren wir mit dem Schulbus zur Schule, einem von diesen orangefarbenen Ungetümen, die man aus amerikanischen Filmen kennt. Mit Sally ging ich in den Französischunterricht und in die Volleyballstunde. Mittags trafen wir uns in der Schulkantine und aßen gemeinsam. Am späten Nachmittag fuhren wir wieder mit dem Bus nach Hause.

Meine neue Gastfamilie wohnte direkt am Bularsee. Das Grundstück fiel steil ab, unten führte ein Bootssteg ins Wasser. An manchen Tagen fuhr Ben mit uns mit dem Motorboot hinaus. Ich liebte die Stille auf dem Wasser und die kalte, klare Winterluft. Sally und ich teilten ein Zimmer, und ich genoss die Nähe. Wir erzählten uns Geheimnisse und wurden Freundinnen. Dass ich bei Sheila und Kurt ein eigenes Zimmer, noch dazu mit wunderbarer Aussicht gehabt hatte, vermisste ich nicht.

Abends traf sich die ganze Familie zum Essen. Tom und Tim gingen ebenfalls in East Troy zur Schule, Sharon arbeitete in der Buchhaltung einer Telefongesellschaft in Elkhorn und Ben war Gerichtsschreiber am Amtsgericht in Genever, einem Ort zehn Meilen von East Troy entfernt. Er kam meist als Letzter nach Hause. Sharon war wie Mutter eine ausgezeichntete Köchin, alles, was sie auf den Tisch stellte, schmeckte wunderbar. Oft aß ich mittags und abends warm. Nach dem Essen sahen wir gemeinsam fern, spielten Spiele und erzählten einander, was wir den Tag über erlebt hatten. Ich bekam auch mehr Kontakt zu anderen Jugendlichen im Ort. Ich lief nicht länger mit gesenktem Kopf herum, wie in der ersten Zeit, nachdem ich meine alte Gastfamilie verlassen hatte. Ich fühlte mich wohl, und die Tage bis Weihnachten vergingen im Flug.

Zu Ostern wollten Sharon und Ben mit Tim, Tom und Sally nach Kalifornien fliegen. In Gedanken bereitete ich mich darauf vor, wieder eine Zeit lang bei Mrs. Parker zu wohnen. Dann schenkten mir Sharon und Ben ein Flugticket. Die Reise wurde der Höhepunkt meines Aufenthaltes in Amerika.

Gemeinsam flogen wir nach Las Vegas, verbrachten einen Abend im Spielkasino, flogen weiter nach Los Angeles, besuchten die »Universal Filmstudios« und »Disneyland« und übernachteten auf der »Queen Mary«, die damals noch als Hotelschiff im Hafen von Los Angeles aufgedockt war. Sie war ein altes Kreuzfahrtschiff mit langen, verspiegelten Gängen in den Passagierdecks. Überall lag roter Teppich, die Betten hatten rote Brokatüberwürfe, und die Wasserhähne im Bad bestanden aus Messing. Ich stellte mir vor, eine Dame aus besseren Kreisen in einer anderen Zeit zu sein. Mit vielen Koffern und Taschen und Hutschachteln reiste ich über das Meer, das Herz voller Kreuzfahrerromantik.

Von Los Angeles aus fuhren wir hinunter nach Mexiko, machten einen Abstecher nach San Diego und verlebten unbeschwerte Tage am Strand. Schließlich reiste die ganze Familie zurück nach Las Vegas und von dort aus nach Hause. Es war, als gehörte ich dazu. Von Sally, ihren Eltern und ihren Geschwistern wurde ich aufgenommen und akzeptiert. Wir Geschwister stritten und vertrugen uns, Konflikte wurden in dieser Familie jederzeit offen ausgetragen. Zudem waren Ben und Sharon deutlich jünger als meine Eltern. Es war ein Familienleben, wie ich es mir wünschte. Ich ließ mich hineinfallen in den Trubel und die Herzlichkeit.

Es war Frühling als ich wieder neue Hosen kaufen musste; ich wog beinahe 80 Kilo.

Sharon kam eines Tages mit einem großen Sack Äpfel vom Einkaufen.

»Willst du Apfelkuchen backen?«, fragte ich und musste lachen, weil ihre Wangen so rot waren wie die Äpfel.

»Apfelkuchen für ganz East Troy?« Sharon grinste. Dann sagte sie: »Ich denke, du solltest mehr Obst essen.«

»Mehr Obst? Sehe ich krank aus, meinst du, ich leide unter Vitaminmangel?«

»Nein, aber du hast Übergewicht. Recht viel Übergewicht.« Ich sah Sharon an. Sie war selbst recht füllig. Auch Ben hatte einen Bauch, und Tim war so pummelig, wie ich in seinem Alter gewesen war. Ich blickte an mir herunter und wieder zu Sharon.

»Was sollen deine Eltern sagen, wenn du im Sommer zurückkehrst? Sie schicken ein junges Mädchen von 58 Kilo in die Welt hinaus, und ein Jahr später kommt ein Dickerchen von 85 Kilo zurück?« Sharon nahm zwei Äpfel und ging zum Spülbecken hinüber. Das Wasser spritzte, als sie die Äpfel wusch.

Die Vorstellung, meine Eltern könnten sich erschrecken, wenn sie mich wiedersähen, machte mir leise Angst.

»Ein paar Kilo weniger, das wäre schon gut. Du solltest versuchen, ein bisschen abzunehmen.« Sharon warf mir einen Apfel zu. »Iss mehr Obst!«, sagte sie und biss in den anderen.

Ich aß mehr Obst. Innerhalb von zwei Tagen hatte ich alle Äpfel aufgegessen. Zusätzlich zu den üblichen Mahlzeiten.

Sharon begann, die Schokolade zu rationieren, und anstelle von Pfannkuchen aß die Familie nun morgens Brot zum Frühstück. Alle wollten mich unterstützen. Damals merkte ich zum ersten Mal, dass es mir schwer fiel, mich zu beherrschen. Ich genoss den Geschmack der Dinge auf meiner Zunge. Zum Frühstück hatte ich zuletzt nicht drei, sondern zehn oder 15 süße Pfannkuchen gegessen. Sie waren einfach unbeschreiblich köstlich. In der Schulkantine und beim Abendessen füllte ich meinen Teller nicht übermäßig, aber gut. Ich holte Nachschlag, und wenn es besonders lecker schmeckte, tat ich mir auch ein drittes Mal auf. Im Kühlschrank in der Küche stand Eis, ganz fantastisches Pfefferminz-Schokoladen-Eis. Die Dimensionen waren für mich anfangs ein Phänomen gewesen: Eis wurde in Amerika nicht in Bechern gekauft, sondern in Kanistern. Diese Kanister standen in mannshohen Kühlschränken. Und niemand hatte je etwas gesagt, wenn ich mir Eis nahm. Keiner setzte mir Grenzen. Dieser ungewohnte Überfluss stimulierte mein Verlangen. Ich wollte mehr, und ich bekam mehr. Ab und zu machten Tom oder Tim ironische Bemerkungen; ich kümmerte mich nicht darum. Ich gab mich hin und merkte bald nicht mehr, dass ich noch aß, obwohl ich längst satt war. Ich aß nicht, weil ich Kummer hatte oder unglücklich war, so wie in den Monaten bei Sheila, Kurt und Lucy. Ich aß, weil ich mich wohl fühlte in meiner Familie, satt und zufrieden. Ich aß, weil Essen ein Genuss an sich war.

Wenn ich nun stattdessen in dürres Knäckebrot biss, bekam ich schlechte Laune. Außerdem wurde ich von ein paar Scheiben Brot nicht satt. Doch der Gedanke, meine Eltern könnten sich erschrecken, wenn sie mich sähen, hakte sich fest. Ich stellte mir ihre Gesichter vor, und mir wurde kalt. Trotzdem gelang es mir nicht, weniger zu essen. Ich versuchte, alle Gedanken an Deutschland beiseite zu schieben.

Denn die Verlockung war groß und allgegenwärtig.

Im März sollte in der Schule ein Wohltätigkeitsbasar stattfinden.

»Die Schüler aus eurem Jahrgang verkaufen Essen und Getränke«, sagte Mrs. Turner, unsere Englischlehrerin. Bei der Schulkonferenz am Vormittag waren die Aufgaben verteilt worden. Ein paar Mädchen meldeten sich und erklärten, sie würden Kuchen backen. Ich landete in einer Gruppe, die Karamellriegel verkaufen sollte. Alle Einnahmen würden an einen Kindergarten für Arbeitslose im Norden von East Troy gehen. Die Süßigkeiten hießen *Caramellos*, ich kannte sie aus der Fernsehwerbung.

»I was right in the middle of the caramello, when I found gold!«, sang ein Junge, schloss die Augen und verzog genießerisch das Gesicht. »In der Tiefe des *Caramello* stieß ich auf Gold« – ein treffender Werbeslogan, man sieht sie geradezu vor sich, diese cremig-weiche, goldene Masse. Ich wurde mein bester Kunde und aß an diesem Tag mehr Schokoladenriegel als jemals zuvor. Immerhin, tröstete ich mich, war es für eine gute Sache.

Sharon kochte nur noch leichte Gerichte und buk am Wochenende weder Kekse noch Kuchen. Bens Bauch verschwand; doch ich blieb, wie ich war. Oft fuhr ich mit dem Fahrrad fünf Kilometer in den nächsten Ort, um Süßigkeiten zu kaufen. Ich aß sie heimlich, damit zu Hause niemand mitbekam, dass ich schwach geworden war. Ein paar Schokoladenriegel verbarg ich in den Innentaschen meiner Jacke, um sie in meinem Nachttisch zu verstecken, als stille Reserve. Dass sich alle bemühten, mir beim Abnehmen zu helfen, machte den Druck nur noch größer. Ich schämte mich. Doch mein Körper verlangte nach Süßem, und dieses Verlangen war stärker als ich und stärker als jede Kontrolle.

Nachts träumte ich von der Ankunft in Eckernförde. Meine Eltern standen am Bahnsteig. Ich stieg aus dem Zug, ging auf sie zu, und sie blickten an mir vorbei. Sie erkannten mich nicht. Ich versuchte, die Angst beiseite zu schieben, aber die Bilder der Nacht kamen wieder, sie tauchten auch tagsüber auf, plötzlich, in kleinen, ganz beliebigen Situationen. Ich aß, um meine Angst zu beschwichtigen. Ich wollte nicht nach Hause.

Ich geriet in Panik.

In einer Zeitschrift las ich von Appetitzüglern. Heimlich bestellte ich eine Packung und richtete es so ein, dass ich allein zu Hause war, als die Lieferung kam. In der Küche packte ich das Paket aus. Zwei große Becher kamen zum Vorschein, randvoll gefüllt mit runden Tabletten. Jede hatte den Durchmesser eines Fünfmarkstücks. Ein beigefügter Zettel erläuterte die Dosierungsempfehlungen. Vor jeder Mahlzeit sollte man eine Tablette einnehmen und sie gründlich kauen. Als ich den Deckel öffnete, schlug mir unangenehmer Hefegeruch entgegen. Ich steckte eine Tablette in den Mund und begann zu kauen. Der Geschmack war widerlich, so muffig, als äße man alte Pappe. Ich stand auf, holte eine Flasche Milch aus dem Kühlschrank und goss ein Glas voll. In kleinen Schlucken trank ich die Milch und versuchte, den staubigen Brei hinunter zu schlucken.

Bis zum Abend hatte ich in der Tat weder Appetit noch Hunger. Die Hefetabletten quollen im Magen auf, der Magen war voll, es gab einem das Gefühl, satt zu sein. Doch war mir hundeübel. Ich musste häufig aufstoßen, und jedes Mal stieg der Geschmack des Hefeextrakts hoch.

Die restlichen Appetitzügler warf ich in die Mülltonne.

Der Abreisetermin rückte näher. Ich wog 85 Kilo bei einer Größe von 1,62 Meter und trug nur noch amerikanische Arbeitshosen mit langen T-Shirts darüber oder Blusen. Ich lebte mit einem permanenten schlechten Gewissen. Ich warf mir vor, nicht willensstark genug zu sein – und aß. Pfannkuchen zum Frühstück, mittags Spaghetti Bolognese, einen Teller voll oder zwei. Abends aß ich noch einmal, warm und ausgiebig.

Sharon kaufte längst keine Extraportionen Obst mehr ein und kochte wieder wie eh und je. Niemand sprach mehr über mein Gewicht. Niemand machte mir einen Vorwurf; aber das war auch nicht nötig. Die Angst saß mir im Nacken.

Eines Morgens im Juli war es soweit. Sally, Sharon und Ben brachten mich zum Bus.

»Bye, honey«, sagte Sharon und umarmte mich, wie sie mich ein Dreivierteljahr zuvor empfangen hatte. Sally schluckte, und ich kämpfte ebenfalls mit den Tränen. Ben versuchte, uns zu trösten.

»Ihr werdet euch wiedersehen. Außerdem gibt es doch Telefone ...« Dabei zwinkerte er seiner Frau zu. »Die Leute wollen ja auch ihr Geld verdienen.«

Als der Bus abfuhr und wir uns zuwinkten, zog alles, was ich in den vergangenen zwölf Monaten erlebt hatte, wie ein Film vorbei. Ich sah Sheila, wie sie unten an der Treppe stand und schrie, sah Kurt mit seinen schwieligen Händen Holz sägen und stapeln, Lucy, wie sie auf ihrem Bett lag und Comics las. Ihre Gesichter mischten sich mit denen von Sharon, Ben und Sally – Sally in Mexiko, Ben auf dem Motorboot, Sharon mit einem Apfel in der Hand. Mitten in all dem stand Mrs. Parker und wedelte lächelnd mit einer *Halloween*-Maske.

Am Nachmittag passierten wir die Grenze von Iowa nach Kansas. In St. Louis hielt der Bus.

»In zwei Stunden fahren wir weiter«, rief der Betreuer vom Austauschdienst. Seine Stimme klang knarzig durch das Mikrofon und die schlechten Lautsprecher des Busses. »Seid pünktlich wieder hier.«

Ziellos zog ich durch die Straßen. Ich war nervös, überdreht. Meine Gedanken fanden keine Linie, waren Fetzen, in fiebriger Geschwindigkeit jagten sie durch meinen Kopf. Wovon würde ich leben? Könnte ich mich allein durchschlagen? Mein Englisch war gut, aber würde ich zurechtkommen? Egal, der Bus würde ohne mich weiterfahren, ich wollte nicht zurück nach Deutschland. Ich bleibe in Amerika. Ich komme schon zurecht.

Aber wie lange könnte ich von dem Geld leben, das ich noch besaß?

An einem Fußgängerüberweg blieb ich stehen. Auf der anderen Straßenseite stand eine fette Frau an der Ampel. Sie musste mindestens 150 Kilo wiegen. Sie kam mir vor wie mein Ebenbild. So konnte ich meinen Eltern nicht gegenübertreten, dick und disziplinlos. Nein, ich bleibe hier, keine Frage. Ich kann jobben, es wird doch ein Job zu finden sein!

Die fette Frau verschwand in einer Bäckerei.

Würden meine Eltern ihre Tochter erkennen? Nein. Sie würden an mir vorbeisehen. Sie würden, wenn ich ihnen sagte, ich wäre es dennoch, ich, ihre Tochter, schockiert sein und mich verachten. So wie ich mich verachtete.

Ein Betrunkener rempelte mich an, strauchelte, sah hoch und grinste. Ein Hund pinkelte an die Hauswand.

Wie lange würde ich überleben, auf eigene Faust?

Irgendwann ging ich zurück zum Bus. Die Betreuer vom Austauschdienst waren aufgebracht, sie hatten mich längst gesucht. Mit mehr als einer halben Stunde Verspätung startete der Busfahrer Richtung New York.

3

Ich sah es in ihren Gesichtern. In den Augen meiner Mutter, in Vaters bestürzten Zügen, in den Blicken von Freunden und Bekannten. Alle waren schockiert, und jeder versuchte, sich nichts anmerken zu lassen. Der Einzige, der sich vorbehaltlos über meine Rückkehr freute, war Aggi, unser Cockerspaniel. Als Vater die Haustür aufschloss, flog er uns entgegen.

»Aggi!« Ich ließ mein Gepäck auf den Fußboden fallen; ihn hatte ich in manchen Momenten am heftigsten vermisst. Aggi knurrte, und ich umarmte ihn. Aggi knurrte fast immer und war deswegen in unserer gesamten Verwandschaft nicht sehr beliebt. Nur Eingeweihte vermochten die feinen Unterschiede zwischen seinem feindlichen und seinem freundlichen Knurren zu unterscheiden. Ich streichelte sein rotes Fell und kraulte ihn am Kinn. Aggi pinkelte vor Freude auf den Teppich.

Mein Zimmer sah aus, wie ich es ein Jahr zuvor verlassen hatte. Auch sonst schien sich kaum etwas verändert zu haben.

Am nächsten Tag kamen meine Geschwister mit ihren Familien zu Besuch. Mutter kochte, und es gab ein großes Willkommensessen. Die Portionen kamen mir plötzlich winzig vor, alles war so übersichtlich auf den Tellern.

Die Sonne stand hoch, und die Bäume warfen kaum Schatten. Vater brach einen Zweig aus einem Haselnussstrauch und entfernte mit einer raschen Handbewegung alle Blätter. Aggi lief neben uns her und knurrte. Ich nahm einen Stein vom Weg. Mit einem kurzen Ruck warf ich ihn über die Wiese.

»Freust du dich, wieder hier zu sein?«, fragte Vater.

»Es scheint alles zu sein wie immer.« Ich sah zu, wie Aggi über die Wiese stürmte, dorthin, wo ungefähr der Stein liegen musste. »Nur ich bin irgendwie anders.« Vater schaute zu mir herüber, sagte aber nichts. In der Ferne ließ jemand den Motor eines Treckers an. Etwa dreihundert Meter entfernt führte eine asphaltierte Straße entlang. Wir bogen in einen Feldweg ein.

»Deine Mutter und ich freuen uns jedenfalls, dass du wieder da bist.« Ein Schmetterling landete im Gras.

»Ich weiß nicht recht, ob ich mich freue. Ein bisschen schon, ja.« Ich suchte die passenden Worte und dachte einen Augenblick nach. »Hier ist alles bekannt, vertraut – und dabei so ausgereizt. Das, was ich in Amerika erlebt habe, scheint in dieser Welt hier gar nicht vorzukommen. Als läge ein Teil meines Ichs unter einer Glasglocke. Ich schaue ihn mir an, aber mit meinem Alltag in Deutschland hat er nichts zu tun.«

»Lass dir ein bisschen Zeit.«

»Ich habe das Gefühl, alle nehmen sehr viel Rücksicht auf mich. Als müsse man besonders vorsichtig mit mir umgehen, mich irgendwie in Watte packen.«

»Die Leute haben dich lange nicht gesehen. Sieh es ihnen nach, wenn sie erst mal ein bisschen reserviert sind.« Aggi rannte mit dem Stein im Maul durchs Gras. Er musste eine Art inneres Radarsystem haben, selbst aus dunklen Tümpeln und Flüssen holte er Steine heraus, genau die, die man ihm hineingeworfen hatte.

»Gestern Abend habe ich Dieter getroffen. Erst hat er mich gar nicht erkannt. Er war auf dem Weg zur Post und wäre beinahe an mir vorbei gelaufen. Wir haben dann bei

Möller etwas getrunken. Er erzählte von ein paar Leuten aus der Schule, was sie jetzt machen, lauter belangloses Zeug. Ich hatte Mühe, mir nicht anmerken zu lassen, wie es mich langweilte. Ich wusste auch nicht, worüber ich mit ihm reden sollte. Ich war froh, als er sagte, er müsse los.«

Im Gebüsch raschelte es. Im nächsten Moment schoss ein Hase aus dem Unterholz und rannte hakenschlagend über den Acker. Aggi jagte hinterher. Der Hase gewann, um Längen.

»Ich war dort drüben auf mich gestellt und habe mich in einer völlig fremden Welt behaupten müssen. Ich habe so viele neue Menschen kennen gelernt, hab viel gesehen. Ich bin erwachsener geworden. Ich kann nicht einfach weitermachen, wo ich aufgehört habe.«

»Du wirst dein Gleichgewicht wieder finden.«

Eine Weile hing jeder seinen Gedanken nach. Zwei Spatzen flogen auf, als wir ihnen zu nahe kamen. Sie flatterten ein Stück und landeten auf dem Rücken einer Kuh, die neben dem Weg auf einer Wiese graste. Die Kuh bemerkte die Vögel gar nicht, sie kaute stoisch vor sich hin.

»Papi, hast du dich erschrocken, als ich dir die Fotos aus Amerika geschickt habe?«

»Hm.«

»Sag es mir.«

»Nun, wenn ich ehrlich bin – wir haben uns erschrocken. Wieso bist du denn so dick geworden, Kind?«

»Nichts ist mehr wie es war«, ich spürte den Kloß im Hals.

»Das wird schon wieder. Iss ein bisschen weniger, nimm ein paar Kilo ab.« Er legte seinen Arm um meine Schulter. Und ich heulte, hemmungslos.

»Warum akzeptiert mich hier keiner so, wie ich bin.« Ich schluchzte und Vater nahm mich in den Arm und schaukelte mich sanft hin und her, wie er es früher getan hatte. Als ich mich wieder beruhigte, zog er ein Taschentuch aus seiner Hosentasche und reichte es mir. Ich putzte mir die Nase.

»Was hast du denn jetzt vor, Kind?«

Ich zuckte mit den Schultern. »Das Einzige, was ich weiß, ist: Ich gehe nicht zurück in die Schule.«

»Ist das klug?«

»Es geht einfach nicht. Ich kann mich diesen Lehrern hier nicht mehr unterordnen. In Amerika war es so entspannt, die Lehrer dort liefen nicht ständig mit erhobenem Zeigefinger herum und forderten Respekt ein. Hier ist alles unglaublich verstaubt. Ich halte das nicht aus. In Amerika hat mir Schule zum ersten Mal im Leben Spaß gemacht. Hier habe ich mich zehn Jahre lang gequält.« Ich stapfte durchs Gras. Wenn ich weiterredete, würde ich wieder weinen.

Jetzt hob Vater einen Stein vom Weg auf und warf ihn über die Wiese. Er war alt geworden, aber noch immer geschmeidig in seinen Bewegungen.

Schweigend gingen wir eine Weile nebeneinander her.

»Du könntest ein Internat besuchen.« In der Nähe gab es ein privates Internat; es stand im Ruf, man könne sich das Abitur dort kaufen.

»Nein.«

»Denk darüber nach.«

»Nein. Ich will nicht. Und ich gehe auch nicht, ich bin jetzt achtzehn, ich bestimme selbst über mein Leben.«

»Ich mache dir keine Vorschriften. Ich will nur, dass du dein Leben nicht vergeudest. Überstürze nichts, Kind.«

»Papi, ich hab es nicht böse gemeint. Aber ich will nicht mehr in die Schule zurück. Ich werde mir einen Job suchen, Geld verdienen und in Ruhe darüber nachdenken, was ich mit meinem Leben anfange.«

»Du könntest auf die Handelsschule gehen. In einem Jahr lernst du alles, was du brauchst. Eine kaufmännische Grundlage schadet nie.«

»Papi!«

»Denk darüber nach.«

»Okay, ich denke darüber nach, aber dräng mich nicht.«

Wieder gingen wir eine Weile schwiegend nebeneinander her. Als Kind hatte ich es geliebt, mit ihm durch die Wälder und Wiesen zu streifen, denn es war immer abenteuerlich gewesen. Heute waren wir zwei Erwachsene, und wenn ich jetzt mit Vater spazieren ging, sprachen wir über die Welt und das Leben. Mutter bereitete unterdessen zu Hause den Sonntagsbraten, wie in einem Heile-Welt-Film. Ich genoss unsere Spaziergänge. Manchmal fragte ich mich jedoch, was in solchen Momenten in meiner Mutter vorging, denn mit ihr führte ich solche Gespräche nicht. Ich bin immer die Tochter meines Vaters gewesen. Ich denke, es kann eine Mutter verletzen zu sehen, dass ihr Kind ihr selbst nie so nahe kommt wie dem anderen Elternteil. Gleichzeitig bemerkte ich, dass ich meine Eltern in der Ferne nicht nur vermisst, sondern auch glorifiziert hatte. Sie hatten nun einmal ihre Sicht auf die Dinge, und die war konservativ.

»Die Handelsschule wäre eine gute Alternative«, sagte Vater. »Du kannst doch nicht ein Jahr oder wer weiß wie lange herumsitzen, jobben und deine Zeit vertrödeln. Nein, da spiele ich nicht mit. Ich denke, du solltest in Kiel zur Handelsschule gehen.«

Ich ging zur Handelsschule, ein Vierteljahr lang. Dann begann ich den Unterricht zu schwänzen. Trieb mich in der Stadt herum, saß im Café, las Zeitung, aß Kuchen und wartete, dass die Zeit verging. Nachmittags gegen fünf Uhr fuhr ich nach Hause und erzählte meinen Eltern, was wir in der Schule durchgenommen hätten. Kalkulation, Rechnungswesen, EDV.

Es dauerte, bis ich den Mut fand, ihnen zu beichten, dass ich es nicht ausgehalten hatte. Dass die Handelsschule nichts für mich sei und ich dort nie einen Abschluss schaffen würde. Erstaunlicherweise wurden sie nicht wütend, beide nicht, obwohl sie wochenlang Schulgeld für mich bezahlt hatten, während ich längst nicht mehr am Unterricht teilnahm. Eher waren sie traurig und enttäuscht. Das wiederum tat mir weh zu sehen, doch ich verdrängte meinen Schmerz und erklärte bockig, ich würde mich in kein Korsett zwängen lassen, ob es nun Handelsschule oder sonst wie hieße. Ich wolle meine Freiheit.

Meine Eltern gaben nach. Ich suchte mir einen Job und ließ mich treiben.

Ich bin schon immer lieber in Baumärkte gegangen als in Boutiquen. Wenn ich in ein Schaufenster sehe, auch heute, dann weil Bohrmaschinen darin liegen oder Stichsägen. Kleider, Pullover, Schuhe und der ganze modische Schnickschnack reizen mich nicht; vielleicht hätte ich ein Junge werden sollen.

Als ich dreizehn war und mein Busen wuchs, sodass ich bald Pullover und Blusen in Größe 42 oder größer brauchte, wurde es zur Tortur, einkaufen zu gehen. In großen Größen gab es Modelle, die meine Großmutter nicht getragen hätte – und ich als Teenager schon gar nicht. Großgeblümtes und Gerüschtes mit Bordüren und aufgesetzten Taschen auf der Brust: Es war hoffnungslos. Wer so etwas trug, musste der Trostlosigkeit verfallen sein. Hauptsache, etwas bedeckt meinen Körper, Hauptsache, ich friere nicht. Das Ganze frustrierte mich derart, dass ich es bald hasste, einkaufen zu gehen.

Vor meiner Abreise hatte ich in East Troy noch ein paar amerikanische Arbeitshosen gekauft. Ich trug sie jeden Tag und war froh, in absehbarer Zeit kein Bekleidungsgeschäft betreten zu müssen. Trotzdem hatte ich mir fest vorgenommen, abzunehmen.

Die ersten Kilos verlor ich spielend, fast von allein. Morgens stellte Mutter Toast auf den Tisch, Kaffee und Marmelade. Bis zum Abend gab es dann belegte Brote und Obst; ab und zu gönnte ich mir etwas Süßes. Mein Tagesablauf änderte sich, ich aß nur noch einmal warm, und die Portionen zu den Mahlzeiten wurden kleiner. Anfangs knurrte mein Magen, doch mit der Zeit stellte sich der Körper wieder um auf die alten, deutschen Essgewohnheiten. Ich nahm 15 Kilo ab.

Doch bei 70 Kilo blieb der Zeiger der Waage stehen.

Bei einer Größe von 1,62 Meter waren das noch mindestens acht Kilo zu viel. Ich fühlte mich nicht wohl in meiner Haut. Nach wie vor aß ich gern. Der Duft von Fleisch, das Aroma von Karamell setzten etwas in mir frei, ein subtiles Wohlgefühl. Es gab nichts Schöneres, als mich mit einem gefüllten Teller gemütlich vor den Fernsehapparat zu setzen. Doch fühlte ich mich dick. Alle Blicke überall schienen zu sagen: Du bist haltlos, du bist maßlos, du bist fett.

Ich beschloss, eine Diät zu machen.

Mutter hatte in einer Zeitung von der »Hollywood-Kur« gelesen.

»Man isst morgens eine Orange oder einen Apfel, dazu gibt es eine Tasse Kaffe oder Tee mit Milch. Mittags Obst, ein Ei und Zwieback, abends ein Steak mit Salat. Es ist hart, aber es funktioniert. Ich habe es ausprobiert, im vergangenen Herbst.«

»Wie viel Kilo hast du abgenommen?«

»Fünf. In achtzehn Tagen.«

»Okay, lass uns das gemeinsam machen.« Ich stellte keine weiteren Fragen. Ich war entschlossen, es zu versuchen, und wollte vermeiden, dass mehr Details mir den Mut nähmen. Ich war nicht sicher, ob ich stark genug sein würde, die Diät durchzuhalten; ich wusste nur, ich wollte es unbedingt probieren.

Montagmorgen lagen zwei Orangen auf dem Tisch. Vater verbiss sich ein Grinsen. Er trank seinen Kaffee, nahm die Brote, die Mutter ihm geschmiert hatte, und schob sie in seine Tasche.

»Ich bin spät dran, ich frühstücke unterwegs«, sagte er, nahm seinen Mantel, und im nächsten Moment hörte ich, wie die Tür hinter ihm zufiel.

Mittags kochte Mutter zwei Eier. Dazu gab es eine Mokkatasse voll Quark und sechs Scheiben Gurke. Wir aßen. Es dauerte genau fünf Minuten, und ich saß vor einem leeren Teller. Mutter und ich sahen uns an.

»Das war alles?«

»Das war alles. Aber heute Abend, wenn Vati wieder da ist, gibt es Steaks.« Den ganzen Nachmittag über hatte ich Hunger und zählte die Stunden. Abends bereitete Mutter zwei Steaks. Jeder Amerikaner hätte sich totgelacht, wenn er diese Winzlinge dort in der Pfanne gesehen hätte. Die Steaks wurden in Öl gebraten, das Öl dosierte man möglichst mit der Pipette. Dazu gab es einen halben Kopf grünen Salat und eine Tomate. Neben unseren Winzlingen briet in einer anderen Pfanne ein richtiges Steak, für Vater.

Dass es viel Fleisch gab, half mir, die »Hollywood-Kur« durchzuhalten. Doch fehlte etwas, das satt machte. Kartoffeln, Reis und Nudeln galten damals als Dickmacher, Kohlehydrate waren verpönt, und so setzte die »Hollywood-Kur« konsequent auf eiweißhaltige Kost. Dass eine solche Ernährung nicht besonders gesund war, obwohl sie paradoxerweise auch noch »Kur« hieß, stand auf einem anderen Blatt. Mutter hatte zeitweise sogar Kreislaufprobleme.

Die »Hollywood-Kur« verlangte mir viel ab. Ich aß spartanisch und hatte ständig das Gefühl, auf Sparflamme gehalten zu werden. Doch hielt ich durch, und nach gut zwei Wochen wog ich vier Kilo weniger.

Kerstin hatte geheiratet und wohnte mit ihrem Mann in einer Mansarde mit Blick über die Kieler Bucht. Einmal in der Woche besuchte ich beide. Meist nahm ich Aggi mit, obwohl Kerstins Mann sich an sein Knurren schwer gewöhnte und früher oder später in die Küche ging, um dort Zeitung zu lesen, bis Aggi und ich wieder aufbrachen. Nach Jahren heftigster Streitereien näherten meine Schwester und ich uns einander an. Ich war kein Kind mehr, und Kerstin entdeckte, dass sie mit mir reden konnte wie mit einer Gleichaltrigen. Die Rivalität von einst fand ein Ende.

Kerstin hatte – wie ich, wie Mutter, wie alle in unserer Familie – Übergewicht.

»Ich muss abnehmen. Ich finde mich scheußlich, wie sieht das denn aus?«, klagte sie eines Tages, als wir nach einem langen Spaziergang im Flur meiner Eltern standen. Sie schob sich am Schirmständer vorbei vor den hohen Spiegel, zog ihren Pullover hoch und griff mit der rechten Hand in die Speckfalte am Bauchnabel. Aggi sah zu und knurrte.

»Wie sieht das denn aus?«, wiederholte Kerstin ihre Frage, die eher eine Anklage war, und zog eine Grimasse.

»Deine Sorgen möchte ich haben.« Ich hatte seit der »Hollywood-Kur« schon wieder elf Pfund zugenommen. »Meine Hosen kneifen, Größe 42 hole ich schon gar nicht mehr aus dem Schrank.«

»Wenn ich neue Hosen kaufen würde, brauchte ich auch Größe 42.« Mutter kam und sah Kerstin vor dem Spiegel stehen.

»Ich finde, du siehst gut aus. Gesund.«

»Gesund«, schnaubte Kerstin. »Ich bin fett.« Der Satz traf mich unvermittelt.

»Dann müsste ich auch abnehmen«, sagte Mutter. »Ich bin schon wieder sechs Kilo über dem, was mein Normalgewicht ist, sagt der Arzt.«

»Körpergröße minus 100?«, fragte Kerstin. Mutter nickte.

»Ich weiß nicht, Kinder. Früher hat man gegessen, und nur wer etwas auf den Knochen hatte, war gesund. Kein Mensch wäre auf die Idee gekommen, sein Normalgewicht auszurechnen. Oder sein Idealgewicht.«

»Körpergröße minus 100 minus zehn Prozent.« Kerstin äffte den Tonfall unseres Hausarztes nach.

»In unserer Familie waren wir immer gute Esser.« Mit einer raschen Handbewegung zog Mutter Kerstins Pulli herunter. »Jetzt mach nicht so ein Theater um ein paar Kilos. Kommt, der Kaffee ist fertig, und es gibt Kuchen.«

»Nein, Mama, ich muss eine Diät machen.« Kerstin zog ihre Hose und den Pullover zurecht und fuhr sich durch die Haare.

»Ich mache mit«, sagte ich.

»Prima«, antwortete Kerstin. Wir beschlossen, es diesmal mit der »Brigitte-Diät« zu versuchen.

Sie ist wohl der Klassiker unter den Diätprogrammen. Vermutlich hat jede zweite oder dritte Frau in Deutschland schon einmal versucht, mit der »Brigitte-Diät« abzunehmen. Regelmäßig nach Weihnachten, im Frühling und zu Beginn der Badesaison findet man in allen Zeitschriften Diätvorschläge. In der »Brigitte« steckt stets ein Heft zum Heraustrennen mit einem kompletten Plan für mehrere Wochen. Mit Rezepten, genauen Anleitungen für die Zubereitung, ja sogar mit Listen für den Einkauf am Wochenende. Bei allem wird viel Wert auf Details gelegt. Eine liebevolle Dekoration soll die Freude am Essen wahren. Frische Zutaten geben einem das Gefühl, sich etwas Gutes zu tun. Kleine, aber kalorienarme Leckereien ab und zu sorgen dafür, dass der Genuss nicht auf der Strecke bleibt. Psychologisch gesehen eine kluge Strategie – auch wenn es mir manchmal zu mühsam war, abends nach der Arbeit noch in der Küche zu stehen und müde, aber liebevoll einen Salat zu zurechtzuschnitzen.

Kerstin und ich wollten im Januar mit der »Brigitte-Diät« beginnen; bis dahin genossen wir den Weihnachtsbraten und das viele süße Gebäck. Am Morgen des 3. Januar ging es los. Tagsüber hielt sich jede an ihren Diätplan. Abends trafen wir uns und kochten gemeinsam. Zu zweit ist es einfacher, abzunehmen. Es entsteht eine leichte Konkurrenz, und wenn man es nicht verbissen nimmt, hilft sie. Sie animiert. Man hält sich gegenseitig bei der Stange. Keiner will aufgeben oder einen Fehltritt einräumen müssen.

Wir saßen in der Küche von Kerstins Mansarde und aßen lauwarmes Linsengemüse mit Schafskäse.

»Man kann ja nicht klagen«, sagte Kerstin. »Schmecken tut es.« Sie stach die Gabel in das vorletzte Blatt Rauke, das noch auf dem Teller lag.

»Aber ein bisschen mehr könnte es sein«, sagte ich und kaute auf einem Zwiebelring. »Nicht, dass ich nicht satt würde. Wenn ich ehrlich bin, werde ich bei jeder Mahlzeit satt. Aber Appetit habe ich noch!« Innerhalb von zwei Wochen hatte Kerstin zwei Kilo abgenommen; ich wog bereits vier Kilo weniger. Uns beiden war es anfangs erstaunlich leicht gefallen, auf unsere gewohnten Genüsse zu verzichten. Doch seit zwei, drei Tagen verspürte ich den Drang, wieder einmal über die Stränge zu schlagen.

»Es macht satt«, sagte Kerstin und legte das Besteck beiseite. »Aber es macht nicht glücklich.« Ihr Teller war so leer und sauber, als hätte ihn bereits jemand abgewaschen.

»Ja, dieses angenehme Gefühl, etwas im Magen zu haben, fehlt.« Ich spürte einen kleinen Rülpser aufsteigen. »Ich weiß, dass ich eine Diät mache, ich stelle mich im Kopf darauf ein. Ich brauche auch nicht mehr. Aber ich möchte!« Der Rülpser bahnte sich seinen Weg in die Freiheit. »Ich freue mich schon, wieder einmal so richtig zuzuschlagen.«

Kerstin stand auf, nahm die Teller, stellte sie in die Spüle und holte aus dem Kühlschrank zwei Schälchen mit Magermilchjoghurt und Erdbeeren. Garniert mit einem Blatt Zitronenmelisse.

»Hier. Damit musst du erst einmal vorlieb nehmen.« Ich biss in eine halbe Erdbeere.

»Ich möchte wieder 58 Kilo wiegen. So viel, wie ich gewogen habe, bevor ich nach Amerika ging. Wenn ich das schaffe, gönne ich mir einen Abend beim Griechen. Als Belohnung.«

Am Monatsende hatte ich gut vierzehn Pfund abgenommen und wog 65 Kilo. Ein paar von meinen amerikanischen Arbeitshosen saßen recht locker.

Ich fühlte mich ausgehungert und immer noch maßlos dick.

4

Als ich fünfzehn, sechzehn Jahre alt war, begann ich, nachmittags in der Praxis eines Tierarztes zu arbeiten. Ein Kegelbruder meines Vaters war Tierarzt, und da ich Tiere mochte, machte ich in den Herbstferien ein Praktikum bei ihm. Nachts um zwei fuhren wir hinaus zu einem Bauern, weil ein Kalb geboren wurde. Wir entfernten einer Siamkatze einen Tumor, richteten einem Uhu den gebrochenen Flügel und brachten per Kaiserschnitt vier kleine Dalmatiner zur Welt. Bald war klar, dass ich eines Tages beruflich etwas mit Tieren machen wollte. Ein paar Monate später traf ich bei einem Fest eine Bekannte, wir kamen ins Gespräch, und ich erzählte von meinem Praktikum. Sie kannte einen Tierarzt, der eine Aushilfe suchte. So lernte ich Dr. Diebel kennen.

Als ich das erste Mal in seine Praxis kam, zeigte Dr. Diebel mir verschiedene Schränke mit Medikamenten und Instrumenten, dann drückte er mir einen grünen Kittel in die Hand.

»Wir operieren gleich einen Chihuahua. Seine Kniescheibe rutscht beim Gehen aus dem Gelenk. Du kannst assistieren.«

Ich hatte kaum den Kittel angezogen, da stand ein älterer Herr im Behandlungszimmer, auf dem Arm ein Bündel von Hund. Der Chihuahua zitterte wie Espenlaub; Tiere spüren immer, was ihnen bevorsteht, vor allem, wenn sie zum Tierarzt gebracht werden. Dr. Diebel legte den Hund auf den Operationstisch, redete mit ruhiger

Stimme auf ihn ein, schnallte die zarten Beine mit breiten Gurten fest und holte einen Rasierapparat.

»Rasierst du ihm das Fell von den Beinen? Dann bereite ich schon die Narkose vor.« Er schien keinen Zweifel zu haben, dass ich der Aufgabe gewachsen war. »Du rasierst dir doch im Sommer auch die Beine, oder? Das hier ist nichts anderes.« Er lachte und nahm eine Spritze aus einer Schublade. Das Herrchen des Chihuahuas sah mit besorgter Mine auf seinen Hund und mit skeptischem Blick zu mir. Vorsichtig hob ich ein Hundebein hoch und fing an, das Fell abzurasieren. Dr. Diebel war ein hoch gewachsener, beinahe hagerer Mann, mit grauem Haar, das langsam licht wurde. Er besaß eine natürliche Autorität, kaum jemand widersprach ihm je. Doch strahlte er dabei etwas aus, das andere motivieren konnte, über sich hinauszuwachsen. All das geschah, während er charmant und leichthin plauderte.

Als der Chihuahua rasiert, desinfiziert und narkotisiert war, schnitt Dr. Diebel mit einer kurzen, scharfen Bewegung die Haut über dem Knie auf. Ich schaute kurz zur Seite – und dann wieder auf den Hund. Seltsamerweise war kaum Blut zu sehen. Wahrscheinlich steckt im Körper eines Chihuahuas überhaupt nur ein Schnapsglas voll Blut. Jedenfalls war ich froh darüber, ich hätte nicht gewusst, ob ich die Operation sonst überstanden hätte.

»Jetzt die Säge.« Dr. Diebel zeigte auf ein Instrument aus Chrom, das auch ein Tortenschneider hätte sein können. Ich reichte es ihm. »Und bitte mehr Licht auf das Gelenk.« Das Geräusch der Säge ließ das Herrchen erblassen. Mich wohl auch, aber nur kurz. Es kreischte, knackte und glibschte. Fasziniert sah ich zu, wie Dr. Diebel ein kleines Dreieck aus dem Knochen und dem angrenzenden Knorpel schnitt.

»Das ist ganz typisch«, erklärte er, »der Hund kann

nicht mehr laufen, weil seine Kniescheibe ausgehakt ist. Sieh dir mal den Oberschenkelknochen hier an: Der ist nach innen hin ganz flach.« Ich konnte nicht wirklich erkennen, was Dr. Diebel meinte, doch ich nickte und sah zu, wie er elegant mit Pinzette, Schere und Skalpell am offenen Bein hantierte.

»Jetzt sitzt die Kniescheibe wieder an ihrem Ort.« Mit fünf Stichen nähte Dr. Diebel die Wunde zu. Das Herrchen wirkte mitgenommener als der Hund. Ich selbst war über alle Stadien der Übelkeit hinweg und nur noch neugierig.

An diesem Nachmittag behandelten wir noch eine Katze mit Neurodermitis, einen Dackel mit Mittelohrentzündung und ein Meerschweinchen mit Harnwegsinfekt. Am Ende vereinbarten Dr. Diebel und ich, dass ich jeden Nachmittag von halb fünf bis halb sieben Uhr bei ihm arbeiten würde. Dafür bezahlte er dreißig Mark in der Woche.

Dr. Diebel lobte mich. »Ich hatte schon mehrere Aushilfen, aber so gut hat noch keine gearbeitet.« Ich war stolz und ging bald ganz in der Arbeit auf. Ich wurde gebraucht und war zu etwas nütze. Dieses Gefühl hatte ich bis dahin nicht gekannt. In der Schule zog sich der Unterricht trist und dröge dahin, meine Leistungen waren und blieben schlecht, es schien keinen Unterschied zu machen, ob ich überhaupt da war oder nicht. In der Praxis konnte ich zeigen, dass ich etwas taugte. Dr. Diebel legte Wert darauf, mich bei seinen Operationen und Behandlungen dabei zu haben. Als ich zum ersten Mal Schule schwänzte, stand ich in der Praxis von Dr. Diebel. Wir operierten einen Bernhardiner, der von einem Trecker überfahren worden war. Als ich anschließend ins Wartezimmer ging, um den nächsten Patienten aufzurufen, saß dort mein Deutschlehrer mit seinem Pudel. Der Mann wunderte sich keinen Moment, mich hier zu sehen und nicht in der Schule; das Schwänzen war erstaunlich einfach.

Wir hatten enorm viel Spaß miteinander. Dr. Diebel war für jeden Scherz zu haben. Eben hatten wir noch eine Schildkröte untersucht, die letzte Patientin an diesem Tag.

»Meine Schildkröte hat einen dicken Bauch und frisst nicht«, klagte ihre Besitzerin. Dr. Diebel legte das verschreckte Reptil auf den Behandlungstisch und machte eine Röntgenaufnahme. Es stellte sich heraus, dass der Bauch der Schildkröte voller Eier steckte, die das Tier jedoch nicht herausbrachte. Reptilien behandelten wir selten, und so überwies Dr. Diebel die Dame mit ihrer Schildkröte an einen befreundeten Spezialisten. Ich fragte mich damals, wie man überhaupt eine Schildkröte operierte; auf jeden Fall vom Bauch her ... Später sortierte ich die Krankenblätter des Nachmittags in die Kartei und räumte auf. Auf dem Fensterbrett stand eine Flasche Spühreiniger, so etwas kam damals gerade neu auf den Markt. Ich wollte damit das Waschbecken sauber machen. Dr. Diebel griff mit elegantem Schwung an mir vorbei nach der Flasche und hielt sie in die Luft.

»Was ist das?«

»Sprühreiniger.«

»Fein«, rief er, lief durch die Praxis, rollte mit den Augen und alberte herum. Ich wunderte mich, was in ihn gefahren war. Dr. Diebel hockte sich mit der Flasche im Anschlag hinter seinen Behandlungstisch. »Und wie funktioniert das?«, rief er und ahmte dabei den Tonfall einer an ihrer eigenen Dummheit verzweifelnden und schon leicht hysterischen Hausfrau nach. Im nächsten Moment sprühte er wild um sich. In Sekunden war der ganze Tisch weiß vor Schaum und Sprühreiniger.

Ich bog mich vor Lachen.

Ein anderes Mal bettelte Dr. Diebel um Pralinen. In der Praxis stand eine schwarze Dose mit Konfekt. Ab und zu schickte Dr. Diebel mich los, neues zu kaufen. Eines Tages beschloss er, weniger zu naschen.

»Ich werde zu dick«, erklärte er. Was gelogen war, der Mann war rank und schlank. »Du musst die Pralinen einteilen«, sagte Dr. Diebel. »Jeden Tag zwei Stück. Und keins mehr.«

»Einverstanden«, antwortete ich. »Zwei Stück und keins mehr.«

Es dauerte nur einen Nachmittag, bis Dr. Diebel seinen Schwur brach: »Jetzt hätte ich gern eine Praline«, sagte er, nachdem wir eine Katze kastriert hatten. Kein Problem, dachte ich und öffnete die schwarze Dose. Zehn Minuten später bat er um eine zweite Praline.

»Die zweite und letzte.« Mit gespielter Strenge angelte ich die Büchse vom Regal und öffnete den Deckel. Dr. Diebel fischte eine Praline heraus und steckte sie in den Mund. Ich nahm ebenfalls eine Praline und stellte die Dose zurück.

»Eine noch«, sagte er kurz darauf, mit einem Blick wie ein hungriger Hund.

»Nein.«

»Bitte.«

»Nein.«

»Nur noch eine einzige Praline ...«, jaulte er. Ich versuchte, streng zu bleiben wie eine alte Gouvernante. Dabei zuckten mir längst die Mundwinkel.

»Nein, Herr Doktor. Zwei Pralinen am Tag – und keine mehr.«

Da sprang Dr. Diebel mit einem Satz auf den Behandlungstisch, machte Männchen und winselte: »Bitte, bitte, bitte ...«

Ich konnte mich nicht halten vor Lachen.

Einmal kam ein Mann mit einem Pappkarton unter dem Arm in die Praxis.

»Was haben Sie denn da?«, fragte Dr. Diebel, griff nach dem Karton und öffnete ihn, bevor der Mann ein Wort sagen konnte. Heraus kam eine Springmaus. Sie schoss durch die Praxis wie ein Kugelblitz.

»Es ist kein Wellensittich ...«, sagte der Mann, tonlos, Entsetzen im Gesicht. Dr. Diebel starrte auf den leeren Karton in seiner Hand.

»Stimmt.«

Dann machen wir uns mit dem Käscher auf die Suche nach der Springmaus ...

Die Atmosphäre in der Praxis war nicht immer amüsant und entspannt. Während der Sprechstunden hatten wir oft viel zu tun. Dr. Diebel war ehrgeizig und wollte seine Patienten gut versorgen. Er konnte von einem Moment auf den anderen jähzornig werden, wenn etwas nicht funktionierte, wie er es wollte. Nach solchen Wutanfällen lobte er mich wortreich, wie zur Entschuldigung. Dennoch habe ich mich bei ihm sehr wohl gefühlt. Ich besaß Respekt vor Dr. Diebel. Er hatte in Südamerika auf einer großen Farm gearbeitet. Er war viel herumgekommen und hatte etwas geleistet in seinem Leben. Er war mitfühlend, interessierte sich für mein Leben und erkundigte sich nach meinen Freundinnen. Dieses Interesse war nicht gespielt, Wochen später konnte sich Dr. Diebel noch an Details erinnern. Bei anderen Erwachsenen hatte ich häufig den Eindruck, sie hörten gar nicht zu, auch wenn sie mich zuvor etwas gefragt hatten. Dr. Diebel gab mir Denkanstöße. Er beleuchtete, was ich erzählte, aus anderen Perspektiven, er gab Ratschläge, wenn ich ihn darum bat. Er nahm Anteil an meinem Leben und wurde mein Vertrauter. An eine Begebenheit erinnere ich mich bis heute; sie sollte in meinem eigenen Leben Jahre später eine entscheidende Rolle spielen.

Wir kastrierten eine Hündin. Dr. Diebel operierte und ich assistierte.

»Was macht deine Freundin Katharina?«

»Sie macht mir Sorgen, ehrlich gesagt.« Ich hatte Dr. Diebel von Katharina erzählt, weil sie nach der Trennung von ihrem Freund depressiv wurde und mehrmals angedroht hatte, sich umzubringen. Ich wusste nicht, wie ich mich verhalten sollte.

»Meinst du wirklich, sie würde sich umbringen?«

»Ich kann es nicht beurteilen. Aber sie spricht immer wieder davon. Ich habe sie noch nie so erlebt wie im Moment. Sie ist so haltlos.« Mit einem Haken hob Dr. Diebel die Eierstöcke an. Die Hündin zuckte. »Die Narkose lässt nach. Wie lange brauchen Sie noch?«

»Zwei Minuten. Das schaffen wir.« Heute narkotisiert man, indem man die Tiere künstlich beatmet und dem Sauerstoff ein Narkosemittel beimischt. Damals haben wir ein Narkosemittel in den Muskel gespritzt. Die Narkose hielt eine Dreiviertelstunde an; innerhalb dieser Zeit musste der Arzt fertig werden, sonst wurde nachgespritzt. Dr. Diebel entfernte die Eierstöcke und legte das Skalpell auf das Tablett. Mit ein paar schnellen Stichen nähte er den Bauch der Hündin zu. Ich brachte das Tier ins Nebenzimmer, ließ die Jalousie herab, sodass es dunkel war und es schlafen konnte, bis der Besitzer kam und es holte.

»Sprich mit ihr und sag ihr, wenn sie sich wirklich das Leben nehmen will, dann kann sie das in einem Vierteljahr noch tun. So lange soll sie sich eine Chance geben und gucken, was das Leben bringt.« Ich sah Dr. Diebel an. Es klang so banal, doch er meinte, was er sagte. Sein Gesicht war ernst.

»Ja«, sagte er. »Sprich mit ihr und mach ihr diesen Vorschlag.«

»Sie wird mich nicht ernst nehmen. Das klingt so lapidar. Es geht ihr wirklich schlecht, sie ist krank vor Kummer und weiß nicht, wie es weitergehen soll.«

»Sprich mit ihr.«

Als ich mit Katharina sprach, reagierte sie, wie ich es nicht für möglich gehalten hätte. Sie hörte plötzlich auf zu weinen und sagte: »Okay, das ist ein Angebot. Ein Vierteljahr.«

Ein Vierteljahr später dachte sie nicht mehr an Selbstmord. In Dr. Diebels Worten steckte mehr Weisheit, als ich damals erfassen konnte.

Im Jahr nachdem ich aus Amerika zurückgekommen war, begann ich eine Ausbildung zur Tierarzthelferin bei Dr. Diebel. Ich fand einen privaten Reitstall in der Nähe und ging regelmäßig reiten und lernte neue Leute kennen. Andere Kontakte zerbrachen endgültig, das Jahr im Ausland und die unterschiedlichen Erfahrungen ließen sich nicht überbrücken. Zu meinen Brüdern hielt ich lockeren Kontakt, aber Kerstin und ich wurden innige Freundinnen.

Mein Leben bekam wieder eine Linie.

Nur mein Gewicht machte weiterhin Probleme. Ich lebte ein paar Wochen nach verschiedenen Diäten, hungerte mich herunter auf 70, 69, 68 Kilo. Nach der Diät sammelten sich die Kilos wieder an. Ich wog 70 Kilo und kurze Zeit später schon 72 Kilo.

Es war immer wieder das Gleiche. Ich war fest entschlossen abzunehmen und zumindest mein Normalgewicht von 65 Kilo zu erreichen. Ich hungerte und hungerte. Nach der Diät fühlte ich mich erleichtert, stolz und ausgezehrt. Bald schlichen sich wieder alte Gewohnheiten ein. Irgendwann gab ich einen Klacks Butter über die Bohnen oder bereitete eine Mehlschwitze zu den Kartoffeln. Es sollte schmecken, und mit ein bisschen Sahne oder Butter schmeckte es eben besser. Ich zählte die Kalorien, aber ich wurde großzügiger. Jemand lud zu Kaffee und Kuchen ein, am Wochenende fand ein Grillabend statt – ich wollte nicht absagen, nicht abseits stehen. Mutter kochte, und die Familie traf sich – es schmeckte wunderbar, es war so nett, also aß ich. Ich fand Ausreden, um die Ausnahmen zu rechtfertigen. Ich betrog mich selbst, denn ich wusste, was ich tat. Nur mein Gewissen konnte ich nicht bezwingen. Ich lebte in dem permanenten Gefühl, versagt zu haben. Ich war deprimiert. Und tröstete mich mit Süßigkeiten.

Ich kaufte Schokolade, Karamellriegel, Kuchen und Schaumwaffeln. Doch ich aß sie nicht in dem Gefühl, dass es sich um eine einmalige Ausschweifung handelte, etwas Gutes, das ich mir im Moment gönnte, um dann wieder nach strengen, aber vernünftigen Kriterien zu essen. Das schlechte Gewissen bekam eine Stimme, und die raunte beständig: Das darfst du nicht. Leb Diät! Reiß dich zusammen. Beherrsch dich! Allein die Anspannung, zeigen zu müssen, dass ich durchhalten konnte, dass ich stärker war als jeder Appetit, machte mich schwach. Ich konnte nie etwas, wenn ich unter dem Druck stand, genau dies doch können zu müssen.

Irgendwann ging ich zum Arzt und suchte Hilfe. Er riet mir zu einem Mittel, dass ich anstelle von einzelnen Mahlzeiten einnehmen sollte.

»Das Präparat ist ganz neu auf dem Markt, versuchen Sie es einmal. Ich fordere eine Probepackung an. Die reicht für eine Woche.«

Zwei Tage später holte ich das Päckchen ab. Zu Hause packte ich es aus und fand eine Tüte kleiner schmaler

Röllchen, ganz so, als habe jemand Spaghetti in viele kurze Stücke geschnitten. Ich las den Beipackzettel. Es handelte sich um ein Quellmittel. Ich vertrug es trotzdem nicht. Was nicht an den Inhaltsstoffen lag, sondern allein an seinem widerwärtigen Hefegeschmack.

Am Morgen des ersten Tages schluckte ich die Röllchen löffelweise; später musste ich aufstoßen und ging stundenlang mit dem moderigen Geschmack alter Hefe im Mund umher. Am zweiten Tag begann ich schon beim Kauen zu würgen. Am dritten Tag war ich vollends unfähig, den Brei hinunterzuschlucken. Auch das Aroma von Vanille oder Schokolade, das man zugesetzt hatte, half nicht über die Weigerung meines Körpers hinweg, ein solches Zeug aufzunehmen. Am vierten Tag warf ich die Packung in den Mülleimer. Nie im Leben wäre ich bereit, etwas derart Abstoßendes als Ersatz für Essen zu akzeptieren. Zu dem Arzt ging ich nicht wieder hin.

Ich hatte kein einziges Kilo abgenommen.

Im Flur klingelte das Telefon. Aggi lief aus der Küche, dem Geräusch entgegen, knurrend und bellend. Mutter rollte mit den Augen.

»Dieser Hund geht mir manchmal auf die Nerven. Es ist doch paranoid, alles anzubellen, was Krach macht oder fremd ist.«

»Mama ...« Ich ging in den Flur, bedeutete Aggi, still zu sein, was nichts half, und hob den Hörer ab.

»Hier ist Fred.« Fred tauchte ab und zu im Reitstall auf. Er war mit Carola verheiratet, die dort Reitunterricht gab. Fred hielt stets respektvollen Abstand zu Pferden. Jedes Tier, das größer war als ein Dackel, war ihm suspekt. Auch seine zehnjährige Ehe mit einer Reitlehrerin hatte nichts daran geändert, dass er dachte, Tiere sollten mit Tieren leben und Menschen mit ihresgleichen. Fred leitete die Kampfschwimmertruppe einer Marinebasis in der Nähe von Kiel.

»Wir bekommen am Wochenende Besuch von einer Delegation der US-Navy. Würdest du ein bisschen übersetzen?«

Ich sagte zu, und wir verabredeten, dass ich am späten Nachmittag in die Kaserne käme.

Es war bereits dunkel, als ich den Pförtner passierte und auf den Besucherparkplatz fuhr. Fred hatte mich angekündigt, und der Pförtner telefonierte einen jungen Soldaten herbei, der mich ins Offizierskasino führte. Als Fred mich sah, stand er auf und kam uns entgegen.

»*Hi*«, sagte ein Amerikaner, der mit einem Teller voll Suppe direkt neben der Tür stand. Er war groß, blond und beinahe kahl geschoren. Er grinste.

»*Hi*«, antwortete ich. Fred griff nach meinem Mantel, reichte ihn dem jungen Soldaten und zog mich hinüber zur einer langen Reihe von Stühlen und Tischen, die man entlang der Fensterfront zusammengerückt hatte. Etwa 40 Soldaten in Zivil saßen an den Tischen, alle redeten durcheinander.

»Das ist William«, sagte Fred und deutete auf einen Mann mit kurzem dunklen Bürstenschnitt.

William lächelte. »*Just call me Bill*«, sagte er.

Fred wirkte angespannt. Ein nervöser Zug umspielte seinen Mund. So hatte er auch ausgesehen, wenn Carola ihn einmal gebeten hatte, für einen Augenblick eines der Pferde festzuhalten. »Bill hat in den USA etwa die Position, die ich hier bekleide. Er leitet die Kompanie.«

Neben der Tür stand immer noch der amerikanische Soldat und löffelte seine Suppe. Er unterhielt sich mit einem anderen Mann. Als er meinen Blick bemerkte, lächelte er. Ringsherum schwirrten englische und deutsche Sätze, Sprachfetzen, unbeholfenes Gestammel, das nach ein paar Worten abbrach. Jemand schob seinen Nachbarn vor, einen angefangenen Satz zu beenden, begleitet von Gelächter. »*Would you please ask Fred ...*« Williams Stimme holte mich zurück.

Fast fünf Stunden lang übersetzte ich, anfangs nur für Fred und William, aber bald auch für alle anderen. Sobald die Soldaten bemerkten, dass mein Englisch fließender war als ihres, riefen sie über Fred und Williams Köpfe hinweg deutsche Worte und fragten nach englischen Vokabeln. Ich musste mich konzentrieren, doch machte es großen Spaß, und die Stimmung war gelöst, heiter, ich geriet sogar ein bisschen in Euphorie.

Es war beinahe zehn Uhr, als sich die Runde auflöste. Ich stand auf und ging hinüber zur Garderobe, um meinen Mantel zu holen.

»Trinkst du noch ein Bier mit mir«, fragte eine Stimme mit starkem Akzent. Es war der Soldat, der die Suppe gegessen hatte. Er stand hinter mir, sehr dicht. Zu dicht. Ich trat einen Schritt zur Seite.

»*Sorry, but ...*« Ich suchte nach einem Vorwand, einer Ausrede. Ich suchte Fred im Saal, doch er war nicht zu sehen. William fing meinen Blick auf und lächelte. Der Soldat folgte meinem Blick, bemerkte das Lächeln, das ich erwiderte.

»*I am sorry*«, entschuldigte er sich und grinste. Zu breit. Ich ließ ihn stehen. Fred kam aus einem Seitenraum heraus, und ich ging durch den Saal zu ihm hinüber.

»Gehen wir noch etwas essen?«, fragte Fred. Ich nickte. Ich hatte ebenfalls Hunger. Ich war den ganzen Abend über nicht dazu gekommen, etwas zu essen.

»Frag Bill, ob er mitkommt.« Bill stimmte zu, und zu dritt fuhren wir in ein griechisches Lokal.

Als ich am nächsten Morgen aufwachte, hörte ich unten das Telefon klingeln. Aggi bellte und Mutter schimpfte. Gleich darauf kamen Schritte die Treppenstufen herauf, es klopfte leise an der Tür.

»Andrea?«

Ich zog den Morgenmantel über, der über dem Stuhl hing, und öffnete.

»Ein Anruf«, sagte Mutter. Sie hatte noch Lockenwickler im Haar. »Ein Mann. Ich habe kein Wort verstanden, nur deinen Namen.«

»Hi, Bill here ...« Ich war nicht wirklich überrascht. Wir verabredeten uns für den Nachmittag.

In den kommenden drei Wochen trafen Bill und ich uns in jeder freien Minute. Wir zogen einander an, waren wie Magnete, wir konnten nicht voneinander lassen. Wir folgten einem Sog und teilten ein stilles Verständnis für jede Geste, jede Berührung, jeden Gedanken des anderen. Bill war charmant, witzig, großzügig und ein sehr entspannter Liebhaber. Ich fühlte mich wohl, frei und ungehemmt, wie ich es nie zuvor erlebt hatte.

Am Tag der Abreise war ich verliebt und todtraurig. Auch Bill weinte. Wir verabschiedeten uns, bevor er in die Kaserne und von dort mit den anderen Kampfschwimmern zum Flughafen fuhr. Wir versprachen uns nichts, es war klar, dass diese Liebe keine Zukunft hatte.

Es dauerte drei Wochen, bis an einem Nachmittag das Telefon klingelte.

»Hi, it is me, Bill ...« Er hatte erneut mit einer Marinetruppe, diesmal in der Nähe von Lübeck, zu tun. Wir trafen uns. Ließen uns mitreißen von überbordenden Gefühlen. Und trennten uns, als der Tag seiner Abreise kam.

Ich hatte viel darüber nachgedacht, doch ich konnte mir nicht vorstellen, Bill nach Amerika zu folgen. Ich hatte es mir in Tagträumen und nachts ausgemalt und zu meiner eigenen Überraschung festgestellt, dass ich mich wieder in Deutschand eingelebt hatte, so sehr, dass ich bleiben wollte. Vor allem wollte ich meine Familie nicht verlassen. Nicht einmal für einen Mann, in den ich leidenschaftlich verliebt war. Zudem schreckte mich bei all seiner Zärtlichkeit und Liebe, dass Bill Kampfschwimmer war und auch in Zukunft immer wieder in Krisenregionen eingesetzt würde. Ich brauchte eine verlässlichere, eine weniger bedrohliche Basis für ein gemeinsames Leben. Unsere Liebe hatte keine Chance, es wäre klüger, sie in dem Rahmen zu belassen, in dem wir miteinander glücklich gewesen waren.

Es wurde zur Gewohnheit, dass ich jedes Jahr im Frühling sechs bis acht Wochen nach der »Brigitte-Diät« lebte. Manchmal schlossen Kerstin und Mutter sich an. Bald bekamen wir ein seltsames Phänomen zu spüren.

»Ich habe das Gefühl, immer langsamer abzunehmen.« Kerstin saß in dem großen Korbstuhl neben dem Küchenfenster. In der Pfanne briet Schweinefilet für einen Kräuter-Senfbraten. Das Fleisch wurde mit Salz und Pfeffer eingerieben, in heißem Öl braun gebraten, anschließend mit Senf bestrichen. Man fügte Brühe hinzu und ließ es weiter schmoren. Dazu gab es Bratkartoffeln, nicht eben eine große Portion, immerhin wurden sie ebenfalls mit Fett zubereitet, um zu demonstrieren, dass auch traditionell fette Gerichte nicht vollständig aus dem Leben verschwinden müssen, wenn man versucht, sich kalorienbewusst zu ernähren. »Als würde sich das Fett hartnäckiger am Körper festhalten als früher. Es krallt sich in mein Fleisch und weigert sich, zu verschwinden.«

»Geht mir auch so.« Nach den ersten Diäten hatte es Monate gedauert, bis die Hosen wieder kniffen. Jetzt sammelte ich Pfunde, die ich mühsam heruntergehungert hatte, innerhalb von Wochen wieder an. Umgekehrt hatte ich anfangs zwei Kilo pro Woche verloren, nun war es gerade mal ein Kilo. Obwohl ich nicht mehr aß und mich nicht weniger bewegte. »Am Ende bin ich jedes Jahr im Frühling dicker als im Jahr zuvor.«

Es war frustrierend. Und unverständlich.

Zugegeben, manchmal erlag ich der Versuchung, aß kleine Leckereien zwischendurch, naschte Süßigkeiten oder nahm bei Tisch eine zweite Portion. Dennoch lebte ich über Monate streng nach Plan und verbot mir jedes überflüssige Gramm Fett. Ich beschloss, die nächste Diät rigoroser anzugehen. Doch es änderte nichts daran, dass es immer schwieriger wurde, abzunehmen. Mehr und mehr bekam ich das Gefühl, gegen Windmühlen zu kämpfen. All die Qualen zeigten zunehmend weniger Erfolg, es war paradox. Ich sah das Fett auf meinen Hüften, es schwabbelte am Bauch, am Hals, an den Schenkeln und Armen. Die Situation spitzte sich sogar noch zu. Immer verbissener versuchte ich abzunehmen, immer größer wurde der Druck, stark zu bleiben und durchzuhalten, immer niederschmetternder die Momente, in denen ich doch schwach wurde und aß, was ich nicht hätte essen dürfen. Es war ein Kreislauf.

Ich begann, das gesamte Unterfangen mit den Diäten infrage zu stellen. Es schien sinnlos, sich zu kasteien, wenn der Körper ein undurchsichtiges Eigenleben führte und immer wieder alle Mühen sabotierte. Doch sobald ich in den Spiegel sah, war klar, dass ich es wieder versuchen würde. Es blieb gar keine Wahl. Denn mein Spiegelbild war unerträglich fett.

Eines Tages saß ich im Wohnzimmer meiner Eltern, niedergeschlagen und schweigsam.

»Kind, was ist los mit dir?«, fragte Vater plötzlich.

Ich brach in Tränen aus. Vater stand auf, ging um den Tisch herum, hockte sich vor mich und nahm meine Hände. »Es ist alles so ... Ich möchte so gern abnehmen und schaffe es nicht.«

»Kind, da müssen wir doch etwas tun.« So war mein Vater, ein Mann der Tat. Er verabredete einen Termin bei unserem Hausarzt – jenem Mann, der mir mit zwölf Jahren meine allererste Diät verordnet hatte. Es war mir unangenehm, mich ausgerechnet einem Menschen anvertrauen zu sollen, der mich und meine Familie seit Jahren kannte. Doch fehlte mir erst recht der Mut, mich mit meinem Problem an einen wildfremden Menschen zu wenden. Überhaupt, was sollte irgendein Arzt schon sagen? Wahrscheinlich würde er mir empfehlen, weniger zu essen.

Zu meinem Erstaunen kam es ganz anders.

Ich betrat die Praxis am späten Nachmittag, ich kam direkt von der Arbeit. Im Wartezimmer saß eine alte Frau, wir kannten uns flüchtig vom Sehen, und ich grüßte. Die Zeitschriften auf dem Glastisch waren zerlesen. Ich nahm eine alte Ausgabe eines Umweltmagazins und blätterte darin herum.

Als ich das Behandlungszimmer betrat, roch es nach altem Schweiß. Der Arzt begrüßte mich und bat mich, Platz zu nehmen.

»Ihr Vater macht sich Sorgen um Sie.« Ich seufzte und begann zu erzählen. Von der Zeit in Amerika, und dass ich innerhalb eines Jahres 27 Kilo zugenommen hatte. Dass ich, wieder zu Hause, meine Essgewohnheiten umgestellt und recht zügig 15 Kilo abgenommen hatte. Dass ich mich viel bewegte, fast täglich ritt, aber trotzdem weiter zunahm. Ich erzählte von den verschiedenen Diäten, die ich ausprobiert hatte. »Am Ende stehe ich auf der Waage und bin dick. Ich schaffe es einfach nicht, abzunehmen.«

»Wie viel wiegen Sie?«

»81 Kilo.« Ich war mir sicher, dass ich rot wurde, als ich das sagte, und ärgerte mich.

»Ich werde Sie untersuchen, um auszuschließen, dass irgendeine organische Störung die Ursache ist. Dann sehen wir weiter.«

Ein paar Tage später fuhr ich erneut in die Praxis. Die Laborbefunde lagen vor.

»Mit Ihren Blutwerten ist alles in Ordnung«, sagte der Arzt. »Ein bisschen viel Cholesterin, aber es bewegt sich noch im Toleranzbereich.« In den Tagen, die ich auf die Ergebnisse hatte warten müssen, hatte ich mir gewünscht, es möge sich herausstellen, dass ich unter einem Defekt, unter irgendeiner Anomalie litt. Dass eine physische Ursache verhinderte, dass ich dünner wurde. Dass nicht mein schwacher Wille der Grund war. Der Arzt richtete sich in seinem Ledersessel auf, rückte sich in Positur. Er wirkte müde.

»Ich schlage vor, es einmal mit Hypnose zu versuchen.« Ich muss ihn verständnislos angesehen haben, denn er setzte, ohne lange zu warten, zu einem Vortrag an:

»Ich versetze Sie dabei in eine Art Trance. Ihr Bewusstsein kommt zur Ruhe, Sie sind entspannt und nehmen Ihre Umwelt kaum noch wahr. Nach einer Weile werde ich einige Sätze sagen, Sätze wie: ›Du sollst keine Schokolade mehr essen‹. Diese Sätze dringen tief in Ihr Unbewußtes ein. Durch diese Suggestion baut sich eine Art Schranke auf. Süßigkeiten werden Ihnen bald egal sein.« Er faltete die Hände und stützte sein Gesicht darauf. »Sie werden sich dann ganz einfach ganz normal ernähren.«

Es klang recht simpel. Es fiel mir schwer, mir vorzustellen, dass so etwas funktionieren könnte, aber ich war bereit, es zu versuchen. Wenn es half – warum nicht? Sollte der Arzt seine Sätze in meinem Unbewußten versenken; Hauptsache, das Thema wäre für immer aus meinem Kopf und aus meinem Leben heraus. Wir verabredeten einen Termin für die kommende Woche.

Es regnete in Strömen, als ich das nächste Mal in die Praxis fuhr. Bis auf die Haut durchnässt schloss ich mein Fahrrad an einem Laternenpfahl vor der weissen Gründerzeitvilla an. Im Treppenhaus saßen zwei Mädchen auf der Treppe und warteten, dass der Regen aufhörte. Sie tuschelten und kicherten, als ich vorbeiging. Ich konnte mir denken, worüber.

Als ich im Behandlungszimmer auf der Liege lag, klebten meine Hose und das T-Shirt klamm am Körper. Ich hatte eine Gänsehaut.

»Ich werde Sie jetzt in eine Art tiefen Schlaf versetzen. Entspannen Sie sich, denken Sie an nichts, und hören Sie einfach nur auf das, was ich Ihnen sagen.« Ich versuchte, mich zu entspannen.

»Sie sind ganz ruhig. Sie lassen alle Gedanken einfach los.« Ich versuchte, alle Gedanken loszulassen. Je mehr ich es versuchte, desto weniger gelang es.

»Ihr Körper wird schwer.« Mein Körper wurde nicht schwer. Nur immer kälter.

»Sie fallen in einen tiefen Schlaf.« Ich war so wach wie ein Luchs in der Nacht. Mit Mühe unterdrückte ich ein Lachen.

»Du sollst nicht naschen. Du sollst keine Schokolade mehr essen. Du musst das Naschen vergessen.« Ich biss mir auf die Lippe. Die ganze Situation war grotesk. Jedes Mal, wenn der Arzt »naschen« sagte, stieß seine Zunge an den Gaumen und es klang, als hätte er einen Sprachfehler. Wer sollte sich dabei entspannen?

Ich fror und bemühte mich so zu tun, als sei ich in Trance, atmete flach und zuckte wie ein nervöses Tier mit den Augenlidern. Ich wollte mich nicht blamieren und den Arzt auf keinen Fall spüren lassen, dass ich mich nicht fallen lassen konnte. Es wäre mir peinlich gewesen, es wäre mir wie ein weiteres Versagen vorgekommen.

Zwei Mal bin ich danach noch hingegangen. Dann habe ich mich nicht mehr gemeldet. Ich eignete mich nicht für Hypnose. Auch wenn es heute wie eine amüsante Geschichte klingt: Damals bestürzte es mich, dass das Experiment scheiterte. Meine heimlichen Hoffnungen, die ich trotz aller Skepsis hatte, lösten sich in Luft auf. Wenn bislang all die Diäten nie zu einem wirklichen Erfolg geführt hatten, dann nur, weil ich versagt hatte. Nun versuchte ein Fachmann, mir zu helfen, doch auch er scheiterte. Auch ihm gelang es nicht, zu den richtigen Schaltstellen in meinem Hirn vorzudringen. Ich empfand das als einen persönlichen Bankrott. Mir war nicht zu helfen.

Am Ende hatte ich kein einziges Kilo abgenommen.

In der Kurve leuchtete das gelb-rote Schild der Tankstelle wie eine Verheißung. Ich trat in die Pedale, überquerte die Kreuzung und rollte den Berg hinab. Es war Abend und der Feierabendverkehr schon vorüber. Es war spät geworden, denn wir hatten einen Kaiserschnitt bei einer Schäferhündin gemacht; sie hatte zwei Junge zur Welt gebracht, ein Drittes war gestorben. Dr. Diebel war den ganzen Tag über gereizt gewesen. Müde hatte er die Praxistür abgeschlossen, als ich zu meinem Fahrrad ging. Sein Gruß blieb kurz, fast unfreundlich.

Ich bremste. Zwei Frauen standen auf dem Fußweg und unterhielten sich, ein Kinderwagen blockierte den Fahrradweg. Ich klingelte. Die Frauen sahen mich erstaunt an. Ich machte einen Schlenker um den Kinderwagen herum und bog in die Einfahrt zur Tankstelle.

Drinnen brannte helles Neonlicht. Der Tankwart sah aus, als habe er eine Nacht lang getrunken und seither nicht mehr geschlafen. Aus dem Radio brüllte der Moderator eines lokalen Privatsenders belangloses Zeug. Zwei Fernfahrer tranken Kaffee. Ich ging zu dem Regal mit den Süßigkeiten, nahm mehrere Schokoriegel und zwei Tafeln Mokka-Sahne-Schokolade und schlenderte in den hinteren Teil des Ladens zu den Zeitschriften. An der Kasse suchte ein Mann umständlich sein Portemonnaie. Ich blätterte in einer Zeitschrift. Der Mann zog einen Schein aus seiner Geldbörse. Der Tankwart kassierte und schob ihm Wechselgeld hin. Der Mann steckte es ebenso umständlich wieder ein. Die beiden LKW-Fahrer unterhielten sich. Der Mann verließ den Laden. Ich ging zur Kasse.

»Schon erstaunlich, was manche Leute so essen können«, sagte der größere der beiden Fahrer halblaut zu seinem Kollegen. Sein Hemd spannte über seinem Bauch. Der Tankwart sah aus, als würde er nichts hören und sehen. Ich bezahlte, steckte die Süßigkeiten in die Taschen meiner Jacke und verschwand.

Als ich wieder auf dem Fahrrad saß, zog ich einen Schokoriegel aus der Tasche, riss mit den Zähnen die Verpackung auf und biss hinein. Zwei weitere Bissen und der Riegel war alle. Ich griff in meine Jackentasche und zog den Nächsten heraus. Bis ich zu Hause war, hatte ich alle sechs Schokoriegel aufgegessen. Das Papier warf ich in die Büsche, die Schokolade schob ich unter meinen Pullover. Locker hielt ich mit einem Arm die Jacke zu; niemand würde etwas bemerken.

Später lag ich im Bett und lutschte genüsslich Schokolade. Ich gönnte mir die beiden Tafeln als Ausgleich für einen Tag voller Frustration und Lieblosigkeit und spürte, wie die Erinnerung daran mit jedem Stückchen verblasste. Und morgen würde ich zum Griechen gehen und übermorgen in das chinesische Restaurant an der Hauptstraße, und dann würde ich Mutter bitten, zum Wochenende einen richtigen Gänsebraten zuzubereiten. Ich würde all die Sachen essen, die ich während der Diät in den vergangenen Wochen vermisst hatte. Ich würde sie langsam und genussvoll über meine Zunge gleiten lassen, würde sie kauen, in aller Ruhe, würde sie irgendwann hinunterschlucken und den nächsten Bissen zum Mund führen. Ich würde Feste feiern, Feste voller Sinnesfreuden. Ich würde essen und endlich wieder ein ganzer Mensch sein. Diäten taugten zu nichts; sie vermiesten einem nur das Leben. Sie stahlen einem die Liebe.

Der Vollmond spiegelte sich im Chrom der schweren Harley-Davidson.

»Das muss ein Liebhaber sein, dem diese Maschine gehört«, sagte Kurt. »Sieh dir nur die Blinklichter an, die Bremsleuchten und die Scheinwerfer, alles alte Originalteile.« Kurt ging um das Motorrad herum und begutachtete es von allen Seiten. Er kehrte den Fachmann heraus, ein bisschen zu demonstrativ, fand ich. Hinter uns dröhnte Musik. Jemand öffnete die Tür, trat aus der Kneipe auf den gepflasterten Vorplatz und kotzte ins Gebüsch. Es war spät, ich wollte nach Hause. Auch das Motorrad, das in der Tat sehr schön war, und sicher gehörte es jemandem, der sein Herz daran gehängt hatte, es konnte meine Müdigkeit nicht aufhalten.

»Lass uns fahren, Kurt.« Ich band den Nierengurt um, die Haken ließen sich gerade noch in die Ösen schieben. Unsere Helme hatte Kurt in die Gepäcktaschen seines Motorrads geschlossen.

»Do you like this motor-cycle?« Eine Stimme, die ich sofort erkannte und die zu hören ich nie mehr erwartet hätte, ließ mich zusammenfahren. Bill stand hinter uns, einen Sturzhelm unter dem Am und ein großes, warmherziges Lächeln im Gesicht. Meine Beine wurden weich,

mein Magen schrie und mein Kopf dröhnte. Starr stand ich da, unfähig mich zu bewegen oder etwas zu sagen, allein ein unbeholfenes »*Hi*« kam mir über die Lippen.

»*Hi*«, sagte Bill. Und dass er für vier Wochen an einem NATO-Manöver in Deutschland teilnahm und auch versucht hatte, mich zu erreichen, doch meine Adresse nicht mehr habe finden können. Es war zwei Jahre her, dass wir uns voneinander verabschiedet hatten. Ich ließ Kurt fahren, nahm meinen Helm und ging mit Bill zurück in die Kneipe. Bis schließlich die Stühle hochgestellt wurden, erzählten wir uns, was seit damals geschehen war. Ich hatte oft an ihn gedacht. Keiner der Männer, die ich seither kennen gelernt hatte, hatte etwas Vergleichbares in mir auslösen können. Bill wiederum hatte geheiratet. Noch hatten sie keine Kinder, seine Frau und er, aber sie planten, eine Familie zu gründen. Der Mann, den ich so geliebt hatte, gehörte zu einer anderen Frau.

Es hielt uns nicht davon ab, später in meine Wohnung zu fahren und übereinander herzufallen. Ich machte kein Licht im Schlafzimmer, zog ihn im Dunklen in mein Bett. Bill hatte mich gesehen, als ich etwas mehr als 70 Kilo wog. Auch damals fand ich mich zu dick, doch jetzt wog ich 83 Kilo. Die Haut an meinen Beinen, an Bauch und Busen war übersät von Schwangerschaftsstreifen, kleinen aber deutlich sich abzeichnenden Rissen im Bindegewebe. Ich genierte mich. Es waren Bills Unbefangenheit und sein offensichtliches Vergnügen an mir, die mir schließlich mein Unbehagen nahmen. Er schien meinen Körper zu geniessen, so, wie er war, und das half mir, mich schließlich auch fallen zu lassen.

Wir trafen uns beinahe täglich, bis Bill am Monatsende zurückflog nach Amerika. Diesmal sollte es wirklich für immer sein.

Das Hotel lag an einer stark befahrenen Straße und sah trist aus. Grauer Putz, braune Fensterrahmen, Koniferen und ein paar Geranien neben dem Eingang. Wir betraten die Halle. Sie hielt, was das Haus von außen versprach. Zu dritt gingen wir hinüber zu einer wuchtigen Rezeption aus Eichenholz. Hinter Trockenblumengestecken saß eine Angestellte.

»Das Treffen der ›Weight Watchers‹, wo findet das statt?«

Die Frau musterte uns, lächelte dann und deutete auf eine Tür am gegenüberliegenden Ende der Halle.

»Im Tagungsraum.«

Der Tagungsraum lag in einem modernen Anbau, in dem eine geschäftsmäßig nüchterne Atmosphäre vorherrschte. Auf geschwungenen Chromstühlen saßen fünfundzwanzig oder dreißig Frauen, alle mehr oder weniger übergewichtig, alle deutlich älter als wir. Vorne an der Stirnseite des Raumes stand ein kleines Rednerpult, neben ihm eine Frau in einem gelben Kostüm. Sie war offensichtlich die Gruppenleiterin. Hinter ihr hatte man ein kleines Büfett aufgebaut. Wir setzten uns.

Es dauerte nicht lange, bis die Frau, die ich für die Leiterin hielt, die Anwesenden begrüßte. Sie fasste sich kurz und bat eine blonde Mittfünfzigerin, mit der Vorstellungsrunde zu beginnen.

»Ich heiße Anna, und ich bin dick.« In Stichworten erzählte Anna ihren Werdegang und was sie zu den »Weight Watchers« gebracht hatte. »Seit ich zu den ›Weight Watchers‹ komme, habe ich 20 Kilo abgenommen.« Ich versuchte, mir Anna mit 20 Kilo mehr vorzustellen, und kam zu dem Schluss, dass sie etwa so dick gewesen sein muss wie ich, als ich aus Amerika zurückkam. Eine nach der anderen in der Runde stellte sich vor. Manche hatten erstaunliche Leistungen vollbracht.

Schließlich war ich an der Reihe, und alle schauten mich an.

»Ich heiße Andrea und wiege 85 Kilo.« Ich fühlte, dass ich rot wurde, und schwitzte unter meinem Pullover. Es war mir unbehaglich, derart im Mittelpunkt zu stehen. Die Einstiegsfloskel, mit der sich alle vorzustellen hatten, widerstrebte mir. Außerdem hatte ich keinerlei Erfolge vorzuweisen.

»Wie bist du zu den ›Weight Watchers‹ gekommen?«, fragte die Gruppenleiterin. Beinahe hätte ich geantwortet: mit dem Auto. Ich biss mir auf die Zunge.

»Meine Freundin hat mir von den ›Weight Watchers‹-Treffen erzählt.« Ich stieß Dagmar an, die neben mir saß. Sie nickte.

»Ja«, sagte sie. Sonst nichts.

Wir kannten uns vom Reiten. Dagmar war Dressurreiterin und nicht auf den Kopf gefallen, es sei denn, jemand sprach sie auf ihr Gewicht an. Dagmars Schwester ging seit einem Monat regelmäßig zu den Treffen der »Weight Watchers« und hatte seither acht Kilo abgenommen. Als Dagmar im Stall beim Ausmisten davon erzählte, beschlossen Susanne und ich spontan, auch einmal solch eine Veranstaltung zu besuchen. Susanne hatte ebenfalls Probleme mit ihrer Figur, und ich bekam insgeheim schon Skrupel, wenn ich mich mit meinem Gewicht auf ein Pferd setzte, vor allem, wenn es ein Pony war. Wenn ich es nicht schaffte, für mich abzunehmen, dann vielleicht für die Pferde? Am Ende überredeten wir Dagmar, mit uns zu kommen. Ich selbst war während der Fahrt nach Kiel beinahe euphorisch gewesen. Eine Gruppe von Gleichgesinnten – dort könnte man sich austauschen. Sich alle Last von der Seele reden, die diesen ständigen Kampf ums Abnehmen begleitete. Dort würde man mein Problem kennen und verstehen. Dort würde ich – endlich – in den richtigen

Händen sein. In einer Gruppe wäre es einfacher, abzunehmen, man könnte sich gegenseitig motivieren. Ich wäre nicht länger all den Hochs und Tiefs einsam ausgesetzt.

»Das ist gut, sehr gut.« Die Gruppenleiterin kam mir sehr amerikanisch vor in ihrem Gehabe. »Dann kennst du sicher auch schon unseren ›Pointsplan‹. Der ›Power-Start‹ macht es dir ganz einfach, einzusteigen.«

Der »Pointsplan«, das hatte Dagmar erzählt, war ein Diätplan, in dem eine bestimmte Kalorienzahl pro Tag festgelegt wurde. Solange man sie nicht überschritt, durfte man essen, was man wollte. Es gab keine Reglementierung, was die Auswahl der Lebensmittel anging. Ein Braten, eine Mehlschwitze oder ab und zu ein bisschen Schokolade wären also erlaubt. Darüber hinaus gab es »Bonus-Points«, die man nach Gartenarbeit, Hausputz oder sonstiger Bewegung gutschreiben durfte und »Fiesta-Points«, die man durch Verzicht ansparte und bei einem Fest ausnutzen konnte. Und es gab »Points-Produkte«, Lebensmittel, die im »Weight Watchers Shop« verkauft wurden.

Als Nächste stellte Dagmar sich vor, dann Susanne, dann eine Frau, die bereits 15 Kilo abgenommen hatte, eine andere, die wie Anna 20 Kilo weniger wog, und eine, die es geschafft hatte, 25 Kilo loszuwerden. Das ist es, dachte ich, während ich den Erfolgsgeschichten zuhörte, hier würde es funktionieren.

Als alle miteinander bekannt waren, nahm die Gruppenleiterin Dagmar, Susanne und mich zur Seite.

»Im Nebenzimmer steht eine Waage«, sagte sie halblaut und lotste uns zur Tür. Auf dem Flur erzählte sie, dass sie selbst schon 28 Kilo abgenommen habe. Ich fand, ihr gelbes Kostüm betonte ihre Hüften unvorteilhaft. »Es ist gar nicht so schwierig«, rief sie, beinahe enthusiastisch. Sie sah aus wie eine Barbiepuppe.

Wir stoppten vor einer weißen Tür. Die gelbe Frau klopfte und drückte im selben Moment die Klinke herunter. Drinnen war niemand. Inmitten moderner Nüchternheit stand allein eine silbergraue Digitalwaage. Ich will nicht, dachte ich. Mein Herz klopfte. Ich sah keine Möglichkeit, mich zu entziehen.

Susanne war als Erste an der Reihe. Sie wog 82 Kilo. Dagmar wog 79 Kilo. Dann stieg ich auf die Waage. Die Digitalziffern jagten über das Display, sie flirrten vor meinen Augen, bis sie schließlich eine satte 85 anzeigten.

»Das kriegen wir schon hin«, sagte die Gruppenleiterin. Ihr gelbes Kostüm sah wirklich zu albern aus.

Wir gingen zurück zu den anderen. Man sprach über kalorienreduzierte Ernährung und tauschte Rezepte aus.

»Ich muss zugeben, ich habe in der vergangenen Woche zwei Mal gesündigt«, sagte die dicke Anna gerade. »Ich bin im Moment 500 Gramm über meinem Gewicht vom vergangenen Montag.«

»Ich gehe jetzt zweimal die Woche zum Sport«, sagte die dicke Karin, die schon 25 Kilo abgenommen hatte.

Doch niemand sprach über die wirklichen Probleme.

»Kennt ihr das auch, dieses Gefühl, es nicht gepackt zu haben?«, fragte ich irgendwann in die Runde.

»Das hat jeder mal«, sagte die Gruppenleiterin. »Und jetzt schlage ich vor, dass wir das Büfett eröffnen. Es gibt heute gegrillte Kartoffelspieße, ein wunderbares Beispiel, um zu zeigen, dass Diät schmecken und Spaß machen kann!« Alle standen auf und gingen zum Büfett, einige lachten. Man probierte, goutierte und plauderte. Die Gruppenleiterin hielt einen kleinen Vortrag und reichte das »Weight Watchers«-Kochbuch herum.

Am Ende bezahlte jede zwanzig Mark, und wir fuhren nach Hause.

Ich lebte nach dem »Pointsplan«. Ich kochte »Mitgliederrezepte« – aß Bouillon mit Möhren und Sellerie, einen Tomaten-Rettich-Salat oder 90 Gramm Rinderzunge mit Spitzkohl und Kartoffeln. Ich entdeckte einmal mehr, dass Bohnen auch ohne Butter schmecken können. Ich kaufte kleine »Weight Watchers«-Karten mit wertvollen Tipps: wie man lernt, langsamer zu essen (»Warten Sie drei Minuten, ehe Sie anfangen zu essen. Dies verschafft Ihnen etwas Entspannung vor dem Essen. Sprechen Sie mit Ihrer Familie und teilen Sie ihnen die Gründe für Ihr Warten mit«). Wie man mit dem Hunger zwischen den Mahlzeiten fertig wird (»Machen Sie sich eine Liste interessanter Tätigkeiten, die Sie aufnehmen können«). Wie man mit der Enttäuschung auf der Waage umgeht (»Erkennen und verstehen Sie die Gründe Ihrer Enttäuschung«). Ich las das »Weight Watchers«-Programm (»Die Entscheidung, Mitglied einer ›Weight Watchers‹-Gruppe zu werden, ist vielleicht die beste, die Sie jemals getroffen haben«). Ich folgte dem »vierspurigen Weg zur Gewichtskontrolle« (Ernährungsprogramm, persönlicher Verhaltensplan, körperliche Aktivität und Unterstützung durch die Gruppe). Ich ernährte mich nach dem Menüplan »Schlank mit Elan«, anschließend kochte ich nach dem »Es geht weiter«-Basisprogramm. Ich bevorzugte Vollkornprodukte, aß niemals Fertiggerichte, bereitete einmal pro Woche ein Gericht mit 90 bis 120 Gramm Leber zu (»wegen des Eisengehaltes«). Ich entfernte die Haut von jedem Hähnchen, versuchte, Selbstbewusstsein aufzubauen (»Eine der wichtigsten Voraussetzungen für Erfolg ist das Vertrauen des Menschen in seine eigenen Fähigkeiten«) und positiv zu denken (»Positives Denken kann helfen, kontruktiv zu fühlen«).

Ich nahm ab, jede Woche ein Kilo.

Gemeinsam mit Susanne und Dagmar fuhr ich regelmäßig zu den Treffen, obwohl es mich enttäuschte, dass der Austausch, den ich suchte, nicht stattfand. Man sprach über Rezepte, Erfolge, kleine Sünden; niemand verlor ein Wort über die Schwierigkeit – meine Schwierigkeit – durchzuhalten.

Nach zwei Monaten hatte ich knapp zehn Kilo verloren. Nun begann eine Phase des Stillstands. Ich trank weiter gemischten Gemüsesaft, aß Blumenkohlsuppe mit Curry sowie einem drei viertel Esslöffel Crème fraîche und bereitete Schollenröllchen auf Blattspinat. Ich schränkte mich ein, doch nichts geschah. Ich ging zu den Treffen der »Weight Watchers«, spürte den Leistungsdruck, mit dem dort abgenommen wurde, und ging frustriert wieder nach Hause. Aß Bouillon mit Blumenkohlröschen, Gemüsepastete oder Harzer Käse mit Bauernbrot. Ohne Erfolg. Ich nahm kein Gramm ab. Eines Tages verlor ich die Geduld. Warum verzichtete ich auf den Genuss eines ordentlichen Essens, wenn es keinen Effekt, keinen Sieg, kein deutliches Resultat gab, keine Belohnung für die Pein? Sollte ich das ganze Geld nicht sparen? Ich setzte mir ein Limit: Eine Woche würde ich noch durchhalten.

Am Ende der Woche meldete ich mich ab. Kurze Zeit später taten Susanne und Dagmar das Gleiche. Nach knapp drei Monaten bei den »Weight Watchers« wog ich nur noch 75 Kilo – doch innerhalb kürzester Zeit nahm ich wieder zu. Susanne und Dagmar erging es ebenso.

Ich blinkte und bog in die Straße meiner Eltern.

»Weißt du noch, wie es hier aussah als wir klein waren?«, fragte Kerstin, die neben mir auf dem Beifahrersitz saß. »Die Straße war noch nicht asphaltiert, und man konnte bis zur Bundesstraße hinüber sehen.« Jetzt sah man nur noch bis zu einer Neubausiedlung, deren flache, verklinkerte Gebäude im Halbdunkel lagen wie tote Tiere.

»Ich kann mich vor allem noch daran erinnern, wie du meine Freude verprügelt und vertrieben hast«, sagte ich.

»Vergib mir.« Kerstin kicherte.

»Strecker hatte übrigens einen Herzanfall, hat Mama erzählt. Den Kiosk betreibt jetzt Frau Strecker, aber wahrscheinlich wird sie zum Ende des Jahres schließen.« Ich bog in die Einfahrt und zog die Handbremse.

»Habe ich einen Hunger!«, rief Kerstin, löste den Gurt und schaltete das Autoradio aus.

»Nicht so sehr wie ich!« Ich hatte den Tag über in der Praxis nur ein Stück Torte gegessen.

Drinnen roch es nach Braten und Rotkohl.

»Vati kommt später. Er ist noch bei Onkel Wilhelm.« Mutter stand in der Küche und goss Wasser über den Rinderbraten. Aus ihren Haaren hatte sich eine Strähne gelöst. Der Kittel spannte um ihre Hüften, als sie sich bückte. Aggi sah ihr zu und knurrte. Onkel Wilhelm war Vaters Bruder, die beiden hatten in der letzten Zeit geschäftlich miteinander zu tun.

»Lecker.« Kerstin kostete mit einem kleinen Löffel von der Bratensoße. Ich fing an, den Tisch zu decken.

Als das Essen auf den Tisch kam, aßen wir, als hätten wir den ganzen Tag über Bäume gefällt. Im Nu waren die Teller leer. Mutter verteilte Nachschlag. Ich sah ihr zu, voller Erwartung. Kerstin stach mit der Gabel in eine der Schüsseln und schob eine Kartoffel in ihren Mund.

»Jetzt schlingt doch nicht so, Kinder«, sagte Mutter.

»Mami, du haust selbst rein wie ein Scheunendrescher«, entgegnete Kerstin mit vollem Mund.

Diese Mahlzeiten folgten einem Rhythmus. Sahen die Augen, was es gleich geben sollte, roch die Nase, was gleich über die Zunge rollen würde, meldete sich die Gier. In beinahe irrer Geschwindigkeit schaufelten wir, bissen ab, kauten kurz, schluckten hinunter. Erst wenn dieser Heißhunger gestillt war, ließ das Tempo nach, die Anspannung legte sich, und wir gaben uns dem eigentlichen Genuss hin. Versonnen kaute ich jetzt auf einem Bissen Fleisch. Es schmeckte köstlich, so sagenhaft lecker. Es war das Aroma meiner Kindheit, und es machte mich glücklich.

Schweigend aßen wir, bis alle Teller leer waren.

»Zwei Stück Braten sind noch übrig. Wer möchte eines?«, fragte Mutter.

»Eigentlich bin ich satt«, antwortete Kerstin.

»Ach, aber wenn ich die guten Stücke da liegen sehe ...« Ich stach mit der Gabel in eine der beiden Scheiben und platzierte sie auf meinen Teller.

»Ja, es wäre schade darum«, sagte Mutter und hob die andere Scheibe auf ihren Teller, zerteilte sie und schob Kerstin eine Hälfte hinüber. »Das vernichten wir noch«, sagte Mutter und nickte Kerstin zu. Unter dem Tisch öffnete ich meinen Hosenknopf.

»Was so lecker aussieht, muss einfach rein«, sagte ich mit vollem Mund. Kerstin gab nach und häufte Rotkohl und Soße und ein Stück Fleisch auf ihre Gabel.

»Bekomme ich bitte noch ein paar Kartoffeln und etwas von dieser delikaten Soße.« Das Fleisch war alle, und ich begann, mich über die Reste herzumachen, die noch in den Schüsseln lagen. Mutter häufte Kartoffeln auf meinen Teller.

»Iss Kind.« Ich aß. Ich war so satt. Und selig. Zufrieden zerteilte ich irgendwann die allerletzte Kartoffel und nahm den letzten Rest Soße auf. »Es wäre doch eine Sünde, so etwas Gutes in den Mülleimer zu werfen«, sagte ich. Sollten diese Leckereien meinen Gaumen erfreuen. Ich spürte die Ruhe, die sich im ganzen Körper ausbreitete.

Als Kerstin und ich später nach Hause fuhren, konnten wir uns kaum rühren.

Die Waage zeigte 88 Kilo an. Rauer Hass, Verachtung und Traurigkeit jagten mich, trieben mich, rissen mich hoch und ließen mich niederstürzen, wie ein Stück Müll, mit dem der Oktoberwind ein spöttisches Spiel trieb, bevor es irgendwo im Rinnstein liegen blieb, weggefegt und entsorgt wurde.

Nie, niemals schaffst du es, dich zu beherrschen. Niemals wird es dir gelingen, abzunehmen! Immer würde ich mir selbst im Wege stehen, mir mein Leben verbauen, mich aus jeder Gemeinschaft ausschließen. Keiner würde etwas mit mir zu tun haben wollen, und ich konnte es den Menschen nicht einmal verdenken. Wer sollte so einen dicken, fetten, hässlichen, willenlosen Versager schon lieben?

Du bist unendlich eklig! Du bist so fett, so unansehnlich! Wie kann man es nur so weit treiben? Ich verachtete mich. Im Spiegel schnitt ich mir Grimassen zu, böse Fratzen, hässlich, widerlich. Packte die Speckrollen an meinem Bauch, kniff hinein, dass es wehtat, und schüttelte all das Fett mit brachialer Gewalt.

Ein tiefes Beben lief durch meinen gesamten Körper und mündete in einem Weinkrampf.

Eine Bekannte, die in einer Apotheke arbeitete, empfahl mir einen Schlankheitstrunk.

»Diese Präparat kaufen die Leute wie verrückt«, sagte sie und zog eine weiße Packung mit gelben und orangeroten Streifen aus dem Regal. »Ein Fertiggetränk. Aber du kannst auch das Pulver kaufen und es selbst mit Milch oder Wasser anmischen. Es gibt drei Geschmacksrichtungen: Vanille, Schokolade, Erdbeer.« Resolut drückte sie mir eine Dose in die Hand. »Mahlzeit für gewichtskontrollierende Ernährung«, las ich. Muntere rote Slogans waren aufgedruckt: »Gesund abnehmen, gesund leben«.

Nun ja. »Abnehmen und sich wohl fühlen«. Schwer vorzustellen, dachte ich.

»Man trinkt es zweimal täglich und ist satt. Es enthält Vitamine, Mineralien, alles, was der Körper braucht. Scheint sehr effektiv zu sein, jedenfalls kenne ich viele Kunden, die damit erfolgreich abgenommen haben.« Im selben Moment, als sie das sagte, spürte ich den Druck: Was, fragte eine Stimme, wenn *ich* es nicht schaffte?

»Das solltest du einmal probieren!«, sagte meine Bekannte. Sie war schlank. Sie hatte keine Ahnung, wovon sie sprach. Ich überflog die Liste mit den Inhaltsstoffen und die Empfehlungen zur Dosierung. Dagmar und Susanne hatten es auch schon probiert; beide hatten damit mehrere Pfund abgenommen.

»Kann ich einmal daran riechen?« Meine Bekannte nickte. Ich öffnete die Packung. Ein süßlicher und dennoch muffiger Geruch schlug mir entgegen.

»Danke. Ich glaube nicht, dass ich das hinunterbekomme.« Meine Bekannte sah mich verständnislos an.

»Gibt es noch andere Mittel?«

»Klar, jede Menge.«

In Erinnerung an die Appetitzügler, die ich in Amerika probiert hatte, und die Röllchen, die mir vor ein paar Jahren ein Arzt in Deutschland verschrieben hatte, entschied ich mich diesmal für eine Packung mit kleinen Kapseln. Man musste sie weder kauen noch lutschen, und sie waren zudem nicht rezeptpflichtig.

»Man darf sie nicht über längere Zeit einnehmen«, sagte meine Bekannte. »Sie sind recht aggressiv.« Sie lächelte. »Oder wirksam. Das kann man sehen, wie man will.«

Ich kaufte eine Dose – mit Schokoladengeschmack, wenn schon, denn schon – und fuhr nach Hause. Als der Bus über den Bahnhofsvorplatz rollte, entdeckte ich auf der gegenüberliegenden Straßenseite die dicke Anna, jene Frau, die bei den »Weight Watchers« stolz erzählt hatte, sie habe bereits 20 Kilo abgenommen. Sie hielt ein Kind an der Hand und ging eilig auf ein Fernsehgeschäft zu. Ihr Gesicht war aufgedunsen, der Körper sprengte beinahe das Kleid, das sie trug.

Zu Hause las ich den Beipackzettel, er versprach nur das Beste. Dreimal täglich vor dem Essen sollte man eine Kapsel schlucken und ein Glas Wasser dazu trinken. Ich brach eine Kapsel aus dem Staniol und legte sie auf den Tisch. Sie war aus weichem Gallert, die eine Hälfte sonnengelb, die andere durchsichtig. Man sah kleine bunte Perlen im Inneren. Die Kapseln wirkten fröhlich, harmlos.

Würden sie helfen? Würde ich es diesmal schaffen? Ich schluckte die Kapsel und trank ein Glas Saft hinterher. Die Wirkung war rasant.

Zunächst geschah nichts. Ich aß einen Joghurt und fühlte mich satt, spürte allerdings einen deutlichen Appetit auf Süßigkeiten. Nach etwa einer halben Stunde begann ich aufzustoßen. Wieder breitete sich der unangenehme Nachgeschmack muffiger Hefe in meinem Mund aus, es ekelte mich, es widerte mich an. Schließlich wurde mir schlecht. Ich wurde müde. Ich schwitzte und bekam leichte Schwindelanfälle.

Ein paar Tage hielt ich durch, dann warf ich die Packung in den Mülleimer und beschloss endgültig, nie mehr ein solches Mittel anzurühren.

Ich hatte kein einziges Kilo abgenommen.

Als Nächstes nahm ich Entwässerungstabletten. Tieren verschreibt man häufig Humanpräparate, und wenn ein Hund Wasser in der Lunge hat oder eine Katze aufgrund einer schweren Infektion eine Bauchwassersucht bekommt, gibt man ihnen diese so genannten Diuretika. Dr. Diebel hatte es in seiner Praxis so eingerichtet, dass Patienten angebrochene Packungen mit Medikamenten zurückbrachten, sobald ihre Tiere wieder gesund waren. Aus diesen Vorräten bediente ich mich. Es fiel niemandem auf.

Wenn man dick ist, rührt ein Teil dieses Gewichts von dem Wasser her, das der Körper einlagert. Diuretika regen die Nieren an, sodass dem Körper überschüssiges Wasser entzogen wird. Er dehydriert.

Die Kilos purzelten nur so.

Parallel zu den Entwässerungstabletten schluckte ich Abführmittel. Laut Beipackzettel hätte ein Dragee pro Tag ausgereicht, doch ich wollte sichergehen und nahm eines zu jeder Mahlzeit. Wenn ich nicht stark genug war, nichts zu essen, musste ich das, was ich aß, zumindest schnell wieder loswerden. Mir den Finger in den Hals zu stecken, das hätte ich nicht fertig gebracht, ich taugte nicht zur Bulimikerin. Auch die Abführmittel zeigten ihre Wirkung. Ich lief zur Toilette, hatte Bauchschmerzen und bekam Krämpfe. Die Entwässerungstabletten trieben unterdessen weiter das Wasser aus meinem Körper. Bald führten sie dazu, dass meine Nieren zu schmerzen begannen. Mein Mund war trocken, meine Haut verlor an Spannkraft, und es fiel mir schwer, mich zu konzentrieren. Bei der Arbeit machte ich Fehler.

Ich hielt trotzdem durch.

Ich wusste, worauf ich mich einließ. Die Vorgänge in meinem Körper waren mir als Arzthelferin bekannt. Ich nahm alle Risiken in Kauf. Entgegen aller Vernunft wollte ich sehen, ob ich mithilfe der Entwässerungstabletten und der Abführmittel erreichte, was ich allein nicht schaffte. Meine Geduld war aufgezehrt. Ich wollte endlich einen Erfolg, einen schnellen, einen deutlichen Erfolg. Jedes Mittel war da recht; auch wenn es hochgefährlich, ja lebensgefährlich war.

Irgendwann kam ich zur Vernunft und setzte beide Mittel ab. Ich hatte sieben Kilo abgenommen, aber um welchen Preis?

Ich lag auf dem Sofa und schaute alte Fotos an. Bilder von einem Familienurlaub in Dänemark, Bilder von einem Volleyballturnier in Amerika, Bilder von mir als Sechzehnjähriger beim Abschlussball mit meinem ersten Freund Karsten. Er hatte damals den Hängebusen-Test mit mir gemacht.

»Wenn man einer Frau einen Bleistift unter den Busen steckt und er fällt nicht herunter, dann hat sie einen Hängebusen«, hatte er erklärt. Der Bleistift war stecken geblieben.

Kurze Zeit später waren wir auf der Straße einer Frau begegnet, die ungefähr meine heutige Statur hatte. »Wenn meine Frau mal dick wird, lasse ich mich scheiden«, sagte Karsten. Wir wären längst geschiedene Leute.

Ich wog, als wir zusammen waren, 60 Kilo. Drei Kilo mehr als mein standardisiertes Normalgewicht vorsah. Drei Kilo, die mich vom Rest der Welt trennten. Sie waren, was mich dick machte.

Ich blätterte weiter, fand Bilder aus der Schulzeit und erinnerte mich an eine Szene im Zug, ein paar Jahre später. Ich fuhr von Kiel nach Eckernförde, und mit mir im Abteil saßen zwei Mädchen, jung und schlank.

»Ich habe schon wieder ein Kilo zugenommen«, sagte die eine.

»Ich sogar anderthalb«, jammerte die andere. Dann tauschten sie Diättipps aus. Ich wog mittlerweile 72 Kilo und versuchte, mein Traumgewicht von 58 Kilo wieder zu erreichen. *Ich* war dick, ich hatte *14 Kilo* zu viel an mir, nicht eines oder anderthalb. Ich hörte den beiden Mädchen zu und dachte: Wenn ihr wüsstet, wie es ist, wirklich dick zu sein.

Als ich mich vom Sofa erhob, musste ich mich hochstemmen. Inzwischen fände ich mich schlank, wenn ich 74 Kilo wöge.

Solange ich denken kann, habe ich mich zu dick gefühlt. Sogar zu Zeiten, in denen ich 58 Kilo wog – schließlich wog ich 58 und nicht 56 Kilo! Zu einem wirklichen Problem wurde mein Gewicht in Amerika, als ich innerhalb eines Jahres mehr als 20 Kilo zunahm und sie anschließend nicht mehr herunterbekam. Zuvor war es eingebildet. Zuvor habe ich mir die Äußerungen anderer Menschen zu Herzen genommen, habe ihren vermeintlichen Blick auf mich zu meinem eigenen gemacht und darüber jede Realität aus den Augen verloren. Allein Bill hatte mir für kurze Zeit das Gefühl gegeben, in meinem Körper zu Hause zu sein. All die andere Zeit hatte ich gegen diesen Körper gekämpft wie gegen eine Krankheit, einen Makel, etwas, was ich ablegen, was ich loswerden musste.

Ich blätterte weiter. Die letzten Fotos waren bereits ein paar Jahre alt. Inzwischen mied ich jede Kamera. Ich wog 88 Kilo. Nahm mal ein paar Kilo ab, nahm sie wieder zu, war am Ende nach jeder Diät dicker als zuvor. Ich war 25 Jahre alt, dick und lebte ein Leben beherrscht von Schuld und Scham – und vom Essen.

Ich schob die Kiste mit den Fotos unter das Sofa und biss in einen Schokoriegel.

Der Geschmack von Schokolade breitete sich im Mund aus. Kroch den Gaumen hoch, umhüllte die Zunge und mein Herz, füllte den Kopf aus, machte meinen Körper satt und die leere Seele glücklich. Tausend und Abertausend kleine Geschmacksknospen jubilierten, feierten ein Freudenfest, funkten Jubelbotschaften ans Gehirn, es antwortete mit Kaskaden von Glückshormonen.

Auf dem Tisch lagen zwei Tafeln Schokolade, die erste beinahe alle, die zweite noch verpackt. Ich brach ein neues Stück ab und schob es in den Mund, lutschte genussvoll und ließ die Schokolade zerschmelzen. Es ging mir gut, ich war satt vor Zufriedenheit. Vergessen der Alltag, das Böse draußen in der Welt, die Sorgen. Hier konnte mir nichts geschehen, hier befand ich mich in meiner ganz eigenen Welt, in der niemand war außer mir, in der es keine Vorwürfe gab und keinen Druck, keine Erwartungen und kein Versagen. Diese Welt gehörte mir, und sie war meine verlässliche Zuflucht.

Ich packte die zweite Tafel Schokolade aus.

Essen ist Glück, essen ist Genuss, essen ist Liebe. Mein Körper war warm und entspannt, wohlig-angenehme Müdigkeit setzte ein. Genuss ist Glück. Und Glück ist, wenn man sich etwas in den Mund steckt und dieses überraschende Wohlgefühl entsteht, das einen überflutet. Die Sinne führen ein Eigenleben. Wer sich dem Genuss nicht hingibt, der bekommt ihn auch nicht zu spüren. Ich saß auf dem Sofa, in die Polster gekuschelt, satt und zufrieden wie ein Baby an der Brust der Mutter. Das musste das Urglück sein, diese unschuldige Idylle, aus der heraus wir ins Leben geworfen wurden und nach der wir uns immer zurücksehnten.

Als auch von der zweiten Tafel nicht mehr als das Staniolpapier übrig war, hatte ich ungefähr ein Kilo Schokolade gegessen.

Das schlechte Gewissen kam eine Stunde später.

Was hast du getan? Musste das sein? Warum bist du wieder schwach geworden? Kannst du nicht einmal Nein sagen? Du bist ein Versager, ein mickriger Versager, ein Nichts. Eine fette Kuh, die sich nicht beherrschen kann. Ein willenloses Etwas, zu schwach, einen schlichten Vorsatz durchzuhalten. Haltlos, zügellos, undiszipliniert. Der Achtung anderer Menschen nicht würdig – wer hat schon Respekt vor einem Versager?

Ich werde zur Strafe zwei Tage lang nichts essen.

Ich hörte auf zu essen. Von einem Tag auf den anderen nahm ich nicht mehr zu mir als etwas Wasser. Die Kilos fielen nur so von mir ab. Es erwies sich als einfacher, gar nichts zu essen als ein bisschen. Während jeder Diät hatte nach der Hauptmahlzeit ein unbändiges Verlangen nach Süßigkeiten eingesetzt, dem ich immer wieder unterlegen war. Nun, da ich gar nichts mehr aß, verschwand selbst dieser Drang. Diesmal würde es klappen.

Gleichwohl war die Umstellung radikal. Beim Fasten wird der Körper sanft über einige Tage hinweg darauf vorbereitet, dass er nun an seine Reserven muss. Manche essen während des Fastens auch etwas Obst, Gemüsebrühe oder ein paar in Milch getunkte Brötchen. Ich aß nichts. Nach einer Woche Nulldiät hatte ich drei Kilo verloren. Ich wurde schwach, antriebslos, mein Kreislauf litt, ich bekam Schwindelanfälle. Ich ging nicht mehr zum Reiten, weil mir die Kraft fehlte, ich war gereizt und bissig, reagierte überempfindlich und wurde leicht und schnell wütend. Trotzdem hielt ich durch.

Ich wollte mindestens zehn Kilo abnehmen.

Doch irgendwann hielt ich die Qual nicht länger aus und begann wieder zu essen. Innerhalb von vierzehn Tagen hatte ich mithilfe der Nulldiät sechs Kilo abgenommen. Ich fraß sie mir schneller wieder an, als ich sie verloren hatte.

Grimmig begann ich eine »Brigitte-Diät«. Klebte ein

Foto an die Kühlschranktür, eines, auf dem mein Gesicht wie ein aufgeblasener Luftballon aussah. Doch wenn mich der Heißhunger auf Süßigkeiten packte, lagen die Süßigkeiten nie im Kühlschrank. Ich schob ein anderes abstoßendes Foto in mein Portemonnaie. Doch wenn ich an der Tankstelle an der Kasse stand, um zu bezahlen, fand ich stets loses Geld in meiner Jackentasche. Ich versuchte, mich mit einschlägigen Tricks bei der Stange zu halten, und wurde Meisterin darin, eben diese Tricks zu unterlaufen.

Nach einer Woche »Brigitte-Diät« hatte ich fünfhundert Gramm verloren. Verbissen hungerte ich weiter. Ich wollte es schaffen, ich wollte gut sein. Ich schämte mich. Neidisch dachte ich an Vater. Ihm gelang alles. Er bastelte Miniaturen, kleine Windräder aus Holz, ein Ruderboot mit einem Matrosen darin. Er baute einen Kaninchenstall in Form eines alten Bauernhauses für die Karnickel seiner Enkel. Er drehte im Urlaub einen Trickfilm mit selbstgebastelten Steinfiguren, und als wir wieder zu Hause waren, schrieb er Gedichte dazu und vertonte den Film. Was Vater anfasste, wurde zum Meisterstück, ohne dass er dabei den Anspruch an sich selbst gehabt hätte, ein Perfektionist zu sein.

Ich eiferte ihm nach. Doch wurde ich meinem Anspruch nie gerecht.

Ich las Diät-Kochbücher. Las über natürliche Gesundheit, die Theorie des gestörten Stoffwechsels, die Entgiftungsthese, über Proteine, Milchprodukte und Bewegung. Las Antworten auf häufig gestellte Fragen wie: »Wie schädlich ist Kochsalz?«, oder »Ist ein bisschen Schokolade wirklich so schlimm?« Die Antwort darauf lautete: »Es gibt kaum etwas, wovon ein kleines bisschen ernstlich schaden würde.« Nun gut, dachte ich ... Allerdings, hieß es weiter, seien in Schokolade einige Bestandteile enthalten, die nicht eben gesund seien. Beispielsweise ein Stoff namens Theobromin, er konnte Hodenschwund verursachen. Aber das war ja nicht mein Problem ... Ich las, wie man sich am besten auf eine Diät vorbereitete, wie viel Kalorien ein Apfel hatte, wie viel ein Putenschnitzel und wie viel ein Kotelett. Las, wie man seine Nahrung richtig zusammenstellte, dass man viel Gemüse essen und langsam kauen sollte, dass man sich überhaupt für die Mahlzeiten Ruhe nehmen musste. Ich las, was ich alles längst wusste.

Dr. Diebel versuchte, mich zum Joggen zu überreden. Er lief seit einiger Zeit, denn obwohl er immer noch schlank war, bekam er einen Bauch.

»Joggen tut gut. Du bist an der frischen Luft, und wenn du erst einmal eine Weile gelaufen bist, packt dich der Laufrausch, und du willst gar nicht mehr aufhören.« Ich ließ mich überreden. Weil Dr. Diebel früh morgens joggte, wenn ich noch schlief, suchte ich mir eine Strecke am Windebyer Noor entlang aus und lief dort zweimal in der Woche sechs Kilometer. Nach einem Vierteljahr gab ich auf. Zu diesem Sport musste man geboren sein. Außerdem schmerzten meine Gelenke, wenn sie bei jedem Schritt nahezu 88 Kilo abfedern mussten.

Susanne und Dagmar versuchten, mir Mut zu machen. Im Stall verzichteten sie auf alle Leckereien, aßen nur Äpfel aus dem Garten von Dagmars Schwester, und niemand schlug mehr vor, nach dem Reiten noch ins Restaurant zu gehen.

»Behersch dich!«, raunte Susanne, als sie sah, wie ich auf die Geburtstagstorte stierte, die eine Frau aus dem Springreiterkursus mitgebracht hatte. »Beherrsch dich!« Auch meine beiden Freundinnen Cornelia und Ute aßen in meiner Gegenwart nur noch Knäckebrot und Magerquark.

Ich lebte also weiter Diät. Kochte einen »Ländlichen Maiseintopf« aus drei mittelgroßen Kartoffeln, einer kleinen Zwiebel, einer halben Selleriestange, gewürzt mit je einer Prise getrocknetem Thymian, Majoran und Salbei. Ich lernte, wie man einen »Energiesalat« zubereitete (drei Tassen Kopfsalat, Eissalat und roten Blattsalat, alles in mundgerechten Stücken, dazu eine kleine Gurke, eine halbe Tasse Spinat, eine mittelgroße Tomate und ein paar Keimlinge). Ich aß saftige Früchte zum Frühstück und eine Banane, wenn ich sehr hungrig war. Damit es nicht zu üppig wurde, rieten Autoren schon einmal, den Verzehr der Früchte über den gesamten Vormittag zu strecken.

Doch mein Gewicht stieg und stieg. Immer wieder fand ich einen Grund, eine etwas größere Portion zuzubereiten. Immer wieder wurde ich schwach und kaufte Schokolade oder buk einen Kuchen. Es gab einfach immer einen guten Grund, etwas Leckeres zu essen.

Ich zog mich zurück. Ging selten reiten, sagte Einladungen ab, traf nur noch meine engsten Freundinnen, und selbst ihnen begegnete ich mit zunehmender Skepsis. Susanne, Dagmar, Cornelia und Ute hatten ja auch alle ihre Männer und Familien und deshalb immer weniger Zeit für mich. Allein Kerstin fühlte ich mich noch nahe. Ich war mir sicher, dass niemand mich leiden mochte. Ich mochte mich selbst nicht und verfluchte meinen fetten Körper, in dem ein so jämmerlich schwacher Wille saß.

»Warum kannst du dich denn nicht beherrschen?«, fragte eines Tages Dr. Diebel, nachdem der letzte Patient gegangen war. »Ich sehe, dass du immer Probleme mit deinem Gewicht hast, dass du unglücklich bist – und ich verstehe nicht, warum du nicht einfach weniger essen und auf ein bisschen Schokolade verzichten kannst.« Innerhalb von Sekunden hatte ich Tränen in den Augen.

»Ich verstehe es selbst nicht.«

»Was ist denn so schwierig daran, Nein zu sagen?«

»Es überkommt mich, und ich habe nicht die Kraft, diesem Drang zu widerstehen. Ich muss dann einfach zur Tankstelle fahren und Süßigkeiten kaufen.« Dr. Diebel sah mich an, dann verschwand er im Nebenzimmer. Ich hörte, wie er einen Schrank öffnete, und scheuerte weiter das Waschbecken, um nicht vollends die Fassung zu verlieren. Ich war mir selbst ein Rätsel. Es war mir peinlich, es machte mich verlegen, es machte mich ratlos. Warum hatte ich mich nicht in der Gewalt? Warum fuhr ich selbst bei strömendem Regen besinnungslos zur Tankstelle, kaufte heimlich einen Arm voller Süßigkeiten und verschlang sie innerhalb von Minuten? Warum reichte ein kurzes Signal, ein Bild, ein Geruch, die Erinnerung an einen bestimmten Geschmack auf der Zunge, um alle Instanzen im Hirn auszuschalten und völlig hemmungslos zu werden? Warum behielt ich nicht die Kontrolle über meine Sinne, meine Gelüste, warum war ich der Gier willenlos ausgeliefert? Warum erniedrigte ich mich und stopfte mich voll, wo ich doch wusste, dass ich mich eine Stunde später dafür verachten würde. Dass ich mir selbst nicht mehr ins Gesicht sehen mochte, in dieses fette, aufgeblasene Gesicht, das ohnehin nicht mehr meines war.

So wie dieser ganze fette Körper allmählich nicht mehr meiner war.

5

Es begann eine Zeit, in der Spannungen zwischen Dr. Diebel und mir herrschten. Sie eskalierten, als wir eines Tages einen Dobermann operierten.

Der Hund war überfahren worden und hatte einen schweren Bruch. Ein befreundeter Tierarzt half bei dem Noteingriff. Ich bereitete das Knochenbesteck vor, mehrere große Bohrer, die auf einem Tablett lagen, eine Zange, um die Drähte damit zu kürzen, sowie ein Sortiment an Nägeln in unterschiedlichen Längen. Als ich mit dem überbordenden Tablett in den Operationsraum hinüberging, stieß ich mit der Hüfte gegen den OP-Tisch. Der oberste Bohrer rutschte und fiel zu Boden, ein metallenes Getöse zerschnitt die Luft. Dr. Diebel explodierte.

»Herrgott, kannst du nicht besser aufpassen. Du bist doch nicht den ersten Tag hier, Himmelsakrament!«, brüllte er, drehte sich mit einem Ruck um, riss mir das Tablett aus den Händen und warf es in einem Anfall von Wut auf den Fußboden. Der Krach war ohrenbetäubend. Der befreundete Tierarzt sah schockiert auf. Ich lief hinaus.

Draußen wartete der Besitzer des Hundes.

»Was ist denn mit Ihnen, haben Sie geweint?«

»Nein, ich habe eine Chemikalie ins Auge bekommen«, log ich, lief zur Toilette und schloss mich ein.

Später sterilisierte ich die Instrumente und räumte die Praxis auf. Der Dobermann lag im Nebenzimmer, wo sein Herrchen darauf wartete, dass er aus der Narkose erwachte. Inzwischen war es halb elf und dunkel draußen.

»Es tut mit leid.« Dr. Diebel schloss die Tür zum Nebenzimmer. Ohne ihn zu beachten, verstaute ich weiter die Instrumente in ihren jeweiligen Fächern in den Schränken.

»Mea culpa. Nichts für ungut.« Er war verlegen und versuchte, diese Verlegenheit zu überspielen. Ich sagte kein Wort und schweißte die letzten Bohrer in sterile Tüten ein. »Kann ich dich nach Hause fahren?« Ich zog meinen Kittel aus, warf ihn in den Korb mit der Schmutzwäsche und ging. Draußen stieg ich auf mein Fahrrad und fuhr heulend die drei Kilometer zu meiner Wohnung.

Beinahe jeden Tag gab es nun irgendeine Kleinigkeit, die Dr. Diebel monierte. Dinge, über die er früher kein Wort verloren hätte. Die Spannungen setzten mir zu. Ich schlief schlecht. Ich bemühte mich, keine Fehler zu machen, und je mehr ich mich bemühte, desto nervöser wurde ich.

Uns beiden lagen die Nerven blank.

Dr. Diebel steckte damals privat und beruflich in großen Schwierigkeiten. Seine Frau war mit dem Auto verunglückt und brauchte über Monate intensive Pflege. Gleichzeitig schied im Schlachthof, wo Dr. Diebel eine Stelle als Fleischbeschauer angenommen hatte und geschlachtete Tiere auf Parasiten oder eventuelle Krankheiten untersuchte, ein Kollege aus. Die Arbeit war kaum mehr zu bewältigen. Unterdessen dachte ich über meine berufliche Zukunft nach. Ich sehnte mich nach anderen Arbeitszeiten, nach einem verlässlichen und früheren Feierabend, und ich wollte mehr Geld verdienen. Vor kurzem hatte ich ein Pferd gekauft, ein fuchsfarbenes New Forest Pony. Frau Burmester kam seit Jahren mit ihren kranken Hunden und Katzen in unsere Praxis. Eines Tages, ganz plötzlich, starb ihr Mann an einem Gehirntumor, und Frau Burmester stand mit Kindern, Tieren, einem erst zur Hälfte abbezahlten Haus sowie einer Ponyzucht da. Sie fragte mich, ob ich ein paar von ihren Ponies reiten wollte, sie hätten zu wenig Bewegung. Ich sagte zu und verliebte mich, als ich das erste Mal in den Stall kam, in Campari. Frau Burmester verkaufte ihn mir gern, es kam ihr wohl sehr gelegen. Doch ein Pferd zu halten erwies sich als teures Hobby, und das Gehalt, das Dr. Diebel mir bezahlte, war knapp bemessen.

Eine latente Unzufriedenheit rumorte in mir. War dies das Glück meines Lebens, oder wäre es an der Zeit, noch einmal etwas ganz anderes zu beginnen? Und wenn – was? Ich war recht orientierungslos und hatte die diffuse Vorstellung, in einem Büro müsste das Arbeiten angenehmer sein. Regelmäßig endeten meine Fantasien jedoch damit, dass ich mir, dick wie ich war, keinerlei Chancen ausrechnete, wenn ich mich in irgendeinem anderen Unternehmen bewerben würde.

Ein paar Wochen nach der Operation an dem Dobermann bekamen wir erneut einen Notfallhund. Ich bereitete die Instrumente vor. Ein Infusionsbesteck fehlte. Am Vortag hatten wir das Letzte benutzt, und ich hatte vergessen, neue zu bestellen.

Ungehalten brüllte Dr. Diebel los. Unvermittelt begann ich zu weinen.

»Was hast du denn, mein Gott, so habe ich es doch nicht gemeint«, rief er im nächsten Augenblick. »Es tut mir leid. Komm, bitte vergiss, was ich gesagt habe.«

»Ich will nicht mehr. Ich mache nur noch Fehler. Immer haben Sie etwas auszusetzen, dabei gebe ich mir alle Mühe.« Ich denke, ich kann damit umgehen, wenn ich kritisiert werde. Wirft mir jedoch jemand in einem cholerischen Anfall Dinge vor die Füße, sodass ich überhaupt keine Chance habe, meinen Fehler gutzumachen, bin ich hilflos. Mir steigen die Tränen in die Augen, ich bin unfähig, ein Wort zu sagen. Nach der Operation zog Dr. Diebel mich auf das Sofa im Nebenzimmer.

»Ich glaube, wir müssen einmal miteinander reden, nicht wahr?« Ich nickte, und wir sprachen uns aus, über all die Dinge, die sich aufgestaut hatten.

»Streit kommt in den besten Familien vor«, sagte Dr. Diebel schließlich und legte seinen Arm um meine Schultern. »Deswegen geht doch die Ehe nicht gleich in die Brüche.« Ich sah ihn an; antworten konnte ich nichts, denn mir saß ein Kloß im Hals. Ich fühlte mich überfahren von der Wärme und der Sympathie, die ich für ihn empfand.

Danach besserte sich unser Verhältnis, und ich hatte vorerst keine Ambitionen, die Praxis zu verlassen.

Mit vierzehn Jahren war ich am Rücken operiert worden.

Angefangen hatte alles mit Schmerzen im rechten Bein. Ich ging zu unserem Hausarzt, er tastete die Wirbelsäule ab.

»Der fünfte Lendenwirbel steht etwas schief. Das kriegen wir mit Spritzen wieder hin.« Meinen Eltern war dieser Vorschlag jedoch suspekt, und sie entschieden sich gegen eine solche Behandlung. Stattdessen fuhr Mutter mit mir zum Orthopäden. Der diagnostizierte Wachstumsstörungen. Die Schmerzen blieben. Über ein Jahr lang untersuchten mich noch verschiedene Ärzte. Es hieß, mein rechtes Bein sei möglicherweise zu kurz. Man verschrieb mir Krankengymnastik. Die Schmerzen ließen nicht nach. Schließlich überwies man mich nach Kiel in die Universitätsklinik. Mittels einer Rückenmarksaufnahme wurde ein Bandscheibenschaden festgestellt.

Als ich nach der Operation zum ersten Mal aufstand und mit weichen Beinen ein paar Schritte lief, rannen meiner Mutter Tränen über die Wangen. »Kind, du kannst ja wieder gerade gehen.«

Fortan hatte ich über viele Jahre keine Beschwerden mehr. Erst als uns in der Praxis ein Neufundländer vom Operationstisch rutschte, begann die Malaise erneut. Dr. Diebel operierte den Hund am Darm und hatte den Operationstisch seitlich gekippt, damit die Organe etwas in den Bauchraum rutschten. Ein Hinterbein des Hundes löste sich unbemerkt aus dem Gurt und der Neufundländer rutschte. Ich versuchte, ihn zu halten, und verhob mich.

Von nun an litt ich ständig unter Rückenschmerzen. Ich konsultierte verschiedene Ärzte. »Das ist klar, dass Sie Beschwerden haben«, war unisono ihre Antwort. »Sie sind zu dick. Welche Wirbelsäule würde unter diesem Gewicht nicht leiden? Sie müssen unbedingt abnehmen!« Bald ging ich nicht mehr zum Arzt, sondern besorgte mir in der Apotheke Schmerztabletten.

Ich wusste selbst, dass ich zu schwer war. Doch endete nun einmal jede Diät irgendwann damit, dass ich beim Griechen eine »Mykonos-Platte« bestellte oder an der Tankstelle einen Arm voll Süßigkeiten kaufte. Ich aß, weil mir die Anspannung in der Praxis zusetzte. Ich aß, weil ich mich im Spiegel sah und den Anblick nicht ertrug. Ich aß, weil ich Streit mit meinen Eltern hatte, weil ich meine Tage bekam und depressiv wurde. Ich aß, um die Schmerzen im Rücken zu vergessen. Ich aß, weil es mir schlecht ging.

Dann wurde eines Tages jener Schäferhund in unsere Praxis gebracht.

Dr. Diebel war verreist und an zwei Nachmittagen kam Dr. Seiler in die Praxis, um Notfälle zu versorgen. Der Schäferhund war in eine Glasscherbe getreten und seine Vorderpfote eine einzige klaffende Wunde, der Hund hatte bereits viel Blut verloren.

»Fass du hinten an!«, rief Dr. Seiler. »Ich nehme die Vorderbeine. Ich zähle bis drei, und dann heben wir ihn auf den Tisch.« Im selben Moment, als wir den Schäferhund hochhievten, biss der um sich. Dr. Seiler ließ erschrocken los. Ich hatte den Hund bereits halb auf dem Arm. Im nächsten Moment fuhr es mir jäh durch den Rücken.

Ich wurde krankgeschrieben, lag reglos zu Hause im Bett und wurde beinahe bewusstlos vor Schmerz. Kerstin rief nachts den Notarzt. Er verschrieb Tabletten, die ich in so hohen Dosen einnahm, dass ich am Ende Halluzinationen bekam. Schließlich wurde ich ein zweites Mal am Rücken operiert. Anschließend wurde eine Kur beantragt. Es war während des Besuchs bei der Vertrauensärztin, dass ich mich zum ersten Mal getraute, über mein Gefühl des permanenten Versagens zu sprechen.

»Das ist klar, dass Sie Rückenprobleme haben«, sagte die Ärztin, als ich mich auszog. »Sie müssen abnehmen. Ihr Übergewicht ist erheblich.« Ich schluckte und sagte nichts. Sie untersuchte mich. Mit flüchtigen Bewegungen tasteten ihre Hände meinen Körper ab. Ich hatte das Gefühl, es sei ihr unangenehm, mich anzufassen.

»Sie können sich wieder anziehen«, sagte sie. Ich verschwand hinter dem kleinen Paravent.

Als ich angezogen war, setzte ich mich auf einen Resopalstuhl für Besucher, der neben ihrem Schreibtisch stand. Ich sah zu, wie sie die Formulare ausfüllte und einen Stempel und schließlich ihre Unterschrift auf das Deckblatt setzte. Sie schob mir die Papiere hinüber. Ich rührte mich nicht. »Haben Sie noch Fragen?«

»Nicht direkt eine Frage. Es ist ... – es fällt mir so schwer, nichts zu essen. Oder wenig zu essen. Ich habe ein unglaublich starkes Bedürfnis, immer etwas im Mund zu haben, etwas zu kauen.« Meine Stimme klang weinerlich, und ich hatte Angst, die Fassung zu verlieren.

»Das sind frühkindliche Symptome, Reflexe aus der Säuglingszeit.« Die Frau sah mich einen Moment lang an. Ich wusste darauf nichts zu antworten. »Probieren Sie es doch mit Kaugummi«, schlug sie vor, stand auf und reichte mir die Hand.

Versuch es doch mit Kaugummi, dachte ich, als ich draußen auf die Straße trat. Es regnete in Strömen. Niedergeschlagen ging ich zur Arbeit. Ich hatte es nicht geschafft, mich zu vermitteln.

Wenige Wochen später fuhr ich zur Kur nach Oberfranken. Es war November, und ich blieb bis kurz vor Weihnachten.

Während der ersten Tage schlief ich viel, die Luftumstellung und die täglichen Anwendungen machten müde. Mein Rücken erholte sich, bald ließen die Schmerzen und Verspannungen nach. Ich machte Rückengymnastik, wanderte mit anderen Kurgästen durch die umliegenden Berge, und als Schnee lag, versuchte ich mich in Skilanglauf, mit großem Vergnügen. Abends gingen einige Leute zum Kurtanz in die örtliche Kurhalle, und manchmal schloss ich mich ihnen an. So lernte ich Georg kennen.

Georg kam aus Duisburg, er war verheiratet und hatte vier Kinder. Man hatte ihn ebenfalls auf 1000 Kalorien pro Tag gesetzt und bei mehreren Gläsern Mineralwasser kamen wir uns näher.

Die Welt ist überschaubar in einem Kurort, und so trafen wir uns bereits am nächsten Tag beim Spazierengehen im Kurpark. Wir setzten uns auf eine Parkbank, erzählten von unseren Beschwerden und Wehwehchen, beinahe wie ein altes Rentnerpaar. Als wir alle medizinischen Leiden ausgetauscht hatten, wechselten wir über zu den Details unserer jeweiligen Kurhäuser, zu den Anwendungen, dem Personal, den Speiseplänen.

»Wir haben die Möglichkeit, zwei Mal in der Woche einen Joghurttag einzulegen. Acht Becher Magermilchjoghurt und zwei Stück Obst nach Wahl.«

Georg grinste. »Und bringt es etwas?«, fragte er.

»Es ist sehr effizient. Ich habe es schon zwei Mal gemacht, gleich in der ersten Woche.«

»Unseren Obsttag kann ich auch sehr empfehlen. Wobei, wenn ich ehrlich bin, ich den Salattag sogar noch vorziehe. Normales Frühstück, und dann mittags und abends jeweils Salat. Auch sehr effizient.«

Jetzt kicherte ich.

Wären wir uns im wahren Leben begegnet, irgendwo zwischen Eckernförde und Duisburg, hätte Georg mich vielleicht in ein Restaurant eingeladen. Ich hätte Stunden vor dem Spiegel zugebracht, den Inhalt meines Kleiderschranks anprobiert und verflucht, irgendwann geheult, weil nichts, aber auch gar nichts an meinem dicken Körper halbwegs schön oder gar sexy aussah. Am Ende hätte ich mich für Hosen und eine weite Bluse entschieden. Ich wäre ein wenig zu spät zu unserer Verabredung erschienen, schnell auf einen Stuhl gerutscht, in der Hoffnung, dass meinem Gegenüber keine Zeit geblieben war, mich in vollem Umfang zu mustern. Ich hätte versucht, meinen Appetit zu zügeln. Ich hätte einen kleinen Happen gegessen und im selben Moment überlegt, welchen Eindruck ich wohl machte, ob ich maßlos wirkte, zu schnell aß oder zu viel. Wir hätten uns unterhalten, ich hätte versucht, mich amüsant und geistreich zu geben, und gehofft, niemand merke mir an, wie verkrampft ich in Wirklichkeit war. Wir hätten uns irgendwann voneinander verabschiedet, ich hätte vorgegeben, müde zu sein, am nächsten Morgen sehr früh aufstehen zu müssen oder dergleichen. Ich wäre froh gewesen, wenn der Mann um die Ecke verschwunden wäre und maßlos enttäuscht und verbittert, dass ich mir eine Chance so zerstört hatte.

All das spielte in der Begegnung mit Georg keine Rolle. In der geschützten Atmosphäre eines Kurortes brauchten wir einander nichts vorzuspielen, wir saßen im selben Boot.

Als ich nach drei Wochen zur obligatorischen Untersuchung erschien, riet mir die Ärztin, meinen ursprünglich auf vier Wochen angelegten Aufenthalt zu verlängern.

»Ihr Rücken entspannt sich, und aus meiner Sicht wäre es sinnvoll, die Anwendungen vorläufig nicht abzubrechen. Sie sollten Ihren Rücken weiter kräftigen, sonst haben Sie bald wieder ähnliche Beschwerden.« Die Krankenkasse stimmte zu, ich musste also Dr. Diebel anrufen. Er war, wie ich erwartet hatte, sehr verärgert und reagierte ungehalten. Als ich den Telefonhörer auflegte, überkam mich ein brennendes Verlangen nach Schokolade.

Bislang hatte ich meinen Hunger auf Süßigkeiten bezwungen, seit meiner Ankunft in der Kurklinik hatte ich nichts Süßes angerührt. Nun musste ich kämpfen, um dem Drang nicht zu erliegen. Dr. Diebels Worte gingen mir nach, ich bekam ein schlechtes Gewissen, ihn über so lange Zeit in der Praxis allein zu lassen. Die Entspannung der ersten Wochen war passé.

Während der ersten Verlängerungswoche begann ich, mir jeden zweiten Tag im Ort einen Müsliriegel zu kaufen; ich redete mir ein, ein wenig Müsli sei schließlich gesund. Ich passte Momente ab, in denen niemand aus meiner Klinik in der Nähe war. Auch Georg, wir sahen uns täglich, sollte nicht mitbekommen, dass ich gegen die Regeln verstieß. Innerhalb der ersten vier Kurwochen war es mir gelungen, rapide abzunehmen. Mein Gewicht sank auf 68 Kilo; so wenig hatte ich nicht mehr gewogen, seit ich seinerzeit nach Amerika gegangen war. Ich war damit längst nicht zufrieden. Nach wie vor lebte ich in dem Gefühl, schief angeschaut zu werden, aufzufallen, herauszufallen aus dem Rahmen, plumps, da ist ja unser Dickerchen. Doch nun, während der beiden letzten Kurwochen, zerstörte ich, was ich bislang erreicht hatte.

Kurz vor meiner Abfahrt kaufte ich im Ort eine große Schachtel Pralinen, ich wollte sie den Putzfrauen zum Abschied schenken, sie waren so nett gewesen. Kaum hatte ich die Schachtel in meinem Zimmer in den Schrank geschoben, setzte eine brennende Gier ein. Ich dachte an Dr. Diebel, spürte die Angst, ihm nach meiner Rückkehr zu begegnen, er konnte sehr nachtragend sein. Der Gedanke an Georg und den bevorstehenden Abschied plagte mich, er bestand darauf, dass wir uns wiedersahen, bald, er wollte mich in Eckernförde besuchen. Ich dachte an seine Frau und die Kinder, kam mir vor wie eine Ehebrecherin und wusste nicht, wie ich mich verhalten sollte. Ich holte die Schachtel aus dem Schrank. Zerriss das Zellophan. Hob den Deckel, entfernte die zarte weiße Wellpappe, die obenauf lag, und aß eine Praline. Und noch eine Praline und noch eine. Ich aß, bis ich nur noch eine leere Schachtel in der Hand hielt.

Mir war schlecht. Die Pralinen waren mit Kirschschnaps gefüllt. Ich mochte keinen Kirschschnaps. Beinahe betrunken rollte ich mich ins Bett und zog die Decke über meinen Kopf. Ich wollte schlafen und nichts mehr sehen, nie mehr. Ich hasste mich.

Am nächsten Tag verstaute ich die leere Pralinenschachtel in meinem Rucksack, um sie im Ort in einer Mülltonne verschwinden zu lassen. Als ich abreiste, hatte ich bereits wieder drei Kilo zugenommen.

Wie erwartet machte Dr. Diebel mir das Leben zur Hölle. An allem nörgelte er herum. Georg rief beinahe täglich an und drängte zu einem Treffen. Und ich, ich aß.

Zerkaute und zermalmte meinen Kummer und schlang ihn herunter. Es dauerte nicht lange, und ich wog genauso viel wie vor der Kur. Allein mein Rücken tat nicht mehr weh.

Bis ich eines Abends vom Sofa aufstand und ihn wieder spürte, diesen kalten Schmerz. Fortan wurde er zum ständigen Begleiter. Irgendwann begann er mich zu zermürben. Ich konnte kaum reiten, fuhr fast nur noch in den Stall, um Campari zu versorgen. Häufig lag ich zu Hause im Bett, sah fern und schluckte Schmerzmittel. Immer wieder geriet ich in geradezu groteske Situationen. Wachte morgens auf und war vor Schmerzen nicht in der Lage, mich anzuziehen. Lag wie ein Käfer auf dem Rücken im Bett, die Beine in der Luft, und versuchte, die Unterhose über die Füße zu hangeln.

Noch einmal ging ich zum Arzt. Das Erste, was er sagte, war: »Sie sind zu dick. Sie müssen abnehmen!« Ich zog mich gar nicht erst aus.

An einem dieser Tage rief Georg an und drängte mich, das Wochenende mit ihm an der Ostsee zu verbringen. Ich bat ihn, mich nie mehr anzurufen. »Dein Platz ist bei deiner Familie und bei deinen Kindern.«

Erneut dachte ich darüber nach, Dr. Diebel zu verlassen und den Beruf zu wechseln, nun auch aus gesundheitlichen Gründen. Allerdings hatte ich noch immer keine Ahnung, welchen Beruf ich lernen könnte. Die Arbeit an sich machte mir Spaß, ich ging gern mit Tieren um und war gut in dem, was ich tat. Doch jeder Bürojob wäre schonender für meinen Rücken. Eines Tages während der Krankengymnastik erzählte der Masseur, der mich behandelte, das Reisebüro im Ort suche einen Auszubildenden. Ich schrieb eine Bewerbung und ging zum Fotografen. Ich betete, man möge nicht erkennen, wie dick ich war. Doch weil mir die Stelle im Grunde gleichgültig war, schickte ich die Unterlagen ab. Man nahm mich. Das Arbeitsamt bezahlte die Umschulung. So begann ich eine Ausbildung zur Reiseverkehrskauffrau.

Die Kabine war geräumig und freundlich und meine Laune düster.

»Schau mal, die Bluse gibt es auch in blau. Blau steht dir gut, finde ich.« Kerstin schob den Vorhang der Umkleidekabine ein Stück zur Seite und reichte zwei Bügel herein. Die Verkäuferin, die draußen einer Kundin einen Rock absteckte, sah hoch und lächelte. Ich zog den Vorhang wieder zu. Mein Blick fing den Blick meines Spiegelbildes auf. Einen Moment lang sahen wir einander in die Augen. Dann zog ich eine Grimasse. Eine weiße Sommerbluse spannte über meinen Speckrollen.

Ich sagte es bereits: Ein, höchstens zwei Mal im Jahr betrete ich ein Bekleidungsgeschäft, und ich würde viel darum geben, es noch seltener tun zu müssen. Jedes Mal komme ich mit einem Gefühl herein, als würde ich zur Schlachtbank schreiten. Ich habe eine Liste für einen Rundumschlag bei mir, weiß, wie viele Großraumzelte ich kaufen muss, und versuche, es möglichst schnell hinter mich zu bringen. Eines Tages, ich arbeitete bereits seit einer Weile im Reisebüro, hatte ich ein Spezialgeschäft für Mode in großen Größen entdeckt. Die Modelle begannen bei Größe 42 und gingen hoch bis 60, 62, 64. Trotz ihrer enormen Ausmaße waren sie modisch geschnitten. Die Kabinen waren geräumiger als die engen Waben in den anderen Geschäften und keine Verkäuferin brüllte durch den Laden: »Was, Sie brauchen die Hose noch eine Nummer größer?« Nach beinahe zehn Jahren in der Tierarztpraxis, in denen ich tagein, tagaus zweckmäßig und praktisch meine ältesten Sachen getragen hatte, bekam ich Lust, mich ein bisschen schicker und weiblicher zu kleiden. Im Reisebüro trugen wir Einheitskleidung, dunkelblaue Kostüme, im Sommer Hosenröcke und Matrosenblusen, für besonders warme Tage hatten wir Bermudashorts. Ich trennte zügig alle Etiketten heraus, ich schämte mich, diejenige zu sein, die immer die größten Größen brauchte. Trotzdem gefiel ich mir.

Als ich nun in der Kabine stand, verließ mich der Mut. Ich knöpfte die weiße Bluse auf und pellte mich heraus. Ohne in den Spiegel zu sehen, zog ich die blaue Bluse an. Sie saß etwas lockerer. Größe 50. Passte zu allen Jeans und auch zu der Kordhose, die ich vor einem Dreivierteljahr gekauft hatte. Okay, gekauft.

Kerstin schleppte weitere Blusen, Röcke und Hosen heran. Die Hosen waren weit genug, aber zu lang, denn ich war klein. Die T-Shirts passten in der Länge, waren aber zu eng, denn mein Busen war zu groß. Es gab ein paar Hosen in Kurzgrößen, ungefähr drei verschiedene Modelle. Eine passte, ich hängte sie zur Seite. Es war mir gleichgültig, welche Farbe sie hatte. Auf dem Hocker neben dem Spiegel lag ein Pullover; zwei Kinder hätten sich bequem in ihm verstecken können. Ich ließ den Pulli liegen und nahm einen Rock vom Bügel. Die Speckrollen an meinem Bauch stülpten sich übereinander, als ich mich vorbeugte.

Kerstin zog den Vorhang auf, unsere Blicke trafen sich im Spiegel.

»Der Rock sieht aus wie ein Sack«, sagte ich. Es war mir peinlich, ich wollte nicht, dass sie mich sah. Ich angelte mein T-Shirt vom Haken und zog es über.

»Er ist zu lang«, erwiderte Kerstin. »Man müsste ihn ein bisschen kürzen.«

»Kann ich Ihnen behilflich sein?«, fragte aus dem Hintergrund die Verkäuferin. Kerstin schob den Vorhang vollständig beiseite. Die Frau, auch sie war von üppiger

Statur, griff geschickt nach dem Saum des Rockes und schlug ihn um. Der Rock endete nun in Kniehöhe und sah nicht länger aus wie ein formloser Sack. »Wie gefällt er Ihnen jetzt?«

»Ich weiß nicht.« Ich war unschlüssig.

»Haben Sie Bedenken, Röcke zu tragen, weil Ihre Schenkel aneinander scheuern?«, fragte die Verkäuferin. Sie tat es beinahe beiläufig, auf eine Weise, die einem gar nicht peinlich sein musste. Trotzdem genierte ich mich. »Tragen Sie Radlerhosen oder Leggings darunter, wenn ich Ihnen einen Rat geben darf. Dann scheuern Sie Ihre Haut nicht wund.« Ich zögerte. Die Innenseiten der Oberschenkel waren stets strategische Schwachstellen. Bei all meinen Hosen nutzte sich der Stoff dort deutlich schneller ab. Außerdem war das Bindegewebe meiner Beine gerissen, und die Narben sahen so hässlich aus, dass ich sie ohnehin lieber unter langen Hosen versteckte.

»Ich kann Ihnen Leggings holen«, sagte die Verkäuferin und verschwand. Kerstin schob sich in die Kabine hinein.

»Was meinst du?«, fragte ich, zweifelnd. Ich sollte es wohl doch nicht mit Röcken versuchen. Im nächsten Moment kam die Verkäuferin mit zwei Paar Leggings zurück.

»Kauf den Rock«, sagte Kerstin. Ich sah in den Spiegel, und was ich sah, machte mich traurig. »Er sieht gut aus! Und du wolltest doch ein bisschen Abwechslung.«

»Er kneift.«

»Ich sehe nach, ob wir ihn größer dahaben.« Die Verkäuferin verschwand erneut. Ich zog den Vorhang zu.

Ich probierte den Rock eine Nummer größer. Ich zog den Pullover an und wieder aus, ich wechselte Hosen. Am Ende entschied ich mich für ein paar Blusen, eine Hose und eben jenen Rock. Ich war längst nicht mehr in der Stimmung, mich schön machen zu wollen. Ich gab mich geschlagen. Ich wollte nur weg.

»Jetzt noch ein paar Stöckelschuhe?«, fragte Kerstin. Sie schien krampfhaft bemüht, mich aufzumuntern.

»Danke. Heute nicht mehr.« Wir gingen zur Kasse. Auf dem Weg fiel mein Blick auf einen Ständer mit Blusen in Größe 60. Würde ich eines Tages solche Titanengewänder tragen?

Als wir das Geschäft verließen, war ich erschöpft.

Ich stand am Rand der Weide und sah den Ponies zu, friedlich grasten sie in der Nachmittagssonne. Um vier Uhr, hatte Susanne gesagt, wollte ihre Freundin Karolin kommen.

Campari zockelte über die Weide. Ich schnalzte mit der Zunge und rief seinen Namen, er sah auf und spitzte die Ohren. Ich griff in meine Tasche und lockte ihn mit einem Apfel. Campari legte den Kopf zur Seite, schüttelte seine Mähne. Noch einmal rief ich seinen Namen, lockte. Gemächlich trabte er auf mich zu. Ich lobte ihn, streichelte seinen Hals, fuhr mit der Hand durch die dichte Mähne und fütterte ihn mit ein paar Mohrrüben, die ich mitgebracht hatte.

Als ich Campari das erste Mal gesehen hatte, sah ich alles, was ich nicht hatte haben wollen: einen Wallach, zu jung, um bereits richtig zugeritten zu sein, und das Fell fuchsfarben – dunkle Pferde mochte ich viel lieber. Doch sein ausgeglichenes Wesen und sein munterer Charakter hatten mich für ihn eingenommen. Und Campari wusste mich zu verführen, um den Finger zu wickeln. Darum konnte ich mich nicht entscheiden, ihn zu verkaufen, als bereits längst klar war, dass ich wegen meiner Rückenbeschwerden vorläufig nicht mehr würde reiten können. Am Ende war es eine finanzielle Entscheidung gewesen.

Ich hatte einen Käufer gesucht, der Campari für lange Zeit behalten wollte, am besten für den Rest seines Lebens. Susanne erzählte von ihrer Freundin Karolin, die ihr Pferd hatte einschläfern lassen, es war alt gewesen, krank und schwach. So kam eines zum anderen.

In der Ferne hörte ich die Türen eines Autos schlagen. Susanne winkte, und ich winkte zurück. Die beiden Frauen schlugen den Weg in Richtung der Weide ein. Susanne stellte uns einander vor. Campari stand noch immer neben mir, er hatte an meiner Hosentasche geschnüffelt und auf weitere Leckereien gewartet.

»Er hat nur ein Halfter um, aber wenn du möchtest, kannst du ihn reiten.« Ich reichte Karolin den Strick, sie nahm ihn und hielt Campari flach ausgestreckt ihre linke Hand entgegen. Er schnupperte daran.

Eine Woche später kaufte Karolin Campari. Auch sie hatte sich spontan in ihn verliebt. Mit Tränen in den Augen verließ ich den Stall. Ich weinte während der gesamten Autofahrt. So sehr, dass ich manchmal die Straße wie hinter einem Regenvorhang sah und einmal, wie aus einem Reflex heraus, den Scheibenwischer einschaltete.

Ich hielt vor dem Haus meines Masseurs, wischte mir die Tränen aus den Augen, putzte die Nase und betrachtete mich im Rückspiegel. Rote verquollene Augen. Scheiß drauf, dachte ich, ich kann es nicht ändern. Ich schlug die Autotür zu und stapfte die Treppe hinauf in den ersten Stock.

Neill Finnway war Schotte. Ein ruhiger Mann, in sich gekehrt, aber nicht verschlossen. Er wusste viel über nordamerikanische Indianer, war lange durch die USA gereist und hatte in Reservaten gelebt. Ich mochte es, seinen Geschichten zuzuhören, während er meinen Rücken massierte. Immer mehr mochte ich auch Neill. Eines

Morgens vor ein paar Wochen, als ich in der Straßenbahn saß, hatte ich im Vorbeifahren an einer Litfaßsäule das Portrait eines Indianers hängen sehen. Die Ankündigung einer Ausstellung oder etwas Ähnliches, ich konnte es so schnell im Vorbeifahren gar nicht lesen. Es war vielmehr das Bild, das etwas in mir angerührt hatte, etwas in mir auslöste, wovon ich nicht gewusst hatte. Dieser stolze Indianerkopf erinnerte mich an Neill und gab mir für einen Augenblick das Gefühl einer sehr persönlichen, sehr tiefen Verbindung zu ihm. Es verwirrte mich, und den ganzen Tag über dachte ich immer wieder an jenen Moment. Neill war beinahe doppelt so alt wie ich. Auch hatte ich ihn bislang als meinen Masseur, nie aber als Mann wahrgenommen. Es war, als hätte ich von ihm geträumt und müsste diesen schönen Traum nun entweder in meinen Alltag einbauen, was schwierig war, oder ihn vergessen, was ich nicht wollte. Seit diesem Tag hatte sich jedoch etwas verändert in unserem Kontakt. Ich spürte es, wenn ich zu den regelmäßigen Terminen erschien, und Neill schien es auch zu spüren. Eines Tages, ich hatte einen späten Termin nach Büroschluss bei ihm gehabt, lud er mich zu einem Glas Wein ein.

Kurze Zeit später fuhr ich für eine Woche mit Kerstin nach Dänemark. Als ich in einem Zeitungsgeschäft eine Postkarte mit dem Kopf eines Indianers darauf sah, kaufte ich sie und schickte sie Neill.

»Wem schickst du eine Postkarte?«, fragte Kerstin, als wir später an einem Postamt vorbeikamen und ich eine Briefmarke kaufte. Zum ersten Mal sprach ich über diese zarte Liason, die sich da entspann.

Als ich wieder nach Hause kam, hatte Neill sich erschossen.

»Er hatte geschäftliche Probleme, mehr wissen wir auch nicht«, sagte der Krankengymnast aus der Nachbarpraxis, den ich im Treppenhaus traf. »Es ist ihm wohl alles über den Kopf gewachsen.«

Auf den Stufen lag die Postkarte mit dem Indianerportrait.

Ich saß auf dem Sofa, draußen tobten Herbststürme ums Haus. Die Heizung gurgelte und der Wind riss die letzten Blätter von den schwarzen Ästen. Es wurde dunkel. Den ganzen Tag über hatte ich gewartet, dass die Zeit vergeht. Apathisch lag ich auf dem Sofa und sah dem Sterben vor meinem Fenster zu.

Meine Hand tastete über den Fußboden und fand nur leeres Staniolpapier. Die Schokolade war alle. Ich stand auf, ging in die Küche hinüber und schmierte ein Brot mit Butter. Im Kühlschrank stand der Braten vom Vortag, und ich schnitt eine Scheibe Kassler ab, legte sie auf das Brot und strich Remoulade darüber. An der Wand hing ein Foto von Campari. Ich heulte.

Im Fernsehen liefen Talkshows. Eine Frau, so dick wie ich, erzählte bei einem aalglatten jungen Schnösel, dass ihr Mann sie verlassen habe. Seine neue Freundin war zwar nur fünf Jahre jünger, aber 40 Kilo leichter. Ich schaltete um. Eine blonde Talkmasterin wollte wissen, ob Glatzköpfe bessere Liebhaber seien. Sie stand in ihrer Manege und hetzte drei Männer aufeinander, so ähnlich muss es bei den Gladiatorenkämpfen im alten Rom zugegangen sein. Alle drei trugen Glatzen, und jeder war sich sicher, ein noch besserer Liebhaber zu sein, als der Glatzkopf neben ihm. Keine Intimität wurde ausgespart. Ich schaltete um. Im ersten Programm lief die Tagesschau, ein Krieg irgendwo in Afrika. Leichen schwammen auf einem Fluss. Ich schaltete um, Werbung für Schokolade. Ich schaltete weiter. Die dicke Frau weinte immer noch ihrem Mann hinterher, sie weinte wirklich, vor laufender

Kamera, und als der Talkmaster, dieser aalglatte Jüngling, fragte, ob sie ihn zurückholen wolle, sagte sie tatsächlich Ja. Bitte, Heinz, komm zurück. Mir wurde schlecht. Ich schaltete aus.

Es war ein düsterer Tag.

Ein bisschen Schokolade, das wäre schön. In meinem Mund lief sogleich der Speichel zusammen. Ich konnte deutlich das Aroma und die cremige Konsistenz von Mokka-Sahne-Schokolade spüren. Ein kleines bisschen Schokolade ...

Nein. Jetzt nicht. Draußen pfiff der Wind ums Haus.

Oder vielleicht einen Karamellriegel? Einen? Oder zwei? So zwei kleine Stückchen, ist ja kaum etwas daran an den Dingern. Mein Magen knurrte. Mein Körper schien elektrisiert von der Aussicht auf Süßes. Doch mein Kopf befahl: Nein.

Das ist nicht nötig, sagte ich mir, du brauchst das nicht.

Doch, antwortete ich mir. Du brauchst das.

In Windeseile zog ich meine Schuhe an, suchte mein Portemonnaie, kramte den Schlüssel aus der Tasche, lief zur Tür, raus. Der Jackenärmel verfing sich im Rotdornstrauch, eilig zerrte ich ihn los, lief zur Garage, traf mit dem Schlüssel kaum das Schlüsselloch, startete endlich den Motor und jagte zur Tankstelle.

Es ist falsch, was du tust. Dreh um, fahr wieder nach Hause.

Nein.

Die Ampel sprang auf gelb und der Fahrer vor mir bremste. Sonntagsfahrer. Nervös schlug ich mit den Fingern aufs Lenkrad. Endlich sprang die Ampel auf grün. Ich hupte. Der Fahrer fuhr an, bremste und zeigte mir im Rückspiegel einen Vogel. Ich gab Gas und zog links an ihm vorbei. Er hupte wieder. Ich ignorierte ihn. Dort vorne leuchtete das Schild der Tankstelle.

Drinnen nahm ich drei Schaumwaffeln, zwei Tafeln Schokolade, eine Hand voll Karamellriegel und eine Packung Marzipan. Der Kassierer sah mich spöttisch an.

»Muss mal wieder sein«, fuhr ich ihm über den Mund, bevor er etwas sagen konnte. Er grinste. Ich zog einen Zwanzigmarkschein aus dem Portemonnaie und trat von einem Bein aufs andere, während der Tankwart in aller Seelenruhe das Wechselgeld abzählte. Er grinste immer noch.

»Brauchen Sie eine Tüte?«, fragte er, als ich nach den Süßigkeiten griff. Arschloch, dachte ich, kümmere dich um deine Angelegenheiten.

»Nein«, sagte ich und sah zu, dass ich verschwand.

»Guten Appetit!«, rief er hinterher. Ich hörte seiner Stimme an, dass er immer noch grinste. Arschloch! Nächstes Mal würde ich wieder zu einer anderen Tankstelle fahren. Wie ein Alkoholiker hatte ich ein Netz aufgebaut, kannte alle Tankstellen im Umkreis.

Im Auto riss ich einen Schokoriegel aus der Verpackung. Mit drei Bissen vernichtete ich ihn. Zwei Minuten später war ich wieder zu Hause. Ich parkte das Auto in der Garage und stopfte alle Süßigkeiten und die leeren Verpackungen in die Taschen meiner Jacke. Falls ich zufällig einen Nachbarn treffen würde. Keiner sollte sehen, was ich bei mir hatte. Der Sturm fuhr mir durch die Haare, als ich ausstieg.

Wieder auf dem Sofa riss ich die Schokolade aus ihrem Papier. Beruhige dich, sagte eine Stimme, du hast deinen Stoff.

Nein. Ruhe. Lasst mich in Ruhe. Ich biss in die Schokolade.

Als ich die Hälfte der Tafel gegessen hatte, wurde ich ruhiger. Ich breitete meine Schätze vor mir auf dem Tisch aus. Schön waren sie anzusehen, meine Leckereien. Allein ihr Anblick machte mein Herz froh. Diese Schaumwaffeln mit der klebrigen rosaroten Füllung und den Schokoladenspitzen an beiden Ende, ein Genuss. Und die Mokka-Schokolade, so cremig und voll im Aroma. Satter Kakaogeschmack, so sinnlich, eine Freude. Ich roch an einem Schokoriegel mit Kokosflocken, sein zarter Duft durchströmte meine Nase, meinen Kopf, meinen Körper. Zärtlich biss ich hinein.

Langsam und friedlich aß ich Stück für Stück meine Schätze auf. Nichts, gar nichts, ließ ich übrig.

Als ich am nächsten Morgen erwachte, hatte sich der Sturm gelegt. Die Kastanien vor meinem Fenster waren kahl. Mein Kopf schmerzte und mein Körper war flau, als hätte ich einen Kater. Müde schleppte ich mich ins Bad. Im Spiegel sah mich ein dickes Gesicht an. Die Waage zeigte 89 Kilo.

Im Reisebüro herrschte Montagmorgenstimmung. Der Chef saß im Nebenzimmer am Computer und versuchte, eine neue Software zu installieren. In regelmäßigen Abständen hörten wir ihn vorne fluchen. Eine Kollegin hielt mir eine Hotelbuchung unter die Nase.

»Die ist ungültig«, sagte sie, der Ton so kalt wie die Schnauze eines Polarfuchses. Das Telefon klingelte. »Wann begreifst du endlich, dass dieses Hotel nur zusammen mit einem Flug gebucht werden darf?« Ich hob den Hörer ab. Jemand wollte den Pizzaservice sprechen. Falsch verbunden, sagte ich und legte auf. »Wann begreifst du es endlich?« Meine Kollegin sah mich an, als wäre sie mit ihren besten Schuhen in eine schmutzige Pfütze getreten. Ich zupfte an meiner Bluse. Mein Rock kniff, aber ich könnte meinem Chef kaum sagen, dass ich einen neuen brauchte. Die letzte Bestellung lag gerade zwei Monate zurück.

»Tut mir leid«, sagte ich und ging Kaffee kochen. Sollte sie sich erst einmal wieder beruhigen. Ich machte viele Fehler. Ich war nicht geschaffen für diesen Beruf. Das war mir nach einem Vierteljahr klar gewesen. Aber gab es eine Alternative?

Ich goss Kaffee in einen Becher und sah zu, wie die Kondensmilch karamellfarbene Schlieren darin zog. Unter der Decke stieß eine dicke Fliege gegen das Glas der Neonleuchte, wieder und wieder, das dumme Tier machte ein hässliches Geräusch. Ich blickte nach oben und spürte dabei, wie eine Speckrolle über den Kragen meiner Bluse klappte. Es gab einige untrügliche Signale meines Körpers, wenn ich wieder zunahm und mein Körper begann, über sein bisheriges Maß hinauszuwachsen. Die Speckrolle im Nacken war eines davon, außerdem ein bestimmtes Ziehen in der Brust und ein tagelang andauerndes Wärmegefühl an der Innenseite der Schenkel, das entstand, sobald sich neues Fett aufbaute. Ich nahm ein Stück Kuchen zum Kaffee.

Nachmittags telefonierte ich mit Kerstin, und wir verabredeten uns nach Büroschluss in einem chinesischen Restaurant. Es wurde ein netter Abend, viel netter als der gesamte Tag.

Ich wog 91 Kilo. Mein Körper ähnelte mehr und mehr einer krebsartigen Wucherung. Nach allen Seiten breitete er sich aus, verschaffte sich Raum und schnitt mir dabei die Luft zum Leben ab. Die Masse verselbstständigte sich, bekam ein Eigenleben. Ich war nur noch ihr Transporteur, schleppte sie durch die Gegend, setzte sie ungläubigen, unverschämten, zuweilen schamlosen Blicken aus. Ich war Lieferant eines täglichen Inputs an Nahrung, der zunahm und zunahm, der langsam, aber beständig ausuferte. Eine unbeherrschbare Masse, ein unersättlicher Körper, ein grenzenloser Hunger. Wenn ich aufstand, spürte ich die Fettringe an meinem Bauch sacken. Wenn ich mir die Schuhe zubinden wollte, musste ich den Bauch plattdrücken, dass es wehtat.

Diese Wucht von Weichfleisch – war das noch ich? Nein, diese Fülle gehörte nicht zu mir, sie war mir fremd, sie war mir aufgepfropft worden.

Am Montag begann ich eine neue Diät. Als ich mich am Freitag wog, stand der Zeiger unverändert auf 91 Kilo. Ich hungerte weiter. Schränkte mich ein, aß kaum etwas. Als ich mich wieder auf die Waage stellte, hatte ich kaum ein Pfund abgenommen. Machte das alles irgendeinen Sinn? Ich ging ins Bett, zog mir die Decke über den Kopf und heulte mich in den Schlaf. In der Nacht träumte ich, ich sei auf einem langen Marsch durch die Wüste und wüsste nicht einmal, ob es in der Nähe eine Oase mit Wasser gab.

Mein Körper begann zu rebellieren. Wenn ich Schlagsahne aß, rumorte es im Magen und im Darm, ich bekam Durchfall und Blähungen. Anfangs ignorierte ich die Beschwerden. Doch sie wurden massiver. Also mied ich Schlagsahne.

Bald bekam ich ähnliche Symptome, wenn ich Milch trank. Ich trank gern Milch, einen halben Liter zum Mittagessen, einen ganzen Liter zum Abendessen. Fortan verzichtete ich also auch auf Milch. Dann wurde mir schlecht, sobald ich fettes Fleisch aß.

Es begann eine Zeit, in der mein Körper nacheinander die Aufnahme diverser Lebensmittel verweigerte und die Massen abzuwehren versuchte, die ich ihm zuführte. Zum ersten Mal stieß ich an eine physische Grenze. Ich reagierte, indem ich von meinem Speiseplan strich, was unangenehme Reaktionen auslöste. Ich wich auf andere

Dinge aus. Ich kaufte ein so genanntes Entfettungskännchen. Man gibt heißen Bratensaft oder Soße hinein, wartet, bis sich das Fett am Boden abgesetzt hat und gießt den Sud wieder aus, wobei ein Sieb, das vor der Tülle sitzt, letzte Fettreste herausfiltert. Was ich nicht tat, war, die Alarmsignale meines Körpers ernst zu nehmen. Ich aß weiter, denn ich konnte mir ein anderes Leben nicht vorstellen. Irgendwann probierte ich wieder Schlagsahne und stellte fest, dass mein Körper sie nun vertrug. Fortan gab es wieder Schlagsahne zu Kuchen und Kompott.

Dann wachte ich eines Morgens auf und spürte einen Druck im Hals, ein Gefühl, als säße ein Kloß darin, der sich weder nach oben noch nach unten bewegen wollte. Über Tage ließ der Druck nicht nach. Schließlich verabredete ich einen Termin mit einem Internisten.

»Kann es sein, dass meine Schilddrüse Schwierigkeiten macht?«, fragte ich den Mann, der groß und dünn, mit einem Kopf wie ein Raubvogel hinter seinem Schreibtisch saß. Er sah an mir herunter, sagte aber nichts.

»Beschreiben Sie Ihre Beschwerden«, sagte er. Sein Kopf kippte leicht nach hinten, sein Blick verfing sich an einem imaginären Punkt an der Decke. Er war schon alt. Seine knochigen Finger drehten langsam, in beständigem Tempo einen Füllfederhalter. Ich beschrieb meine Symptome. Er hörte zu. Dann untersuchte er meine Schilddrüse. Zuerst fuhr er mit seinen dürren Fingern über meinen Hals, dann mit einem Sonographiegerät.

»Ich kann nichts feststellen.« Er reichte mir ein paar Papiertücher, und ich wischte das Gel ab, das er für die Ultraschalluntersuchung auf meinem Hals verteilt hatte. »Wir werden noch einen Bluttest durchführen.« Er stand auf und ging hinüber zu seinem Schreibtisch.

»Kann es vielleicht seelische Ursachen haben? Ich

meine, dieser Druck im Hals, ist er vielleicht seelisch begründet.«

Doch ich spürte gleich, dass ich mit einer solchen Frage an der falschen Adresse war. Er schrieb etwas auf mein Krankenblatt und schob die Karte in eine Schublade.

»Wenn Sie etwas für Ihre Gesundheit tun wollen, dann nehmen Sie ein paar Kilo ab.«

Danach fuhr ich in ein Café und bestellte ein Stück Kuchen und einen heißen Kakao, beides mit einer Extraportion Sahne. Ich fühlte mich verunsichert. Ich hatte ein Problem, und ich hätte mir gewünscht, irgendwo einmal ein offenes Ohr zu finden. Die Kellnerin brachte den Kuchen und den Kakao und sah mich an, als müsste ich mich für meine Bestellung rechtfertigen. Ich stach mit der Gabel in den Sahneberg; eventuelle Blähungen nahm ich gern in Kauf.

Als die Kellnerin das nächste Mal vorbei kam, bestellte ich noch ein Stück Kuchen.

»Wieder mit einer Extraportion Sahne?«, fragte sie schnippisch.

»Ja«, sagte ich, schnippisch.

Während ich mir das zweite Stück Kuchen gönnte, spürte ich, wie eine dunkle, uferlose Traurigkeit in mich kroch wie Bodennebel.

6

Ich war mutterseelenallein. Draußen kreischten Raben und nebenan weinte ein Kind. Niemals würde ich Kinder haben.

Das Telefon stand still in der Ecke. Seit Tagen hatte niemand angerufen. Ich wollte auch niemanden sprechen. Stunden vergingen. Ich lag im Bett und starrte an die Decke.

Am Morgen hatte die Waage 93 Kilo angezeigt. Heulend hatte ich sie daraufhin in die Mülltonne geworfen. Ich würde nie abnehmen, aber das musste ich mir nicht noch ständig vor Augen führen. Es genügte, dass ich mit jedem Schritt, den ich tat, spürte, wie das Fett an mir auf- und niederwaberte. Es genügte, dass ich mich zum Gespött aller machte, wie neulich, als ich mich im Laden bückte, um eine Packung Nudeln aus dem unteren Fach zu ziehen, dabei mit dem Hintern einen Ständer mit Konservendosen umriss und unter den zuerst entsetzten, dann amüsierten Blicken der Umstehenden begann, diese Dosen wieder aufzusammeln. Bis mir ein Lehrling zur Hilfe kam, ein Bursche, so spindeldürr, dass mein Gewicht sich sicher noch monströser ausnahm.

Es war hoffnungslos. Ich war hoffnungslos.

Konnte niemand mir helfen? Konnte niemand verstehen, dass es einen Menschen unglücklich machte, in einem Körper zu leben, der 93 Kilo wog?

Ich war unendlich müde von all den Anstrengungen,

die lustige Dicke zu geben, immer gut gelaunt und fröhlich, immer mit einem flotten Spruch auf den Lippen. Ja, ich fuhr den Leuten über den Mund – bevor sie eine Bemerkung über meine Figur machten. Na, junger Mann, da brauchen Sie gar nicht so zu gucken, ist alles bezahlt! Alles ehrlich erarbeitet und angefressen. Und die Masse will erhalten bleiben, da muss es schon mal ein Tellerchen mehr sein! Es war reine Selbstverteidigung. Schießen, bevor der Feind schießt. Es kostete Kraft, diesen Panzer aufrecht zu erhalten. Aber wo konnte ich mich stärken? Nur am Süßigkeitenregal, fatalerweise, so hielt ich mein Unglück am Laufen. Ich aß, weil ich dick war, und wurde dicker, weil ich aß.

In der Wohnung über mir stritten ein Mann und eine Frau.

Kein Mann würde jemals mehr meinen Körper anfassen wollen. Und niemals würde ich mich vor einem Mann ausziehen, niemals! Seinen Blick über meine Schenkel, meine Hüften, meinen Busen wandern lassen, seinen angewiderten Blick, was sonst. Ein normaler Mann könnte das gar nicht wollen; höchstens jemand, der ein bisschen pervers war. Sollte es ja geben, solche Kerle. Die per Kontaktanzeige »Rubensfrauen« suchten, die Fett erotisch fanden oder sich an den abstoßenden Massen aufgeilten oder an der Scham oder was auch immer der Reiz war, keine Ahnung.

Jemand knallte eine Tür.

Ich hatte Waschlappen gekauft, beinahe so groß wie Gästehandtücher. Ich mochte mich beim Duschen nicht mehr berühren. Ich ekelte mich vor den Fettmengen und Speckringen, die da quollen und sich in alle Richtungen ihren Weg bahnten. Ich hasste es, mich anzufassen. Und warum sollte jemand wollen, was ich selbst nicht über mich brachte? Ich hasste mein Leben. Ich war schlecht gelaunt und patzig, garstig zu allen, nett zu niemandem. Am wenigsten zu mir selbst.

Ein Körper, fett und hässlich. Ein Job, der mich überforderte und unzufrieden machte. Und immer diese Rückenschmerzen, Tag und Nacht. Mein Pferd war weg, ich konnte nicht einmal meinem liebsten Hobby nachgehen. Ich hatte kaum Freunde und seit ewigen Zeiten mit keinem Mann mehr geflirtet.

Eine Frauenstimme kreischte durchs Treppenhaus. Ein Mann brüllte. Wieder knallte eine Tür.

Sie war jetzt auch allein, die Frau. Dabei war sie schlank. Und jung und schön. Seltsame Welt.

Draußen knallte eine Autotür; im nächsten Moment fuhr das Auto mit quietschenden Reifen davon.

Manche meiner Bekannten sagten, es sei ihnen gleichgültig, ob ich fünf Kilo mehr oder weniger wöge. Nettigkeiten, die man dahersagt, um die Dicke ein bisschen zu beruhigen. Mitleidiges Gefasel, leere Worte, ich glaubte es niemandem. Die Menschen mögen keine Dicken. Nur wenige Deutsche sind bereit, einen Adipösen als Freund zu akzeptieren, sagen Umfragen, ich hatte es in der Zeitung gelesen, in einer seriösen Zeitung wohlgemerkt. Doch auch ohne den Artikel hätte ich das gewusst. Ich hatte es schon erlebt. Bei Annettes Hochzeit, als ihr ehemaliger Freund Dirk neben mir saß und den ganzen Abend über ausgesprochen wortkarg blieb. Ich hatte es damit erklärt, dass er gern an der Stelle von Annettes Bräutigam gewesen wäre. Von wegen. Jahre später räumte Annette ein, Dirk möge keine dicken Menschen, er hasse sie geradezu, ihr sei das bis zu jenem Tag gar nicht richtig klar gewesen. Dabei war ich zu der Zeit noch schlank gewesen im Vergleich zu heute.

In der Wohnung über mir schrie jetzt ein Kind.

In manchen Momenten ahnte ich, dass ich selbst mein

größtes Problem war. Ich baute Barrikaden, verschanzte mich, ließ niemanden in meine Nähe. Ich konnte einfach nicht glauben, dass man mich akzeptierte. Wann immer ich wieder fünf Kilo mehr wog, hatte ich das Gefühl, in den Augen der anderen fünf Kilo weniger wert zu sein. So, wie ich für mich im Wert sank, ich kam nicht dagegen an. Worauf sollte ich mir denn etwas einbilden, worauf mein Selbstbewusstsein aufbauen? Ich schaffte es ja nicht einmal, diesen wuchernden Körper auf ein akzeptables, ästhetisches Maß zu stutzen.

Es gab Momente, in denen es sich nicht vermeiden ließ, dass ich mich im Spiegel sah. Massig, unförmig, hässlich. In elenden, langweiligen Klamotten. Klamotten, die verbergen sollten, was gar nicht zu verbergen war. Hosen und Pullover, groß wie Zelte. Da war nichts zu schmücken. Es gab nur etwas – um präzise zu sein: es gab sehr viel! – zu verhüllen. Um anderen und mir selbst den Anblick zu ersparen.

Kann nicht einmal jemand dieses schreiende Kind zur Ruhe bringen?

Vater versuchte, mich zu trösten. Aber ich wollte keinen Trost. Trost ist für Schwache. Und ich wollte es immer noch schaffen ... Wer weiß, ob es überhaupt stimmte, was die Menschen sagten, wenn sie einen trösten wollten. Am Ende waren es Lügen. Schöne Worte, damit man wieder lachte. Wahrscheinlich konnten sie es nicht ertragen, wenn man nicht ständig lachte und gut gelaunt war, anders durfte man ja heute gar nicht mehr sein, nur die Jungen, Schönen, Strahlenden waren die Sieger. Eine Leistungsgesellschaft eben, und wer nicht ins Schema passte, flog raus. Ganz einfach. Was sollten da tröstende Worte ausrichten.

Ich spürte, wie sich um mich herum ein immer größeres Loch auftat. Ich glitt hinein. Es war egal.

Ich hatte es oft versucht. Ich ertrug es nicht mehr, dass ich nicht einmal vor mir selbst bestand. Dass ich Hunderte von Malen an meinen eigenen Ansprüchen gescheitert war. Es zermürbte mich. Ich glitt in einen Dämmerschlaf.

Im Traum war ich allein in einem fremden Haus. Es war niemand zu sehen, nichts zu hören. Atemlose Stille, leere Räume, weiße Wände. Und doch war jemand anwesend, ich spürte es. Da waren Geister. Plötzlich verwandelte sich das Zimmer, in dem ich stand, in mein Kinderzimmer, das ich einst im Haus meiner Eltern bewohnt hatte. Ich hatte das Gefühl, in eine Falle geraten zu sein. Ich wollte weg. Doch ich wusste, ich würde Hilfe brauchen, um zu fliehen. Die Geister würden verhindern wollen, dass ich entkam. Das hier war ein Komplott. In Panik lief ich zur Tür – doch ich kam nicht hinaus. Ich prallte am Türrahmen ab. Ich passte nicht hindurch. Ich war zu dick.

Als ich aufwachte, war es im ganzen Haus ruhig. Totenstill, kein Geräusch, nirgends.

Wann würde man mich finden? Würde einer der Nachbarn einen üblen Geruch bemerken und die Polizei verständigen, so wie man es immer wieder unter »Vermischtes« in der Zeitung las? Würde mich jemand vermissen, meine Eltern, Kerstin? Würden sie anrufen und, nachdem das Klingeln hundertmal unbeantwortet geblieben wäre, getrieben von bösen Ahnungen, die Feuerwehr verständigen? Oder war auch das ein billiges Klischee, war sterben womöglich viel unspektakulärer? Ein verzweifelter Schritt für den, der es tat. Ein trauriger Fall, für die, die blieben und trauerten. Aber am Ende ein alltäglicher Vorgang.

Und es wäre ja zu verstehen, sie hatte ein Motiv, sie war so dick und so unglücklich und schaffte es nie, sich zu beherrschen.

Auf dem Tisch lag ein Röhrchen mit Schlaftabletten.

Ich war mutterseelenallein.

7

Es waren Dr. Diebel und Kerstin, die mich am Leben hielten.

Dr. Diebel, den ich kaum noch traf, seit ich im Reisebüro arbeitete, dessen Worte sich jedoch in meinem Gedächtnis festgehakt hatten. Worte, die ich in ihrer Kraft gar nicht erfasst hatte, als er sie zum ersten Mal sagte, damals, als meine Freundin krank war vor Liebeskummer und sich umbringen wollte: Warte ein Vierteljahr. Schau, was das Leben bringt. Wenn du dich wirklich töten willst, kannst du es dann auch noch tun.

Und da war Kerstin, die ich am Tag nach meiner Depression anrief.

Wir verabredeten uns zu einem langen Spaziergang.

»Du siehst nicht gut aus«, sagte Kerstin, kaum dass sie zur Tür hereinkam.

»Nein.« Ich gab mir keine Mühe, ihr etwas vorzuspielen.

»Augenringe bis zum Knie und blass wie ein krankes Kind.« Kerstins Worte klangen burschikos, doch ihr Blick war besorgt.

»Lass uns ans Meer fahren. Ich brauche Wind, der mir das Gemüt freipustet von trüben Gedanken.« Ich nahm die Allwetterjacke, die ich immer zum Reiten getragen hatte, von der Garderobe.

Während der Fahrt schwiegen wir. Ich hatte das Gefühl, weit ausholen zu müssen; darum wollte ich nicht beginnen, solange Kerstin von roten Ampeln, Sonntagsfahrern und Spaziergängern abgelenkt wurde. Vor uns auf der Kreuzung zog eine Frau ihren Hund über den Zebrastreifen, einen dicken schwarzen Mops. Er hatte sich mitten auf einen der weißen Streifen gehockt, um sein Geschäft zu erledigen. Er weigerte sich heftig, auch nur einen Schritt zu machen, solange er damit nicht restlos fertig wäre. Was schließlich dazu führte, dass einige Autofahrer zu hupen begannen, denn die Ampel war längst wieder auf grün gesprungen. Sein Frauchen, sichtlich ungehalten, zerrte und riss an der Automatikleine. Der Mops stemmte sich mit den Hinterbeinen gegen den Asphalt. Am Ende schleifte die Frau ihren empörten Mops fast auf dem Bauch über die Kreuzung.

Ich musste lachen. Wenn ich der Mops wäre, ich würde ihr das nie verzeihen!

Im nächsten Moment dachte ich, dass ich mir vor drei Tagen nicht hatte vorstellen können, jemals im Leben wieder zu lachen. Kerstin sah mich an. Sie wirkte erleichtert.

»Es scheint dir besser zu gehen als gestern Abend am Telefon.«

»Ja.«

Als wir am Strand entlanggingen, erzählte ich ihr die ganze Geschichte. Kerstin hörte zu, ohne mich zu unterbrechen. Erst als ich begann, mir Vorwürfe zu machen, rief sie:

»Hör auf!« Sie stapfte dabei mit dem Fuß auf wie ein Kind, packte mich an den Schultern und schüttelte mich. Dann legte sie ihren Arm um mich. »Du machst dich schlechter, als du bist. Du bist dick, du schaffst es nicht, deine Diäten duchzuhalten, aber du bist kein schlechter Mensch. Hör auf, dir solche Sachen einzureden. Wer sich derart quält, muss depressiv werden. Oder aggressiv.

Oder beides, ich bin kein Psychologe.« Ich musste weinen. Und lachen. Ich war aufgewühlt. Kerstins energischer Widerspruch tat gut.

Wir gingen weiter. Das Wasser der auslaufenden Wellen spülte Seetang an den Strand, glibschige, grüne Fäden. Unter unseren Füßen knirschten kleine Muscheln.

»Warum hast du nicht eher etwas davon erzählt?«, fragte Kerstin. Ich zuckte mit den Schultern.

»Ich kenne dich gut, aber es ist manchmal schwierig, dich zu verstehen. Du kannst lustig sein und muntere Sprüche klopfen, und im nächsten Moment ziehst du dich zurück in dein Schneckenhaus.«

»Das ist der einzige Platz, an dem ich mich sicher fühle. Draußen in der Welt denke ich immer, alle Menschen sehen mich so, wie ich mich sehe. Als Versager. Solange es mir gelingt, die Fassade aufrecht zu erhalten und lustig und gut gelaunt zu sein, ist es in Ordnung. Sobald ich aber merke, dass meine Kraft nachlässt, dass diese Traurigkeit kommt und mich packt und nicht mehr loslässt, möchte ich niemandem mehr gegenübertreten müssen.«

»Ich bin mir sicher, dass nur du das so empfindest. Ich glaube nicht, dass die anderen dich so sehen, wie du es denkst.« Kerstin blieb stehen. »Ich zumindest tue das nicht.«

»Du bist meine Schwester. Wir kommen aus derselben Familie, wir sind uns ähnlich, vielleicht ist das etwas anderes.«

»Nein. Du hast einfach zu wenig Selbstbewusstsein. Und deutliche Stimmungsschwankungen.«

»Was soll ich denn tun?« Nun war es Kerstin, die mit den Schultern zuckte. Im Schatten der Dünen ließ ein Vater mit seinem kleinen Sohn Drachen steigen. Der Junge freute sich und kreischte, sobald der Drachen zu einem Looping ansetzte.

»Was hast du eigentlich noch gemacht, nachdem wir gestern telefoniert haben?«

»Ich hab ein bisschen aufgeräumt.« Ich zögerte. »Und dann habe ich die Schlaftabletten weggepackt.«

»Du hast ... was?«

Ich schluckte. Ich wollte nicht weinen und starrte in den nassen Sand. Kerstin ging ziellos ein paar Schritte weiter. Dann blieb sie stehen und drehte sich zu mir. Sie hatte Tränen in den Augen.

»Warum hast du das nie gesagt?«

»Wie soll man so etwas sagen?« Ich weinte. Aus der Ferne hörte ich den kleinen Jungen kreischen. Kerstin kam auf mich zu und nahm mich in den Arm. Wir weinten beide. Ich weinte alle Traurigkeit und Anspannung und Einsamkeit aus mir heraus, ich weinte, bis ich leer war von allen Gefühlen.

»Ruf mich nächstes Mal eher an«, sagte Kerstin und gab mir ein Taschentuch. Ich nickte. »Versprochen?«

»Versprochen.« Ich putzte mir die Nase. Meine Augen brannten und mein Kopf tat weh. »Ich sehe völlig verquollen und verheult aus, oder?«

Kerstin lachte. »Wer sieht das denn hier?« Der Junge und sein Vater waren verschwunden. Wir gingen weiter.

»Wo hast du die Schlaftabletten überhaupt her?«

»Ich habe sie im Großhandel bestellt, als ich noch bei Dr. Diebel gearbeitet habe.«

»So lange liegen die Dinger schon bei dir zu Hause herum?«

»Ich hätte es nicht tun sollen.«

»Aber du hast es getan. Warum?«

»Ich hatte damals schon diese trüben Phasen.« Kerstin sah mich an. Ich konnte ihrem Blick nicht standhalten.

»Ich habe wirklich nichts gemerkt. Ich mache mir Vorwürfe.«

»Es war ja nicht immer so schlimm. So wie neulich war es noch nie.« Mir war unwohl; gleichzeitig erfüllte mich eine ungewohnte Ruhe. Als gäbe es nichts mehr zu verlieren. »Ich hatte das Bedürfnis, für einen Notfall gerüstet zu sein. Es hat mich beruhigt zu wissen, dass es diese Möglichkeit gibt. Wenn ich es wirklich einmal nicht mehr aushielte.«

Als wir am Parkplatz ankamen, war es dunkel. Kerstin schloss die Beifahrertür auf. Ich sah sie an und sagte: »Ich bin froh, dass du es weißt.«

»Ich auch«, antwortete sie.

Kerstin schlug vor, gemeinsam eine »Brigitte-Diät« zu beginnen. Ich zögerte, dachte an Grapefruitsalat und Käseknäckebrot mit Molkedrink, willigte aber ein.

»Wenn ich mehr abnehme als du, esse ich so lange heimlich Schokolade, bis ich die Pfunde wieder draufhabe.« Kerstin sah mich herausfordernd an. Ich liebte sie.

Ich nahm mir vor, diesmal nicht zu viel zu erwarten.

Wir trafen uns also wieder allabendlich zum gemeinsamen Essen. Auch sonst telefonierten wir häufig und verabredeten uns zu Spaziergängen. Wir gingen ins Kino oder kegeln, sofern ich keine Rückenbeschwerden hatte. Meine Schwester gab sich Mühe, mich von meinem Kummer abzulenken, und das tat mir sehr gut. Meine Stimmungsschwankungen ließen nach. Sobald ich merkte, dass mich leise Traurigkeit erfasste, ging ich aus oder sah mir einen guten Film an. Ich versuchte, mich davor zu schützen, in jenes dunkle Loch abzugleiten, aus dem es so mühsam war, wieder herauszukommen. Dass Kerstin von den Schlaftabletten wusste, empfand ich dabei als eine Art Rückversicherung. Nicht dass ich den Anspruch an sie stellte, sie müsse sich um mich kümmern. Vielmehr war ein Druck entwichen, ich hatte nicht mehr das

Gefühl, in einer Spirale gefangen zu sein, die nach oben enger und enger wurde.

Die ersten Tage der Diät waren anstrengend. Ich war ständig hungrig. Doch war ich auch motiviert. Es schien, als begänne ich noch einmal neu, und eine latente Euphorie half mir über die Anfangsschwierigkeiten hinweg. Kerstin erging es ähnlich, auch sie tat sich diesmal schwer. Der Anfang einer Diät konnte so unterschiedlich verlaufen, mal qualvoll, mal mitreißend leicht, immer war es eine Überraschung, und immer musste man nervlich in der Lage sein, ein eventuelles Tief abzufangen. Sonst war die Diät bald wieder zu Ende.

Während der ersten Woche nahm ich nur ein Pfund ab. Aber es gelang mir, auf alles Süße zu verzichten. Ab und zu dachte ich an Schokolade und andere Leckereien; doch ich widerstand jedem Appetit und jeglichem Drang, zur nächsten Tankstelle zu rasen.

Eines Abends in der zweiten Woche – wir hatten bei Kerstin gegessen und ich war bald danach gefahren, denn ich wollte früh zu Bett gehen – stand ich in meiner Küche. Ich blätterte in einem Werbeprospekt, der am Morgen im Briefkasten gesteckt hatte. »Dekoratives für Ihr Heim« – nun ja, Bettüberwürfe, Kissenbezüge, Teppiche, Türstopper, Schlüsselkästen. Alles ein bisschen gewollt, nicht wirklich modern. Nicht mein Geschmack. Ich warf die Broschüre in den Eimer mit dem Altpapier. Auf der Rückseite war eine rote Tagesdecke abgebildet. Rot wie der Schriftzug auf einem bekannten Schokoriegel. Unwillkürlich lief mir das Wasser im Mund zusammen und mein Magen rief.

Jetzt einen Schokoriegel!

Nein.

Doch. Nur einen ...

Nein.

Schließlich habe ich mir seit zehn Tagen nichts mehr gegönnt.

Nein!

Doch!

Das Telefon klingelte.

»Im Fernsehen läuft am Sonntag eine Reportage über Pferde in der Camargue«, sagte Kerstin. »Interessiert dich doch sicher.« Ich notierte Sendetermin und Programm.

»Sonntag – wir haben diese Fortbildung im Reisebüro.«

»Ich kann dir den Film aufnehmen, auf Video.« Wir plauderten noch eine Weile, dann ging ich ins Bett.

Am nächsten Morgen, als ich im Bad auf der Waage stand und der Zeiger sich bei der schwarzen 92 einpendelte, fiel mir der Heißhunger vom Vorabend ein. Kerstins Anruf hatte mich derart abgelenkt, dass er verpufft war. Eine Gier, die sich in Nichts aufgelöst hatte, kampflos.

Seit drei Monaten hatte ich keine Schokolade gegessen. Kerstin und ich lebten nach wie vor Diät, sie hatte bislang acht, ich sieben Kilo abgenommen. Nicht viel, aber immerhin. Ich war glücklich und zufrieden. Ich fühlte mich gut, wie neugeboren.

Am Abend war Peter gekommen, der Bruder von Susanne. Susanne hatte einen neuen Freund, seit Monaten sah man sie nur noch beim Reiten, ansonsten verbrachte sie jede freie Minute in seliger Zweisamkeit. Ich kannte das, es war immer dasselbe. Sobald eine meiner Freundinnen sich verliebte, war ich abgemeldet, rutschte in der Hierarchie der wichtigen Menschen auf einen der hinteren Plätze. Eben das schätze ich an Kerstin – trotz ihrer Ehe mit Ralf war ich in ihrem Leben von konstanter Bedeutung.

»Möchtest du noch Kaffee?«, fragte ich, als ich Peters leere Tasse sah.

»Ja, gerne.« Ich schenkte Kaffee nach.

»Du ...«, sagte Peter und machte eine irgendwie bedeutungsschwere Pause. Ich sah ihn fragend an.

»Was?«

»Stört es dich, wenn ich Schokolade esse?« Peter wusste, dass ich Diät lebte.

»Nein, iss ruhig«, sagte ich. »Aber ich habe keine Schokolade im Haus.«

»In meiner Jackentasche steckt eine Tafel. Ich war heute Mittag bei Oma. Wenn ich komme, sagt sie jedes Mal: Bub, ich hab Kuchen gebacken, nimm ihn mit. Am Ende gehe ich mit Kuchen, Schokolade, selbst gemachter Marmelade und Pralinen aus dem Haus. Als gäbe es bei mir zu Hause nichts zu essen.« Peter stand auf und ging in den Flur. Als er zurückkam, wickelte er eine Tafel Schokolade aus dem Papier.

»Möchtest du ein Stück? Oder soll ich dir lieber keins anbieten?«

»Ich möchte keine Schokolade. Iss nur.«

»Wenn Susanne eine Diät macht, darf man ihr mit Süßigkeiten nicht zu nahe kommen. Sie wird stinksauer. Sie kann nicht einmal den Anblick von Schokoladenpapier oder leeren Bonbontüten ertragen. Als wir beide noch zu Hause gewohnt haben, gab es manchmal die fürchterlichsten Streitereien. Wenn ich mit einem Kaugummi im Mund ins Zimmer kam, wurde sie wütend. Sie warf mir vor, ich würde das absichtlich machen, um sie zu ärgern, um sie in Versuchung zu führen. Lauter solche Sachen, es war kaum auszuhalten.« Ich kicherte, denn ich konnte mir Susannes Ausbrüche gut vorstellen. Oft hatte sie über die Ungerechtigkeit der Natur geschimpft, darüber, dass sie ständig zunahm, während Peter beinahe unterernährt aussah. Niemand, der nicht wusste, dass beide Geschwister waren, hätte sie je dafür gehalten.

Peter steckte noch ein Stück Schokolade in den Mund. Er kaute es, wie ein Brötchen. Der Duft der Schokolade zog herüber. Ich atmete ihn tief ein, genoss das Aroma und lehnte mich zurück. Ich schaltete den Fernsehapparat an, wir warteten auf das Fußballländerspiel Deutschland gegen Portugal.

Als es in der Halbzeit eins zu eins stand, fragte ich Peter: »Gibst du mir doch einmal ein Stück Schokolade? Ein Einziges, das wird ja wohl nicht so schlimm sein.« Peter schob die angebrochene Tafel über den Tisch.

Nachdem Peter gegangen war, fuhr ich zur Tankstelle und kaufte zwei Tafeln Mokka-Sahne-Schokolade und eine mit Nüssen und Nugat. Wieder zu Hause kuschelte ich mich unter meine Bettdecke und lutschte genüsslich Stück für Stück. Bis der letzte Riegel verschwunden war.

Am nächsten Morgen war ich wütend und entsetzt. Ein Stück Schokolade hatte genügt, um einen Schalter umzulegen und die bekannte alte Dynamik auszulösen. Ich kam mir vor wie ein Alkoholiker, der, wenn er von seiner Droge ablassen will, nie wieder auch nur einen Schluck Alkohol trinken darf.

In einem Zeitungsartikel las ich zum ersten Mal vom »Jojo-Effekt«. Ein reißerisch aufgemachter Diät-Report eines Frauenmagazins wollte die »Diäten-Lüge« entlarven. Immerhin wurde darin ein Wissenschaftler zitiert, der sich seit langem mit dem Phänomen beschäftigte und den »Jojo-Effekt« beschrieb. Die Essenz seiner Erklärungen war ungefähr folgende:

Während einer Diät wird die tägliche Kalorienzahl auf etwa 1000 Kalorien reduziert. Lebt der Mensch eine Weile auf diesem Niveau, gewöhnt sich sein Körper daran. Wird die Diät abrupt beendet, kehren die Menschen also von einem Tag auf den anderen zu ihren alten, lieb gewonnenen, üppigen Essgewohnheiten zurück, nutzen ihre Körper die plötzliche überschüssige Energie, um Reserven anzulegen. Die Fettzellen im Gewebe wachsen, neue entstehen. Deshalb wiegen viele Frauen und Männer bald wieder so viel wie vor Beginn der Diät. Vielleicht werden sie sogar noch dicker, weil ihre Körper beginnen, über sich hinauszuwachsen, im ganz bildlichen Sinne. Jeder weitere Versuch abzunehmen treibt diesen »Jojo-Effekt« voran. Irgendwann gewöhnt sich der Körper daran, mit immer weniger Kalorien auskommen. Er beginnt, Energie zu sparen, der Stoffwechsel verlangsamt sich, es werden weniger Kalorien verbrannt. Eines Tages, nach der soundsovielten Diät, sind die Menschen dicker als sie es je waren. Das Phänomen kannte ich seit Jahren, ich konnte es an meinem eigenen Körper beobachten. Ich hatte es jedoch stets damit begründet, dass ich schwach geworden war und mehr aß, als vernünftig gewesen wäre. So war es zwar auch; doch schien das nur die halbe Wahrheit zu sein.

Es war eine völlig neue Perspektive.

Ich begann, mich eingehender über das Thema zu informieren. Ich erfuhr, dass historisch gesehen dicke Menschen besser dran waren als dünne. Im Verlauf der Evolution waren ihre Überlebenschancen stets größer gewesen, da ihre Körper über mehr Fettreserven verfügten. Heute, im Zeitalter von Tiefkühlpizza und überquellenden Lebensmittelregalen, verkehrt sich der biologische Vorteil in einen Nachteil. Die wenigsten Menschen in den Industrieländern leiden Hunger und Not. Eher leben wir mit einem Zuviel an Nahrung, einem Zuviel vor allem an schlechter, weil fetter und kalorienhaltiger Nahrung. Gleichzeitig bewegen sich die Menschen weniger, ihre Körper bekommen also immer weniger Gelegenheit, die Kalorien, die ihnen zugeführt werden, zu verbrennen. So weit, so gut – mit meinem massigen Körper lebte ich also in der falschen Zeit. Es war mir kein Trost zu wissen, dass ich unter Steinzeitmenschen bestens überlebt hätte.

Ich las, dass Dicksein auch eine Frage der Gene ist. Der genetische Einfluss darauf, ob ein Mensch im Leben dick wird oder nicht, beträgt etwa 30 Prozent. Umwelteinflüsse, Lebensweise und Erziehung spielen allerdings eine größere Rolle; was das betrifft, trage ich eindeutig ein Familienerbe mit mir herum. Schlichtweg faszinierend fand ich Berichte über Vorgänge des Stoffwechsels, die Wissenschaftler in jüngster Zeit erforschten. Im Zuge der Frage, warum die Menschen allen Diäten zum Trotz immer dicker werden, stießen die Experten auf eine überraschende Erkenntnis: Fett lebt. Lange galt die Lehrmeinung, Fett sei mehr oder weniger tote Masse. Nun entdeckte man, dass Fettgewebe Botenstoffe absondert, beispielsweise Hormone, und so den Organismus beeinflusst. Letzlich, vermutete man, kommunizieren Fettzellen mit dem Gehirn. Vor allem ein Hormon namens Leptin spielt dabei eine herausragende Rolle. Üblicherweise regt Leptin das Gehirn an, den Appetit zu drosseln und eingelagertes Fett abzubauen. Essen Menschen jedoch über längere Zeit wenig, beispielsweise weil sie Diät leben, setzen sie einen gegenläufigen Mechanismus in Gang. Der Ausstoß des Leptins sinkt. Der Körper beginnt, Energie zu sparen. Die Fettzellen, deren biologisches Ziel es auch heute noch ist, zu wachsen und sich auszubreiten, schlagen Alarm. Durch biochemische Stoffe wie Leptin wirken sie auf das Verhalten des Menschen und seine Befindlichkeit ein, der Mensch fühlt sich unwohl, kalt, langsam, müde, schwach. Er spürt, dass es nur eines gibt, was ihn wieder glücklich, zufrieden und fit machen kann: ein Teller voll Essen. Aus diesem Grund, so die Fettforscher, scheitern so viele Diäten. Ein Arzt brachte es gar auf die schlichte Formel: Wenn du ständig hungerst, wird das Fett zum Diktator über deinen Körper. Irgendwann regiert es sogar über deine Gefühle.

In der Beschreibung dieses Teufelskreises fand ich erstmals eine wissenschaftliche, physiologische Erklärung für mein häufiges Versagen. Möglicherweise war es gar nicht mein schwacher Wille, der mich immer wieder essen ließ. Vielmehr war mein Appetit vielleicht das Ergebnis stoffwechselphysiologischer Vorgänge ...

Mein neues Wissen half mir, stark zu bleiben, auch wenn ich nach drei Wochen Diät gerade mal zwei Kilo verloren hatte. Doch irgendwann kam der Tag ...

Es waren Kleinigkeiten: der alltägliche Ärger im Büro, ein Strafzettel, eine Bluse, auf die ich Johannisbeersaft gekleckert hatte, und Kerstin, die am Abend mit ihrem Mann bei Freunden eingeladen war, sodass ich allein essen musste. Alles für sich genommen nicht von Bedeutung. Aber zu viel in einer Situation, in der ich alle Kräfte brauchte, um durchzuhalten. Als ich abends nach Hause kam, bereitete ich mir einen Grünkern-Erbsen-Salat. Setzte mich an den Tisch, aß eine Gabel voll Erbsen, sah die Wand an. Fand, sie könne mal wieder gestrichen werden. Auch die Gardinen sahen trostlos aus. Neben dem Kühlschrank hing ein Kalender, eines dieser Werbegeschenke, die man am Jahresende in Apotheken bekommt, mit Aufdrucken wie »Wir wünschen Ihnen Gesundheit im neuen Jahr!«. Ich hatte ihn nur aufgehängt, weil Mutter ihn einmal mitgebracht hatte, wegen der Pferdebilder. Jetzt erinnerte mich das Foto an »Campari« und machte mich traurig. Er hatte es gut bei seiner neuen Besitzerin; aber ich vermisste ihn trotzdem. Außerdem hatte ich Hunger. Diese Portion Erbsen mit Grünkern machte doch niemanden satt!

Und dann lief es ab wie immer.

Die Packung Pralinen. Sie steckte in der Tüte, die im Flur stand. Für die Kollegin, die morgen Geburtstag hatte. Egal.

Ich versuchte gar nicht, mich zu beherrschen.

Ein Biss, die erste Praline war mit Nugat gefüllt. Die Nächste ... Marzipan, köstlich. Die Nächste, her damit, Mokka, lecker! Blanke Gier. Ich inhalierte die Pralinen, eine nach der anderen, sog ein, schlürfte, schluckte ohne zu kauen, keine Zeit.

Als die Gier langsam nachließ, begann ich, an jeder Praline zu riechen, sie von allen Seiten zu beschnüffeln und mit der Zungenspitze zarte Krokantblättchen von der Oberseite zu lösen. Voller Lust schob ich jetzt die nächste Praline in den Mund, kaute und kaute, ließ ihren Duft und das Aroma durch meinen Mund, durch meinen Hals, den Kopf und schließlich den gesamten Leib strömen. Schluckte. Lächelte. Und nahm die nächste Praline aus der Schachtel. Betrachtete sie, andächtig, freudig. Steckte sie in den Mund. Mandelsplitter, hm, einfach ein Hochgenuss.

Das tat der Seele gut. Kein Vergleich zu Gemüse, Magerquark und Knäckebrot. Dies war Vergnügen, Lust, Befriedigung.

Satt und zufrieden lehnte ich mich zurück und steckte die vorletzte Praline in den Mund. Diagnostizierte mit ruhigem Blick bekannte Details: die anfängliche Anspannung, die einsetzende Ruhe, am Ende die Entspannung. Schön. Egal. Noch eine Praline ...

Als ich die leere Pralinenschachtel in den Mülleimer schob, fühlte ich mich froh. Die Wände – nein, die Wände brauchten nicht gestrichen zu werden. Und die Gardine – was hatte mich eigentlich an ihr gestört?

Die Welt war doch schön!

»*Overeaters Anonymous*« stand auf dem Zettel. Die Frau hatte ihn mir ohne ein Wort in die Hand gedrückt und war weitergegangen. Ich las:

»Wir sind eine Selbsthilfegruppe für Menschen mit zwanghaften Essstörungen.« Entschuldigung, aber ich esse einfach gern! Ich blickte hoch, doch die Frau war nicht mehr zu sehen, war im Getümmel der Fußgängerzone verschwunden. Ich hatte ein Problem, ja. Aber – zwanghaft ...? Ich las weiter:

»Mithilfe des abgewandelten Zwölf-Schritte-Programms der ›Anonymen Alkoholiker‹ lernen wir, nicht süchtig zu essen und unsere Gedanken und Gefühle nicht vom Essen beherrschen zu lassen.« Ich knüllte den Zettel zusammen und steckte ihn in die Manteltasche. Der Bus kam und ich stieg ein.

Als ich bei Kerstin klingelte, öffnete Ralf.

»Nicht bei der Arbeit, Schwagerherz?«

»Zwangsurlaub. Bei uns wird diese Woche kurzgearbeitet.« Ralf war Mechaniker in einer Maschinenbaufirma. »Absatzkrise in Fernost.« Er grinste.

»Scheint dich nicht zu belasten.«

»Nicht, wenn es nur eine Woche ist. Ein paar freie Tage tun gut, die vielen Spätschichten sind anstrengend.«

In der Küche briet Kerstin Tofu.

»Ich habe es geschafft. Ich wiege 80 Kilo! Nach zwei Monaten Diät.«

Kerstin drückte mir einen Kuss auf die Wange. »Glückwunsch, Schwesterherz.«

»Gibt es dafür eine Extraportion? Als Belohnung?« Ich war aufgekratzt und tanzte durch die Küche.

»Es gibt Champagner, in Strömen«, flachste Ralf. Kerstin wendete den Tofu in der Pfanne und goss den Brokkoli ab.

»Aus Champagner mache ich mir nichts. Es sollte lieber etwas Süßes sein ...«

Ralf stellte den Teller auf den Tisch und grinste.

»Isst du mit uns?«, fragte ich.

»Ja.«

»Meinst du, du wirst satt davon?«

»Wenn nicht, kann ich ja zur Bratwurstbude um die Ecke gehen. Ein halbes Hähnchen, einmal Pommes ...«

»Hör auf!« Kerstin schlug mit dem Kochlöffel auf die Tischkante. »Es wird gegessen, was auf den Tisch kommt. Deine kulinarischen Fantasien kannst du für dich behalten.« Ralf hob die Hände, so, als stünde jemand mit einer Pistole hinter ihm.

»Nachsicht! War nicht so gemeint.«

»Du hast keine Ahnung, wie schwierig es sein kann, so eine Diät durchzuhalten.«

»Stimmt, hab ich nicht.«

»Kerstin, sei nicht so hart zu deinem Mann.«

»Bist du heute der Friedensengel?«

»Mir geht es einfach gut. Ich habe mich lange nicht so wohl gefühlt. Sogar mein Rock in Größe 44 passt wieder.« Ich stand auf und drehte mich einmal um die eigene Achse und ließ mich wieder auf den Stuhl fallen. »Heute schrecken mich nicht einmal Bratwürste.« Kerstin sah mich mürrisch an.

Auf den Tellern dampfte das Gemüse. Ich stach mit der Gabel in ein Brokkoliröschen und schaute zu Ralf hinüber: »Nimmst du die Pommes mit Mayonnaise oder mit Ketchup?«

Dem Höhenflug folgte der Absturz.

Ein Kunde stürmte wutentbrannt ins Reisebüro und schleuderte sein Ticket auf den Tisch. Er hatte den Flughafen angerufen, um zu erfahren, wann er spätestens zum

Einchecken erscheinen müsste; sein Flug ginge um 6.10 Uhr. Die Angestellte der Fluglinie konnte ihn auf der Liste der gebuchten Gäste nicht finden.

»Seien Sie froh, dass ich das heute festgestellt habe und nicht morgen früh um sechs Uhr mit gepackten Koffern am Flughafen!« Ich war froh. Es tat mir leid, und ich versuchte, den Mann zu beruhigen.

»Ich sehe sofort in unserem Computer nach.«

»Ich glaube, ich sehe lieber selbst nach«, sagte mein Chef, der nach vorne gekommen war, als er das Geschrei gehört hatte. Er nahm mir das Ticket aus der Hand. Ich fühlte mich wie ein dummes Mädchen, dem man zur Strafe für seinen Fehler verbot, am Familientisch mitzuessen. Ich nahm einen Stapel ungeöffneter Post, lächelte und ging ins Nebenzimmer. Kaum fiel die Tür hinter mir zu, verlor ich die Fassung. Es war klar, dass das mein Fehler gewesen war, solche Sachen passierten immer mir. Dabei waren mir diese Fehler furchtbar unangenehm, nicht allein, weil ich etwas falsch gemacht hatte, sondern weil die Leute mir ihren Urlaub anvertrauten. Die Vorstellung, ihnen das Schönste im Jahr zu verderben, brachte mich manchmal beinahe um den Verstand.

Als ich wieder in den Laden kam, würdigte mein Chef mich keines Blickes. Den Rest des Tages behandelte er mich wie Luft. Auch meine Kolleginnen verhielten sich äußerst reserviert. Ich war froh, als es sechs Uhr war.

Ich ging zu meinem Auto und fuhr weinend nach Hause. Als ich die Leuchtreklame der Tankstelle sah, setzte ich den Blinker.

In den folgenden Tagen bekam ich kaum etwas zu tun. Niemand ließ mich eine Buchung machen; wenn Kunden kamen, schalteten sich meine Kolleginnen ein oder der Chef selbst. Ich schlug die Zeit tot, indem ich Fächer mit

Katalogen auffüllte, Informationsmaterial bei Reiseveranstaltern bestellte und Blumen goss.

Am Ende der Woche meldete ich mich einen Tag krank. Ich lag im Bett und starrte an die Decke. Die Traurigkeit kam, und ich hatte nicht die Kraft, mich gegen sie zu wehren.

Ich ging zu einem Heilpraktiker.

Die Praxis lag im Hinterhof eines Altbauhauses, im dritten Stock. Das Treppenhaus war geradezu in Marmor geschlagen. Überall auf dem Boden und den Treppenstufen lagen Marmorfliesen, selbst die Wände waren in einer Höhe von gut zwei Metern mit Marmorkacheln gefliest. Es war, als ginge ein kleiner Mensch durch ein überdimensionales Badezimmer.

Oben angekommen atmete ich schwer. Ich wartete einen Augenblick, bevor ich klingelte. Ein Mann öffnete und streckte mir die Hand entgegen. Er war jung, attraktiv, sein Händedruck kräftig, sein Akzent fremd.

»Kommen Sie herein«, sagte er und rollte dabei das »r«. Das Zimmer, in das wir gingen, war hell und überheizt.

»Setzen Sie sich.«

»Sind Sie Bayer? Oder Österreicher?«, fragte ich.

»Bayer.« Er nahm meinen Mantel und wollte wissen, warum ich käme.

»Eigentlich kann ich es gar nicht genau sagen.« Ich saß ein wenig nervös auf dem schweren, alten Stuhl herum, wusste nicht wohin und was tun. »Ich bin oft so traurig«, sagte ich. Er nickte, stand wieder auf und deutete auf ein Gerät, wie ich es ähnlich schon einmal bei einem Augenarzt gesehen hatte.

»Setzen Sie sich bitte zuerst einmal auf diesen Hocker. Legen Sie Ihr Kinn auf die kleine schwarze Stütze, und schauen Sie in dieses Licht hier.« Ich blickte in eine winzige, sehr starke Lampe.

»Bei jedem neuen Patienten mache ich als Erstes eine Augendiagnose«, sagte der Heilpraktiker, während er das Licht ein wenig auf und ab bewegte. »Sehen Sie bitte genau in das Licht hinein.« Er löste die Flügelmutter an einer Schraube und senkte die Kinnstütze ein Stückchen ab, sodass mein Kopf bequemer in der Plastikmulde lag. »Das Auge ist sozusagen ein Abbild des Körpers und des Geistes. In der Iris und dem weißen Bulbus drumherum kann ich Krankheiten und Dispositionen erkennen. Ich sehe, wie die Konstitution eines Körpers ist, wie der Mensch physisch veranlagt ist und in welchem psychischen Zustand er sich gerade befindet.« Er lehnte sich zurück und sah mich an. »Haben Sie zurzeit Probleme, fühlen Sie sich seelisch unter Druck?« Im selben Moment, als er das fragte, standen mir bereits Tränen in den Augen.

»Nicken Sie einfach oder schütteln Sie den Kopf, wenn Sie nichts sagen können.« Ich nickte. Der Mann hatte eine sympathische Stimme.

»Sind Sie ein weinerlicher Mensch?« Ich nickte.

»Sind Sie wechselhaft in Ihren Stimmungen?« Ich nickte wieder.

»Das kann man alles an dem breiten, dunklen Ring um Ihre Iris herum erkennen.« Er deutete auf ein Plakat an der Wand. Darauf war eine Iris abgebildet, gestrichelte Linien markierten einzelne Bereiche. »Jeder Bereich gibt Auskunft über bestimmte Veranlagungen.«

»Von so etwas habe ich noch nie gehört.« Ich schniefte. Meine Stimme war noch brüchig, aber wieder präsent.

»Das ist Naturheilkunde. Bei einem Schulmediziner werden Sie so etwas kaum finden.« Ich legte das Kinn erneut in die Plastikmulde. Der Heilpraktiker bewegte sein Licht jetzt abwechselnd nach links und rechts. Es blendete, und ich gab mir Mühe, das Auge offen zu halten. »Haben Sie ein Suchtproblem?«, fragte er.

»Nein.«

»Haben Sie Schwierigkeiten mit dem Magen?«

»Nein.« So gläsern war ich also doch nicht. »Ich kann nachts um zwölf beim Griechen noch eine Grillplatte essen, ohne dass mein Magen sich bemerkbar macht.«

»Es muss auch nicht sein. Manchmal treten solche Veranlagungen erst im Alter auf.«

»Obwohl – vor einer Weile hatte ich Probleme. Aber das hat sich wieder gegeben.« Ich dachte an die Zeit, in der ich von Schlagsahne Blähungen, von Milch Magenschmerzen und von Fett Durchfall bekommen hatte.

»Achten Sie darauf, beobachten Sie Ihren Magen.« Er knipste die kleine Lampe aus und drehte die Kinnstütze zur Seite, sodass ich aufstehen konnte. »Was bedrückt Sie denn?«, fragte er. Er hatte die Frage kaum ausgesprochen, als ich schon wieder weinte.

Es dauerte eine Weile, bis ich, immer wieder unterbrochen von Tränen und vom Naseputzen, von den Depressionen erzählt hatte. »Und das ist natürlich auch eine Last«, sagte ich und deutete auf meinen Körper. »Im Wortsinn wie im übertragenen Sinne.« Er nickte. Ich wusste seinen Blick nicht zu deuten. Er machte Notizen auf einem Zettel. Dann sah er mich an und fragte: »Wissen Sie etwas über Homöopathie?«

»Nicht viel.«

»Wir Homöopathen und Heilpraktiker arbeiten nur mit natürlichen Substanzen, mit pflanzlichen Mitteln, mit Mineralien. Jedem unserer Mittel ist ein bestimmtes Krankheitsbild zugeordnet. Die Krankheitsbilder haben kluge Männer in jahrelanger Forschung und aufopferungsvollen Selbstversuchen erarbeitet.« Ich sah zu ein paar gerahmten Fotos von weißhaarigen Herren hinüber.

»Die da?«

»Ja, vor allem der in der Mitte, Samuel Hahnemann«, antwortete er und schlug die Beine übereinander. »Der hat alle Symptome, die ein Mittel auslösen und somit auch kurieren kann, am eigenen Leib erprobt.«

»Tapfer.«

»Ja, tapfer. Und für uns heute eine große Hilfe, denn wir können mit den Mitteln arbeiten.«

»Wie denn?« Ich war froh, mich hinter neutrale Sätze, hinter Erklärungen und unverfängliche Fragen zurückziehen zu können.

»Die klassische Homöopathie behandelt Gleiches mit Gleichem. Wenn Sie einen Schnupfen haben, bei dem Ihnen die Augen tränen und die Nase läuft wie ein Wasserhahn, gebe ich Ihnen Allium, Zwiebel. Sie kennen den Effekt – wenn Sie Zwiebeln schälen und Ihnen die Augen tränen?«

»Nur zu gut.«

»Schält ein gesunder Mensch Zwiebeln, tränen ihm die Augen. Im kranken Körper mobilisiert Allium die Abwehrkräfte, die der Körper braucht, um sich aus eigener Kraft gegen die Krankheitssymptome zur Wehr zu setzen.« Er sah mich an und taxierte, ob ich ihm folgen konnte. Ich nickte. »Natürlich gibt man die Mittel in einer schwachen Dosierung. Sobald der Körper anfängt, seine Abwehr zu mobilisieren, beginnt die Heilung. Physisch und psychisch, homöopathische Mittel wirken immer auf die gesamte Konstitution eines Menschen.«

»Und gibt es ein Mittel gegen Fett und Traurigkeit?«

»Es gibt ein Mittel, das deutlich Ihre Symptome abdeckt: Kummer, ununterdrückbares Weinen, labile Stimmung, gegebenenfalls Verdauungsprobleme, häufiges Seufzen.« Ich seufzte. »Das Mittel heißt Ignatia, ich schreibe es Ihnen auf einen Zettel.«

In der Apotheke kaufte ich ein kleines Fläschchen. Morgens gab ich drei Kügelchen Ignatia in die hohle Hand und ließ sie auf der Zunge zergehen. Abends kam ich von der Arbeit nach Hause, verkroch mich in einer Ecke des Sofas und weinte. Ich wusste gar nicht warum, ich konnte nicht aufhören, ich weinte und weinte. Selbst als ich ins Bett ging, weinte ich noch und schlief weinend ein. Der Heilpraktiker hatte mich gewarnt. Ein richtig gewähltes Mittel konnte eine Erstverschlimmerung auslösen, was bedeutete, dass die Symptome sich zunächst verstärkten. Nach einer Weile ließen sie jedoch nach und die Heilung begann. Bald ging es mir blendend.

Zum ersten Mal seit langer Zeit fühlte ich mich frei von jeglichem Druck. Ich fuhr zur Arbeit. Es gab ein paar Schwierigkeiten im Laufe des Tages, doch nichts focht mich so sehr an, dass ich an mir zweifelte. Ich fuhr nach Hause, sah mich im Spiegel – ich war immer noch dick, aber es belastete mich nicht.

In den kommenden Monaten half mir dieses homöopathische Mittel, mich aus meiner Sackgasse zu befreien. Ich lebte entspannter, die Welt wurde weiter, freundlicher, verlor ihre Schwere. Selbstverständlich hatte ich noch den Wunsch, dünner zu werden; aber ich kämpfte nicht mehr verbisssen darum. Ich löste mich von dem Druck, unter den ich mich selbst gesetzt hatte, klebte nicht mehr verbissen an der Vorstellung, etwas »schaffen zu müssen«. Ich betrachtete die Dinge wieder mit Abstand. Ich dachte in Ruhe über mein Leben nach, ohne mich in Probleme zu verstricken, lange und so heftig, bis ich ihnen schließlich erlag. Ich schloss meine Ausbildung ab und wechselte zu einem Reiseveranstalter, der Reitreisen organisierte. Ich war glücklich, fröhlich. Ich ging wieder unter Menschen, und die Menschen freuten sich und mochten mich und nahmen mich gern unter sich auf.

Ich wog 83 Kilo – doch ich lebte auf.

8

Dann starb mein Vater.

Das Telefon klingelte in der Nacht. Schlaftrunken hörte ich, wie Kerstin durch den Flur tappte. Ich knipste die Nachttischlampe an. Draußen war der Himmel schwarz, ein paar Sterne blitzten durch die Zweige der Birke. Die Welt war noch still. Auch Kerstin sagte kaum etwas, nur ab und zu ein Ja, ein Nein. Das Schweigen zwischen ihren Worte besaß eine bedrohliche Kraft, es breitete sich aus, füllte den Raum. Ich schob die Decke zurück, zog die Beine aus der Wärme heraus und stand auf.

Im Türrahmen stand Kerstin.

»Vati ist tot.«

»Ich weiß.«

»Woher weißt du das?« Ich hatte es in dem Moment gewusst, als ich das Telefon klingeln hörte.

Kerstin stand im Türrahmen, das Gesicht so fahl, dass man es sogar im Halbdunkel leuchten sah. Wir umarmten uns. Jede weinte für sich.

Noch in der Nacht fuhren wir zu Mutter. Sie war still und in sich gekehrt. Kerstin kochte Kaffee, ich ging hoch ins Schlafzimmer meiner Eltern. Vaters Bett war leer. Man hatte ihn schon abgeholt.

Ich setzte mich auf den Rand des Bettes. Im Kissen sah man den Abdruck seines Kopfes. Auf dem Nachttisch stand ein gerahmtes Foto. Ein Schwarz-Weiß-Bild, das mich auf einem Pferd zeigte, als Fünfjährige damals in

Dänemark, Thore hielt mein Bein fest. Ich sah Vater vor mir, wie er am Rand der Wiese gestanden hatte, mir zugesehen und auf mich gewartet hatte. Ich sah sein Lächeln und spürte die Wärme seiner Umarmung, wenn Thore mich wieder vom Pferd herunterließ.

Unten klingelte es an der Tür. Ich hörte die Stimmen von Lutz und seiner Frau. Bald würde auch Rainer kommen.

Ich drückte mein Gesicht in das Kopfkissen und sog seinen Geruch auf. Ich weinte, leise, wie damals, wenn ich auf seinem Schoss saß, weil ich Kummer hatte. Eine Hand strich über mein Haar. Kerstin setzte sich auf den Rand des Bettes. Sie hielt eine Tasse Kaffee in der Hand. Ihre Augen waren gerötet, die Tränen liefen ihr über das Gesicht, ohne dass sie wirklich weinte.

»Mami sagt, sein Herz hat versagt. Mitten in der Nacht.«

Ich stellte mir vor, wie er in seinem Bett gelegen hatte. Als Kind, wenn ich morgens auf Zehenspitzen ins Schlafzimmer meiner Eltern geschlichen war, hatte er stets getan, als würde er schlafen, hatte sich nicht bewegt und ganz still gehalten, wenn ich sein Gesicht untersuchte. Einen Finger unter seine Nase hielt, um festzustellen, ob er auch atmete, vorsichtig an seinem Ohrläppchen rupfte, um festzustellen, ob er wirklich schlief. Plötzlich klappte er dann ein Auge auf und zwinkerte mir zu. Ich kannte den Ablauf der Dinge, doch erschreckte ich mich jedes Mal wieder, wenn ich in das geöffnete, zwinkernde Auge sah und schrie vor Spannung und Vergnügen. Vor zwei Jahren hatte Vater einen Herzinfarkt erlitten, sich aber gut erholt. Vor ein paar Tagen klagte er plötzlich über Schmerzen in der Nähe des Rippenbogens. Der Arzt hatte ihn für Freitag zu einer gründlichen Untersuchung bestellt. Freitag war heute.

»Wie mag es sein, wenn das Herz einfach stehen bleibt?«

»Ich weiß es nicht«, sagte Kerstin. »Aber er ist im Schlaf gestorben, vielleicht hat er gar nichts gemerkt.« Die Vorstellung, Vater könnte Schmerzen gehabt haben, zog alle Kraft aus meinem Körper.

»Mami sagt, Vati und sie haben gestern Abend eine Flasche Sekt getrunken, die noch von ihrem Geburtstag übrig war. In der Nacht sind sie sich schlaftrunken auf dem Weg zur Toilette begegnet.«

Der Tod war so leise, ein stiller Geselle, der kam und einem das Liebste nahm, ohne einen Laut.

Aber wäre es leichter gewesen, wenn er einen Unfall oder eine langwierige Krankheit gehabt hätte? Hätte es weniger geschmerzt, wenn man sich auf den Verlust hätte vorbereiten können?

In den folgenden Tagen aß ich beinahe nichts. Zum ersten Mal in meinem Leben bekam ich keinen Bissen hinunter. Wie in Trance erledigte ich, was zu tun war.

Gleich am nächsten Morgen hatte ich in der Firma angerufen. Am Wochenende hätte ich zu einer Messe nach Berlin fahren sollen. Mein Chef warf mir vor, verantwortungslos zu sein, wo solle er von einem Tag auf den anderen Ersatz für mich herbekommen? Ich legte den Hörer auf; nachmittags brachte ich die Kündigung zur Post.

Wann immer ich zu Bett ging, schlief ich kaum und wenn, wachte ich nach kurzer Zeit wieder auf, schreiend und gequält von Albträumen. Eines Nachts träumte ich, ich stünde am Flughafen und erwartete Vater von irgendwoher. Die Landung der Maschine war bereits ausgerufen worden. Durch die gläserne Trennwand zwischen Warteraum und Ankunftshalle sah ich die ersten Passagiere kommen. Sie suchten ihre Angehörigen, winkten und lachten. Manche organisierten Gepäckwagen und sicherten sich Plätze nahe des Laufbandes, auf dem gleich die Koffer eintreffen würden. Ich stellte mich auf die Zehenspitzen. Vater sah ich nirgends.

Jemand schaltete das Laufband an, es kreiste ein paar Runden leer, dann lagen die ersten Koffer darauf. Die Leute drängelten, zogen ihr Gepäck vom Band, stießen es anderen Reisenden gegen die Knie, schleiften es zu ihren Gepäckwagen. Vater war nirgends zu sehen.

Allmählich leerte sich die Halle. Die ersten Urlauber hatten den Zoll passiert und traten durch die gläserne Schiebetür heraus in die Wartehalle. Man fiel sich in die Arme, küsste sich, freute sich, erzählte von der Reise. Vater war immer noch nicht zu sehen.

Irgendwann war die Halle leer. Die Männer vom Zoll gingen, und ich schlüpfte in die Ankunftshalle, als der letzte Passagier aus der gläsernen Schiebetür trat. Ein einzelner Koffer kreiste noch auf dem Laufband. Suchend sah ich mich um. Weit und breit war niemand zu sehen. Ich überlegte, was ich tun sollte, und beobachtete dabei den Koffer, der monoton seine Runden zog. Etwas Helles kam plötzlich zwischen den schmalen Gummilappen hervor, hinter denen das Laufband in der Wand verschwand. Ein flacher Gegenstand lag hell auf dem dunklen Gepäckband, ich konnte nicht erkennen, was es war. Ich stand und starrte, der helle Fleck kam immer näher. Dann erkannte ich die Hand meines Vater. Weiß und leblos und sauber manikürt lag sie dort. Zog an mir vorbei.

Ich schrie. Schrie und schrie, schrie den Schreck und allen Schmerz aus mir heraus. Am Morgen war ich leichenblass. Ich versuchte, den Traum zu verdrängen, vergeblich. Und mit der nächsten Nacht zog bereits das nächste Grauen herauf.

Eine Woche nach seinem Tod wurde mein Vater beerdigt. Anschließend trafen sich die Familie und einige andere Trauergäste im engsten Kreis. Am späten Nachmittag fuhren meine Brüder mit ihren Familien zurück nach Hause, Rainer nach Eckernförde, Lutz nach Kiel. Ich zog für ein paar Tage zu Mutter.

Der Schock ließ nach; es begann die Zeit der Trauer.

Der Tod meines Vaters veränderte unser Leben. In den nächsten Monaten rückten wir alle näher zusammen.

Meine Brüder hatten ihre Familien, Kerstin war mit Ralf verheiratet, ich lebte als Einzige ohne Partner. Ich beschloss, meine Wohnung aufzugeben und ganz zu Mutter zurückzuziehen. Sie war gerade siebzig geworden. Zwei Tage vor Vaters Tod hatten wir in großer Runde noch ihren Geburtstag gefeiert. Vater hatte für Mutter eine Rede gehalten, voller Liebe und Wärme und Zuneigung. Im Nachhinein empfand ich seine Worte wie einen letzten Gruß, eine Liebeserklärung zum Abschied.

Mutter war zum ersten Mal in ihrem Leben allein und auf sich gestellt. Sie war nie allein zu einer Behörde gegangen, hatte sich nie um Versicherungsangelegenheiten gekümmert, ja, sie wusste nicht einmal, wie man mit der Euroscheckkarte Geld aus dem Automaten zog. Sie tat mir leid. Außerdem hatte ich mich schon vor Jahren entschieden, sollte einer von beiden sterben, würde ich zurückkehren, um für den anderen da zu sein, so, wie meine Eltern als Kind für mich da waren. Allerdings, merkte ich jetzt, hatte ich immer gedacht, es wäre mein Vater, mit dem ich seine letzten Jahre teilen würde.

Wir lernten einander neu kennen, Mutter und ich. Wir lebten eng zusammen, verbunden durch den Schmerz, den wir teilten, und durch die räumliche Nähe. Seit ich nach dem Ende meiner Lehre bei Dr. Diebel zu Hause ausgezogen war, hatte ich nicht mehr so viel Zeit mit ihr verbracht. Zum ersten Mal machten wir jetzt lange Spaziergänge. Samson begleitete uns. Samson war Aggis Nachfolger, Aggi war vor ein paar Jahren zuvor, knurrend wahrscheinlich, gestorben. Da Vater ihn auf seine alten Tage noch richtig ins Herz geschlossen hatte, überredete er Mutter während eines Sonntagsspazierganges, einen neuen Hund anzuschaffen. Er hatte mir später davon erzählt.

»Du, Anke ...«, hatte er gesagt, und ich sah sein verschmitzes Lächeln, das er in solchen Momenten aufsetzte.

»Ja, Herrmann«, antwortete Mutter.

»Du, Anke, es macht keinen Spaß, mit dir spazieren zu gehen.«

»Was? Meinst du das ernst?«

»Ja, Anke, du läufst nicht los, wenn ich einen Stein werfe, du tauchst in keinen Tümpel, du kannst nicht apportieren. Das macht keinen Spaß.«

»...« Mutter war sprachlos.

»Anke«, sagte Vater, »ich möchte wieder einen Hund im Haus haben!«

Es kam Samson. Ein Bekannter brachte ihn an einem Sonntagnachmittag zu meinen Eltern. Samson, auch er war ein Cockerspaniel, schoss durch den Garten, quer durch den Teich, hinein ins Wohnzimmer.

»Das darf nicht wahr sein ...«, stöhnte Mutter.

»Den nehmen wir«, sagte Vater.

Ich entdeckte, dass Mutter hinter ihrer etwas unnahbaren Fassade viel mehr an meinem Leben teilgenommen hatte, als ich es je geahnt hatte.

»Ich kann mich durchaus daran erinnern, wie schrecklich deine erste Gastfamilie in Amerika war. Ich habe noch die vielen Briefe, die du geschrieben hast, und ohne sie zu lesen, weiß ich heute noch, was darin steht.« Hustend und etwas schwächlich trottete Samson neben uns her. »Oder wie unglücklich du warst, als du nicht wusstest, ob du bei Dr. Diebel bleiben oder gehen solltest.«

»Ich habe das nie gemerkt. Dabei hätte ich mir gewünscht, dass du mehr Anteil an meinem Leben nimmst.«

»Kind, dort, wo ich herkomme, sind die Menschen so. Auf den Inseln leben die Menschen mit dem Meer, dem Wind und der Abgeschiedenheit. So etwas prägt auch den Charakter.«

Ich bemühte mich, ihr keine Vorwürfe zu machen, wenngleich mir das manchmal schwer fiel, denn Wärme und Anteilnahme hatte ich an Mutter oft vermisst. Ich war froh, dass wir solche Gespräche führten, spät und durch schmerzlichen Anlass, aber immerhin.

Oft musste ich mich auch gegen sie behaupten, denn im täglichen Leben rutschten wir schnell in alte Muster. Eines Morgens standen wir beispielsweise vom Frühstückstisch auf. Ich räumte Milch und Butter in den Kühlschrank, Mutter stellte die Teller in die Spüle, dann nahm sie einen Lappen, um den Tisch abzuwischen. Mit der linken Hand reichte sie mir ein Glas Marmelade.

»Die muss noch in den Kühlschrank.«

Ich nahm das Glas. »Wieso muss die Marmelade in den Kühlschrank?«

»Das ist besser.«

»Wieso ist das besser?«

»Sie hält länger.«

»Ich habe die Marmelade bei mir nie in den Kühlschrank gestellt. Sie ist trotzdem nicht verschimmelt. Im Gegenteil, das Aroma entfaltet sich bei Zimmertemperatur viel besser.«

»Kind, ich hab mein ganzes Leben lang die Marmelade in den Kühlschrank gestellt. Ich weiß, wovon ich spreche.«

»Mami, ich weiß auch, wovon ich spreche. Ich bin kein kleines Kind mehr, denk daran.«

»Aber du bist jung. Da weiß man manches eben noch nicht.«

Ich holte tief Luft. »Mami, als du so alt warst wie ich, hattest du drei Kinder.«

Mutter sah mich an, sagte aber nichts.

»Willst du mir erzählen, man weiß mit über dreißig Jahren noch nicht, wie man mit einem Glas Marmelade umzugehen hat?«

Mutter grinste. Dann sagte sie: »Du hast Recht.«

Kurze Zeit später trennte Kerstin sich von ihrem Mann, nachdem sie entdeckt hatte, dass er sie über lange Zeit belogen und finanziell betrogen hatte. Ich wurde ihre engste Vertraute, so wie sie es zuvor schon für mich gewesen war. In der Firma musste ich noch viereinhalb Monate ausharren, da meine Kündigung einen Tag nach Ende der gesetzlichen Frist eingegangen war und mein Chef – dem schlechten Klima zum Trotz – darauf bestand, dass ich blieb. Danach war ich arbeitslos und froh, mich erst einmal ausruhen zu können. Der Alltag legte sich über alles wie ein Mantel, doch die Trauer lebte weiter. Ich vermisste Vater. Der Schmerz brüllte nicht mehr, wie in den ersten Tagen nach der Beerdigung. Er war jetzt stiller. Er saß dicht unter der Haut, wie eine ständige Drohung. Ein subkutaner Schmerz, der auf die leiseste Berührung reagierte und jederzeit ausbrechen konnte. Ich ging spazieren, allein, nur mit Samson, und dachte daran, wie wir durch die Wälder gestreift waren, Vater und Tochter, vertieft in unsere Gespräche. Er fehlte mir bei allem, was ich tat. Ich vermisste seinen Rat, seine Geduld, seine Liebe.

Irgendwann wurde ich wütend auf ihn. Warum war er einfach gegangen, hatte mich allein gelassen? Ich wollte noch so vieles mit ihm besprechen. Ich hatte noch so viel mit ihm vor – und nun war da nichts mehr, nur ein endloses Loch.

Irgendwann begann ich, wieder zu essen.

Ich aß alles, was ich schon immer geliebt habe.

Schweinebraten, fettdurchzogen. Nackenbraten, Bauchspeck, Kasseler. Brote, üppig belegt und dick die Butter. Pizza, saftig und weich. Nudeln, sahnig und schwer. Steaks. Ente, Gans und Hähnchen. Leckeres Lamm. Pudding, Pfannkuchen. Milchreis mit Zimt und Zucker. Und Schokolade. Jede Menge Schokolade.

Ich aß und stopfte mich zu. Ich aß und betäubte den Schmerz. Ich aß und versuchte, das Loch in mir zu füllen. Ich aß, um mich zu trösten. Ich aß, um zu vergessen.

Mein Körper reagierte umgehend.

Der Zeiger auf der Waage schnellte hoch, auf 85, 87, 89 Kilo. Mein Körper wuchs und wucherte, die Speckrollen wölbten sich übereinander, es zog in der Brust, und an den Schenkeln spannte die Haut, weil mein Körper immer mehr und immer mehr neue Fettzellen produzierte.

Ich aß weiter.

Ich wog 90 Kilo, 92 Kilo, 94 Kilo, 96 Kilo.

Ich aß weiter.

9

Schließlich wog ich 98 Kilo.

Ich begann erneut eine »Brigitte-Diät«. Lebte von Gemüseeintopf mit Käse-Senf-Soße, bereitete liebevoll einen Kohlrabi-Apfel-Salat oder Quarkbrot mit Brokkolispitzen, gönnte mir hier und da etwas Gutes, ein bisschen Putenschnitzel, eine Thymiankartoffel oder einen Hauch Parmaschinken.

Das Ergebnis empfand ich als verheerend.

Nach zwei Wochen hatte ich ein Kilo abgenommen, nach drei Wochen zwei Kilo, nach sechs Wochen vier Kilo. Enttäuscht gab ich auf, aß wieder, was Mutter auf den Tisch stellte, und gönnte mir meine Süßigkeiten, wann immer ich sie brauchte. Innerhalb kurzer Zeit wog ich 96 Kilo, zwei Monate später wog ich 99 Kilo, mehr also als vor Beginn der Diät. 99 Kilo bei einer Größe von 1,62 Meter – ich glich einer Tonne mit Füßen. Meine Beine waren Säulen, ich konnte sie kaum noch übereinander schlagen, mein Leib waberte in monströser Üppigkeit. Er wurde dicker und dicker. Und noch dicker. Es schien nirgendwo eine Grenze zu geben.

Anfangs war ich maßlos frustriert und aß gegen die Verbitterung an; dann bekam ich Angst. Ich sah dicke Menschen, auf der Straße, überall. Richtig dicke Menschen. Menschen, die noch viel dicker waren als ich. Im Supermarkt passten sie nicht durch das Drehkreuz am Eingang. Im Bus belegten sie zwei Sitzplätze, und manche Fahrgäste kommentierten das mit Sprüchen wie:

»Ey, Dickie, hast du denn auch zwei Fahrkahrten gelöst?«

Im Kino waren sie zu dick für die Sessel im Parkett. Einmal beobachtete ich, wie eine Frau sich setzen wollte, feststellen musste, dass sie in den Kinosessel nicht hineinpaßte, sich mühsam wieder hochhievte und unter den mitleidigen und amüsierten Blicken der anderen Besucher zum Seitengang zurückwalzte. Im Halbdunkel lehnte sie ihr monströses Gewicht gegen die Wand, wartete, bis der Film anfing und setzte sich dann auf einen der Notsitze im Gang. Er hatte keine Armlehnen, und ihr massiger Körper quoll an allen Seiten über die Sitzfläche hinaus. Ich hatte Angst, eines Tages genauso fett zu sein. Hatte Angst, dass mein Körper dicker und dicker würde, dass er niemals aufhören würde, weiter zu wuchern und über sich hinauszuwachsen. Ich hatte Angst, auch einen Platz am Rand zugewiesen zu bekommen, weil ich nirgendwo sonst mehr hinpasste. Ich hatte Angst, nie wieder einen Job zu finden. Oder wenn ich einen Job fand, ihn nicht lange zu behalten. Jeder Arbeitgeber setzte sich doch lieber ein süßes schlankes Mädel ins Büro als eine brachiale, unförmige Tonne.

Also begann ich die nächste Diät. Aß »Erntepfanne mit Chiligrünkern«, Birnenmüsli, Reissalat mit Magermilchjoghurt oder einen delikaten Zitronen-Honig-Quark. Ich nahm ein paar Kilo ab. Ich aß einen Monat oder zwei, was Mutter kochte. Und war dicker als je zuvor. Ich konnte den »Jojo-Effekt« an meinem Bauch, meinen Schenkeln, meinem ganzen dicken Körper studieren wie ein staunender Wissenschaftler ein pathologisches Symptom.

Gab es nirgendwo einen Punkt, an dem der Körper sein Maximum erreicht hat? Gab es nirgendwo eine Grenze – eine Grenze, über die hinaus ich nicht weiter zunahm?

Wo sollte das alles enden?

Ich bekam Angstfantasien. Malte mir aus, in Fahrstühlen stecken zu bleiben, in Eingangstüren, zwischen Regalen, im Mittelgang der Straßenbahn. Immer standen Menschen um mich herum, lachten, höhnten und schüttelten den Kopf. »Wie kann man nur?«, sagten sie, so laut, dass ich es hören musste. »Kann sie sich nicht beherrschen?« Ich hatte das Gefühl, ein Ballon zu sein, den man aufblies und aufblies. Irgendwann würde er platzen. Bis dahin war er verdammt, weiter zu wachsen.

Diese dicken Menschen, die ich sah, sie taten mir leid. Ich konnte mich in sie hineinfühlen. Mitleid mischte sich mit Selbstmitleid. Auch ich tat mir leid. Würde es mein Schicksal sein, uferlos dick zu werden?

Das wollte ich nicht!

Ich aß. Um die Angst in mir zu töten.

Und begann die nächste Diät. Verzichtete auf leckeres Fleisch, Sahne und Öl, auf Schokolade, Kuchen, Pudding, ich verzichtete auf alles Gute. Ich lehnte alle Einladungen ab, ich dachte mir Vorwände aus, um Verabredungen absagen zu können, suchte Gründe, um nicht mehr aus dem Haus zu müssen. Ich wollte mich nicht in Versuchung führen lassen. Ich wollte stark bleiben und es schaffen. Ich wollte keine uferlos Dicke werden.

Ich nahm ein paar Kilo ab. Und nahm genauso viel und mehr wieder zu. Ich schien dem Eigenleben meines Körpers ohnmächtig ausgeliefert zu sein.

In die Angst mischte sich Trauer. Immer wieder schwappte sie in schwarzen Wellen hoch. Ich erinnerte mich an das homöopathische Mittel, das Ignatia, das mich eine Weile aus allen depressiven Stimmungen herausgeholt hatte. Es zeigte keine Wirkung mehr. Hilflos blieb ich den Stimmungsschwankungen ausgesetzt.

Vater war seit drei Jahren tot, und noch immer

wünschte ich, er wäre da und würde mir einen Rat geben, mir zeigen, dass, wenn ich wirklich nicht mehr weiterwußte, ich immer noch seiner Unterstützung sicher sein konnte. Die Zukunft war dunkel. Kerstin war meine einzige wirkliche Vertraute, doch nicht einmal ihr gegenüber traute ich mich, von diesen Ängsten zu erzählen.

Ich war Mitte dreißig, dick und einsam. Ich sehnte mich nach einem Partner, einem Mann, der mit mir durch dick und dünn ging. Ich sehnte mich nach Liebe und Halt.

10

Kerstin hatte sich von einem Heilpraktiker in Rendsburg akupunktieren lassen, um endlich mit dem Rauchen aufzuhören. Sie gab mir seine Adresse, als ich wieder einmal massive Rückenbeschwerden hatte. Er war sehr freundlich am Telefon, und ich verabredete einen Termin.

Seine Praxis lag in einer vornehmen Gegend, Stadtvillen, ein paar Patrizierhäuser. Durch einen Vorgarten ging man zur Haustür, einer monumentalen Tür mit Jugendstilschnitzereien. Der Heilpraktiker wirkte gar nicht monumental oder protzig, er war ein feingliedriger, grauhaariger, mittelalter Herr. Er empfing mich in einem Zimmer mit Blick in den Vorgarten, der Stuck unter der Decke hob sich in sanftem Weiß von den lavendelfarben getünchten Wänden ab. Alles hatte Eleganz und war doch gemütlich und leger. Er befragte mich nach meiner bisherigen Krankengeschichte, erkundigte sich nach meinen Lebensverhältnissen und fragte nach meinem seelischen Befinden. Ich mag es, dass Naturheilkundler den Menschen immer als Ganzes erfassen und ihn nicht auf einzelne Symptome oder Organe oder Körperteile reduzieren.

»Gut, dann fangen wir mal an. Nebenan können Sie sich umziehen. Ziehen Sie bitte alles aus bis auf die Unterhose, und legen Sie sich auf die Liege.« Wie ich es hasste. Ich versuchte, mir einzureden, dass Mediziner einen ganz nüchternen Blick auf einen Körper haben, dass sie ohnehin viel zu sehen bekommen, doch es machte mir die Blöße kaum angenehmer. Zügig zog ich mich aus.

Als ich auf die Liege kletterte, machte ich ein paar absurde Verrenkungen, bis ich meine knapp hundert Kilo hinaufgewuchtet hatte. Ich streckte mich auf dem Bauch aus und wartete, dass der Schmerz nachließ.

»Vorzüglich«, sagte der Heilpraktiker, als er ein paar Minuten später das Zimmer betrat. »Ist Ihnen warm genug? Soll ich die Heizung ein bisschen höherdrehen?«

»Danke, es ist okay«, murmelte ich in das Kissen unter meinem Gesicht.

»Die ersten beiden Nadeln setze ich an Ihren Füßen. Es piekt kurz, mehr werden Sie nicht spüren. Atmen Sie ein.« Ich atmete ein. »Atmen Sie aus.« Ich atmete aus. Kurz darauf fühlte ich zwei winzige Nadelstiche neben dem Knöchel.

»Sie haben Beschwerden im Rücken, trotzdem werde ich heute keine einzige Nadel in Ihren Rücken setzen.« Ich hörte, wie er einen Schritt zur Seite machte und in die Schale mit den Nadeln griff. »Das muss Sie aber nicht wundern.«

»Nein?«

»Nein«, schmunzelte er.

»Ich hätte gedacht, Sie stechen mir tausend Nadeln in den gesamten Rücken, so weh wie er mir tut.« Ich sprach in das Kissen unter meinem Gesicht, und meine Worte klangen, als wäre ich unter Wasser.

»Tausend sowieso nicht.« Er lachte. »Eher fünfzehn, vielleicht zwanzig Stück.«

»Nun, Sie sind hier der Experte.« Ich zuckte, als er eine Nadel in meine Kniekehle stach.

»Ja«, antwortete er. Obwohl er Humor hatte und Scherze machte, strahlte er Kompetenz und Sicherheit aus. Ich verstand nichts von Akupunktur, aber ich vertraute ihm und ließ mich gern auf die Behandlung ein.

»Ich kann es Ihnen erklären«, sagte er. Ich hörte ein

leises metallisches Klirren, als er erneut in die Schale griff. »Einatmen. Ausatmen. Und Stich.« Es piekte kurz. »Beim Akupunktieren nadelt man verschiedene Stellen des Körpers, entlang den so genannten Meridianen. Das sind Muskelleitbahnen. Stellen Sie sich vor, Sie werfen einen Stein ins Wasser. Er zieht viele Kreise an der Wasseroberfläche. Auch eine Nadel, beziehungsweise der Reiz, den sie auslöst, zieht Kreise. Am Ende wirkt ein Stich in den Fuß bis hinauf in die Schultern, weil beide über bestimmte Muskelleitbahnen miteinander verbunden sind. Weil man die Meridiane von außen nicht sehen kann, erscheint es vielen Menschen seltsam, wenn ich sie am Fuß akupunktiere, obwohl ihnen der Rücken wehtut.«

»Was für Beschwerden kann man mit Akupunktur heilen?«

»Viele. Allergien, Heuschnupfen zum Beispiel. Migräne, chronische Rückenleiden. Bei Zahnschmerzen habe ich vorzügliche Erfolge erzielt. Und manchmal lassen sich Raucher akupunktieren, wenn sie aufhören wollen zu rauchen.«

»Ja, meine Schwester war bei Ihnen.«

»Und, wie geht es ihr?«

»Bisher hat sie noch nicht wieder geraucht.« Ich spürte ein Stechen im Hals und zuckte.

»Vorzüglich. Ich setze jetzt die letzten beiden Nadeln im Nacken.« Er stach die Nadeln in die Haut. Es mussten jetzt ungefähr zwanzig Nadeln in meinem Körper stecken.

»Und nun lasse ich Sie allein. Sie werden zehn Minuten liegen, damit die Behandlung wirken kann. In zehn Minuten komme ich zurück und erlöse Sie.« Ich brummelte in mein Kissen, denn mit den Nadeln, die in meinem Nacken steckten, traute ich mich nicht, den Kopf zu bewegen und zu nicken.

Als der Heilpraktiker gegangen war, sah ich mich um.

Der Ausschnitt des Zimmers, den ich sehen konnte, war eingeschränkt: die Heizung direkt vor mir, die heruntergelassene Jalousie, ein mit cremefarbenem Leder bezogener Hocker. Auf dem Fensterbrett standen kleine Fläschchen mit homöopathischen Mitteln, ich erkannte sie, denn sie stammten vom selben Hersteller wie das Ignatia, dass mir seinerzeit der andere Heilpraktiker verschrieben hatte. Die braunen Fläschchen trugen weiße Bauchbinden mit roten Streifen und standen aufgereiht in Reih und Glied, sodass sie aussahen wie eine Armee kleiner Soldaten. Neben den Fläschchen lagen zwei gläserne Kugeln und eine Gummimanschette, ich hatte keine Ahnung, wozu sie dienten. Ich schloss die Augen.

Ich fühlte mich wohl. Der Dauerschmerz im Rücken ließ bereits nach. Ich spürte einen ziehenden Schmerz nach unten, der sich vergleichsweise befreiend anfühlte, als würde alles Weh aus meinem Körper hinausfließen.

Als ich hörte, dass jemand die Tür öffnete, zuckte ich.

»Haben Sie ein wenig geschlafen?«, fragte der Heilpraktiker. Ich war zu benommen, um zu antworten.

»Ich ziehe jetzt die Nadeln wieder heraus. Sie werden es nicht spüren.« Ich fühlte tatsächlich nichts. Ich richtete mich auf, rutschte von der Liege herunter und verschwand schleunigst hinter dem Paravent, um mich anzuziehen.

Als ich ihm später gegenübersaß, fragte ich, was mich seit Tagen beschäftigte. »Ich habe ständig Probleme mit meinem Gewicht. Kann man mit Akupunktur etwas dagegen tun?«

Der Heilpraktiker machte Notizen auf meinem Krankenblatt. Ich war so gespannt, dass ich zitterte. Er schob das Krankenblatt zur Seite und beugte sich vor.

»Wir können es versuchen.« Mein Herz machte einen Satz. »Aber Essstörungen mit Akupunktur zu behandeln ist nicht ganz einfach.« Mein Herz blieb stehen. »Manche Patienten sprechen auf die Behandlung an. Andere nicht.« Mein Herz rutschte in die Hose. Ich würde sicherlich nicht darauf ansprechen, bei mir klappte es ja nie. Die beste Methode, ein Unternehmen zu Fall zu bringen, bevor man es überhaupt begonnen hat – so sehe ich es heute. Aber damals versank ich in meinem Unglück, ich hatte so vieles versucht, um abzunehmen, und nichts hatte geholfen. Ich war ausgehöhlt von den gescheiterten Versuchen und zutiefst pessimistisch. Ich zweifelte tief und hartnäckig an meinem Willen und meiner Fähigkeit, etwas durchzuhalten, kurz: an meiner ganzen Persönlichkeit. Der Hauch eines Zweifels reichte aus, mich mutlos zu machen. Als ich den Heilpraktiker sagen hörte »... andere Patienten sprechen nicht auf die Behandlung an« – da packte mich sofort die Angst, erneut zu versagen.

»Hören Sie mir zu?«, fragte eine Stimme.

»Ja«, stammelte ich. »Ja. Natürlich.«

»Ich setze Ihnen eine Dauernadel ins Ohrläppchen. Einen kleinen Knopf, nicht größer als ein Stecknadelkopf. Der Knopf stimuliert den Energiefluss. Wollen Sie es versuchen?« Ich nickte. Wir vereinbarten einen neuen Termin für die kommende Woche.

Als ich das nächste Mal in die Praxis kam, lag ein kleiner Knopf, ähnlich wie ein Ohrstecker, auf dem Schreibtisch des Heilpraktikers. Es piekte, als er ihn einsetzte. Für einen Moment tat es weh, stärker als die anderen Nadeln zuvor.

»Ich klebe Ihnen ein Pflaster darauf, dann sieht man überhaupt nichts davon.« Der Heilpraktiker ging hinüber zu einem Schrank und nahm eine Packung Pflaster aus einem Fach. Aus einer Schublade zog er eine Schere. Ich schaute in den Spiegel. Was ich sah, erinnerte mich an meinen alten Teddybären, mit dem ich als Kind gespielt hatte. Er hatte auch einen Knopf im Ohr gehabt. Der sollte mich jetzt einmal sehen, mein Teddy, dachte ich und schmunzelte.

»Ich verschreibe Ihnen zusätzlich noch einen Tee«, sagte der Heilpraktiker. »Er ist bitter, er schmeckt nicht, aber er regt Ihren Stoffwechsel vorzüglich an, und das wird Ihnen beim Abnehmen helfen.« Anschließend verließ ich die Praxis.

Zwei Wochen lang trug ich die Dauernadel. Mehrmals am Tag rieb ich mein Ohrläppchen sanft zwischen Daumen und Zeigefinger, um den Knopf zu stimulieren. Vierzehn Tage später entfernte ihn der Heilpraktiker wieder.

»Wie ist es Ihnen ergangen?«, fragte er.

»Alles wie immer. Ich habe Hunger wie eh und je, ich esse wie eh und je.«

»Nun, es sprechen nicht alle Patienten gleichermaßen auf diese Therapie an. Ich sagte es.«

»Und warum hat es bei mir nicht funktioniert?« Wieder nicht, hatte ich sagen wollen.

»Jeder Mensch ist anders.«

»Und warum bin ausgerechnet ich so minderwertig, dass ich selbst bei so etwas versage?«

»Ich denke, das ist eine sehr destruktive Haltung. Schauen Sie, was für vorzügliche Erfolge wir bei der Behandlung Ihres Rückens erzielt haben. Wissen Sie noch, wie Sie sich bewegt haben, als Sie das erste Mal in meine Praxis kamen?«

»Ja, aber ...«

»Da haben Sie Fortschritte gemacht, da haben Sie etwas Gutes für sich getan. Sie sollten den Dingen etwas positiver entgegentreten.«

Trotzdem war ich enttäuscht und deprimiert. Zwei Monate lang trank ich noch den bitteren, ekelhaften, aber angeblich wirkungsvollen Tee, den er mir verordnet hatte.

Täglich eine Tasse. Es geschah nichts. Ich fühlte mich nicht besser und nicht schlechter, ich stellte lediglich eine deutlich wachsende Abneigung gegen das Gebräu fest. Eines Morgens beschloss ich, mir keine weiteren Heldentaten abzufordern, und warf den Tee in den Mülleimer.

Ich hatte kein einziges Kilo abgenommen. Meinem Rücken allerdings ging es immer besser, die Schmerzen verschwanden schließlich vollständig. Dabei, immerhin, hatte die Akupunktur geholfen – vorzüglich, hätte der Heilpraktiker wohl gesagt.

Erneut hörte ich auf zu essen.

Mehrmals am Tag trank ich ein Glas Wasser, sonst nahm ich nichts mehr zu mir. Ich wog 100 Kilo, mein Körper war üppig, wohlgenährt. Es gab genügend fette Reserven, sollte er sich dort holen, was er brauchte.

Dass schon nach ein paar Tagen die ersten Kilos verschwanden, gab mir Auftrieb. Doch man isst nicht allein, weil der Körper Nahrung braucht. Es fehlte mir Futter für die Seele, es fehlte die Sinnesfreude; all das ist Essen schließlich auch. Am Ende der ersten Woche wog ich 96 Kilo, doch meine Laune war düster.

Mit Beginn der zweiten Woche wuchs die nervliche Belastung noch. Ich wurde schwach und schlapp, mir fehlte jeglicher Antrieb, und ich war leicht gereizt. Ich stritt mit Mutter, und manchmal war sie kurz davor, ihre norddeutsche Zurückhaltung zu verlieren.

»Entweder du gehst in dein Zimmer, oder du isst wieder etwas! Wer soll es mit dir aushalten, wenn du ständig so gereizt bist?«

Ich lief in mein Zimmer, schloss mich ein und weinte. Aber ich hungerte weiter. All diese Symptome kannte ich schließlich von früheren Nulldiäten. Ich war entschlossen durchzuhalten, bis ich weitere acht Kilo verloren hätte. Ich wollte es schaffen, mich auf 85 Kilo herunterzuhungern.

Dann setzte ein, was ich vom Hörensagen kannte: der Fastenrausch, hervorgerufen durch dauerhafte Unterzuckerung. Ich löste mich von allem Irdischen, ich schwebte durchs Leben, leicht und ein bisschen wie unter Drogen. Zwei Tage später bekam ich einen Kreislaufkollaps.

Mutter hatte ein Geräusch im Bad gehört und kam die Treppe heraufgelaufen. Ich war ohnmächtig geworden und gestürzt. Jetzt saß ich auf dem Rand der Badewanne, rieb mir den Kopf und bemühte mich, das Gleichgewicht zu halten. Mutter rief sofort den Arzt. Der verordnete Bettruhe und fünf Mal täglich einen Becher Gemüsebrühe. Es war das Ende meiner Nulldiät.

Drei Tage blieb ich im Bett, dann stand ich wieder auf. Ich hatte innerhalb kurzer Zeit sieben Kilo verloren; innerhalb ebenso kurzer Zeit nahm ich sie wieder zu.

Am Telefon hatte seine Stimme sympathischer geklungen. Der Mann, der mir jetzt die Hand entgegenstreckte, sah verschlafen und missmutig aus.

»Bitte folgen Sie mir«, sagte er und ging an dem kleinen Kirschholztischchen vorbei, das im Flur stand. Ein Deckenstrahler sorgte für kaltes, beinahe grelles Licht. Die Wände waren weiß gestrichen, sahen aber ramponiert aus. Am Ende des Flures öffnete der Mann eine Tür. Ich folgte ihm in ein großes Zimmer, an dessen Stirnseite mehrere Fenster waren. Vor allen Fenstern hingen Jalousien, die das eindringende Licht filterten und den Raum in ein sanftes Grau hüllten.

»Bitte, nehmen Sie Platz«, sagte der Psychologe. Ich setzte mich auf einen ledernen Stuhl, auf dem man halb saß, halb lag. Ich sah mich um. Der Raum war nahezu leer, außer den beiden Stühlen standen zwei Palmen in ihm, eine stieß mit ihren spitzen Blättern bereits gegen die Decke. Der Fußboden war mit Teppichboden bedeckt, in einer Zimmerecke lag eine Matratze, auf der jemand Tücher und mehrere Kissen ausgebreitet hatte.

»Nun, warum sind Sie hier?« Ich sah den Psychologen an, sah in sein fragendes, immer noch missmutiges Gesicht.

»Ich ...« Ich suchte nach Worten. »Ich bin dick.« Der Psychologe schwieg.

»Ich meine, ich bin dick, und ich versuche schon seit Jahren abzunehmen, aber ich schaffe es nicht. Ich bin einfach nicht stark genug, und ...« Ich schwitzte unter meinem Rollkragenpullover. »Und jetzt suche ich jemanden, der mir hilft.«

»Nun, ich führe hier kein Fitnessstudio oder dergleichen. Dies ist eine psychologische Praxis. Was ich Ihnen anbieten kann, ist, Sie bei einer Psychotherapie zu begleiten.«

»Ja. Ich meine ... Ich dachte auch, ich müsste mein Problem jetzt mal von der Wurzel her angehen.«

»Wie meinen Sie das?«

»Ich ...« Wie sollte ich das erklären. Warum wusste der Mann das nicht von allein, er war doch der Psychologe. Der Psychiater, um präzise zu sein. Ich war mir vorgekommen wie eine Halbirre, als ich den Termin vereinbaren wollte und auf seinem Anrufbeantworter die Ansage gehört hatte: Hier ist die Praxis des Psychologen und Psychiaters ... Hätte er nicht im nächsten Moment doch noch den Hörer abgenommen, ich würde jetzt nicht hier sitzen. Wäre vielleicht auch besser, andererseits: Allein drehte ich mich im Kreis.

»Denken Sie doch mal laut.«

»Ich ...« Tränen stiegen mir in die Augen. Wenn er weiterhin in diesem Ton mit mir sprach, würde es nicht mehr lange dauern, bis ich die Fassung verlöre. »Ich denke, ich möchte endlich einmal mit jemandem über all das sprechen, was immer passiert ...«

»Nun, Menschen zuzuhören ist mein Beruf. Aber die eigentliche Arbeit, die müssen Sie erledigen. Ich kann Sie bei einer Therapie nur begleiten. *Sie* müssen sich mit sich und Ihrem Leben auseinander setzen.« Ich nickte, heulend.

Der Rest der Stunde verlief so, dass ich weinte, während der Psychologe mir ein paar Fragen stellte, einiges über Psychotherapie im Allgemeinen erzählte und ansonsten lange Pausen machte, in denen er schwieg.

Als ich eine Woche später zum vereinbarten Termin erschien, wiederholte sich alles. Wir saßen in den Lederstühlen, er etwa einen halben Meter seitlich entfernt von mir. Die meiste Zeit über weinte ich und brachte kaum ein Wort heraus. Gleichzeitig machte ich mir Vorwürfe. Ich konnte nicht die ganze Stunde lang herumsitzen und heulen. Der Mann hatte auch nur begrenzt Zeit.

Am Ende der Stunde sagte der Psychologe: »Sie sollten sich zum nächsten Mal überlegen, was sie in der Stunde bearbeiten wollen.« Ich wusste nicht, was er damit meinte, fühlte mich jedoch unter Druck gesetzt. Der Mann war mysteriös. Und mürrisch, ich hatte erwartet, ein Psychologe sei netter, offener und freundlicher, die mussten doch wissen, wie einem zumute war, wenn man zu einem von ihnen in die Praxis kam. So etwas machten Menschen doch nicht jeden Tag, und schon gar nicht ohne Leidensdruck.

Auch beim dritten Besuch änderte sich nichts: Er öffnete mir verschlafen und missmutig die Tür. Ich weinte die meiste Zeit und beschloss, als ich die Praxis verließ, von diesem seltsamen Experiment abzulassen.

Er stand auf der Wiese, ein wenig abseits und kaute, träge, langsam, mit aller Zeit dieser Welt. Was um ihn herum geschah, schien ihm gleichgültig. Irgendwann hob er den Kopf und sah zu mir herüber. Seine dunklen Augen hatten etwas Abwesendes, fast Ätherisches, was in starkem Kontrast zu seinem kräftigen Kaltblutkörper stand. Er sah mich an und verzog keine Miene. Er schien verloren in den langsamen rhythmischen Bewegungen seines malmenden Unterkiefers. Dann wandte er sich ab und überquerte mit ruhigen festen Schritten die Wiese. Im Schatten einer alten Buche blieb er stehen.

»Er heißt Sligo«, sagte der Mann. »Sie können ihn haben.«

»Sligo?« Durch meine Stiefel hindurch spürte ich die Kälte des Bodens. Um uns herum war die Erde durchweicht, es hatte tagelang geregnet, überall bildeten sich Pfützen.

»Sligo, wie die Stadt in Irland. Er ist ein irischer Tinker. Sehr genügsame und robuste Pferde. Die alten Kesselflicker haben sie vor ihre Wagen gespannt und sind damit über Land gezogen. Heute sieht man solche Gefährte manchmal noch, Touristen werden damit durch die Gegend kutschiert. Die Kesselflicker hießen Tinker, und irgendwann hat man ihre Pferde nach ihnen benannt.«

»Was soll er kosten?«

»Über den Preis können wir reden.«

Wir einigten uns bei Ostfriesentee mit Kandis und beschlossen den Kauf mit einem Handschlag. Endlich hatte ich wieder ein Pferd.

Sligo war ein freundliches Pferd, doch sehr introvertiert, und es dauerte, bis er mich in seiner Nähe akzeptierte. Ich ließ ihn vorläufig in dem Stall seines Vorbesitzers stehen, es war ein großer Hof mit angrenzender Reitschule und einem Gestüt. Jeden Tag fuhr ich hin und besuchte Sligo. Ich setzte mich zu ihm in die Box. Ich führte ihn hinaus auf die Weide, suchte mir einen Platz auf dem Zaun und beobachtete ihn. Ich wartete, bis ich seine Neugierde weckte.

Irgendwann akzeptierte Sligo mich. Er kam ans Gatter, wenn er mich sah, wenngleich nicht so schnell und stürmisch wie andere Pferde. Nie schnüffelte er Besucher von oben bis unten nach Leckereien ab, nach einem Stück Zucker oder einem Apfel. Sligo war und blieb zurückhaltend. Doch hatte ich sein Vertrauen gewonnen und konnte beginnen, ihn auszubilden.

Sligo war knapp vier Jahre alt und konnte nicht viel mehr, als seinen Reiter ein paar Meter geradeaus zu tragen. Langsam begann ich, ihn an Zaumzeug und Sattel zu gewöhnen, ließ ihn an der Longe laufen und brachte ihm bei, auf Kommandos zu hören. Was er schnell begriff, war, dass es Belohnungen gab für gute Arbeit. Sligo mochte kleine Leckereien; da waren mein Pferd und ich uns sehr ähnlich. Bald meldete ich uns zu verschiedenen Kursen an – Westernreiten, barockes Reiten. Am spaßigsten war wohl der Kursus für zirzensische Übungen. Sligo lernte Ja und Nein zu sagen. Wenn ich ganz zart, so, als setzte sich eine Fliege auf sein Fell, eine Stelle an Sligos Genick berührte, zog er den Kopf nach unten, und es sah aus, als schüttle er ihn. Berührte ich einen Punkt an seiner Brust, nickte das Pferd. Er lernte auf Handzeichen vor- und rückwärts zu gehen und Verbeugungen zu machen. Pferde lernen solche Übungen sehr schnell. Was aussieht wie Zauberei oder Quälerei, beruht in Wirklichkeit auf Reflexen und Bewegungen, die die Tiere in der freien Natur von ganz allein machen. Trainiert man sie als Reiter mit seinem Pferd, wirken sie wie Gymnastik. Am Ende brachte ich Sligo bei, auf ein Podest zu steigen, sodass sein Rücken zur Rutsche wurde und man hinunterrutschen konnte. Ich traute mich allerdings nicht, das selbst zu tun und beschränkte mich darauf, neben dem Podest zu stehen und Kommandos zu geben, während ein paar Kinder aus der Kinderreitgruppe quietschend vor Begeisterung Sligos Rücken hinuntersausten.

Oft wenn Susanne und Dagmar mich mit Sligo sahen, schwärmten sie von seinen Fortschritten und lobten uns als Gespann.

»Ihr seht wirklich gut zusammen aus«, sagten sie. Ich war froh darüber, denn insgeheim befürchtete ich, wie ein nasser Sack auf meinem Pferd zu hängen, sodass ein jeder, der uns sah, sofort in Mitleid oder Häme verfiele. Bei längeren Ausritten saß ich manchmal ab und ging zu Fuß neben Sligo her, um ihn nicht zu sehr zu belasten.

Doch bald begann Sligo auch, mir Sorgen zu machen. Es war kaum zwei Monate her, dass ich ihn gekauft hatte, als er unter einer schweren Stoffwechselstörung zu leiden begann. Matt stand er auf der Koppel und schwitzte. Seine Augen waren trüb, er hatte kein Fieber, wirkte aber sehr abgeschlagen. Die Tierärztin gab ihm mehrere Vitaminspritzen und nahm Blut ab. Es stellte sich heraus, dass er unter Mangelerscheinungen litt, dass seine Zuckerwerte hoch waren und sowohl seine Leber als auch die Niere in ihrer Funktion beeinträchtigt. Ich achtete sehr darauf, dass Sligo gut gefüttert wurde, und konnte weitere Beschwerden in Zukunft verhindern.

Es dauerte jedoch nicht lange und man entdeckte einen Tumor, glücklicherweise war er gutartig. Im kommenden Sommer bekam Sligo eine Kolik, an der er beinahe gestorben wäre. Er hatte eine sehr empfindliche Haut und rieb sich häufig wund. Dann verletzte er sich eine Sehne und lahmte. Am Ende lief es darauf hinaus, dass fast immer, wenn ich uns zu einem Kursus angemeldet hatte, ich kurzfristig absagen musste. Ich hatte Sligo angeschafft, um mich in meiner Freizeit zu beschäftigen und zu vergnügen. Um nicht länger auf dem Sofa zu sitzen und fernzusehen. Nun saß ich doch vor dem Fernseher, langweilte mich und machte mir Sorgen; und aß, muß ich es sagen? Meine Gewicht näherte sich wieder der 100-Kilo-Marke. Ich aß trotzdem.

Schließlich erholte sich Sligo, und ich meldete uns zu einem Kursus im kommenden Frühjahr an. »Die klassische Reitweise«, unterrichtet von einem renommierten Reitlehrer, den ich kannte, da er bereits ein Buch veröffentlicht hatte. Mein Plan war, im Jahr 2000 von dort, wo ich dann wohnen würde, aufzubrechen und mit Sligo bis an die Spitze Dänemarks zu reiten.

Wenige Tage vor Beginn des Kursus überschritt ich die 100-Kilo-Marke. Heulend stand ich auf der Waage und starrte auf den Zeiger. Ich stieg herunter, schlug wütend mit der flachen Hand auf die Anzeige und stieg wieder hinauf. Der Zeiger stand unverändert auf 101 Kilo. Ich lief in mein Zimmer, warf mich ins Bett, zog die Decke über den Kopf, weinte und beschimpfte mich, stand wieder auf, zerriss die Anmeldung und stopfte meine Reitsachen in einen Karton, warf ihn in die Kammer und legte mich wieder ins Bett, immer noch in Tränen aufgelöst. Dort blieb ich bis zum Abend.

Am Abend beschloss ich, die Dinge zu nehmen, wie sie nun einmal waren. Ich hatte alles versucht, um abzunehmen, es war mir nicht gelungen. War es eben mein Schicksal, dick zu sein und eines Tages dick zu sterben. Dennoch würde ich mir den Kursus nicht entgehen lassen. Schließlich konnte man so kurzfristig auch nicht mehr absagen, nicht ohne eine hundertprozentige Stornierungsgebühr bezahlen zu müssen. Also! Immerhin hatte ich eine Menge Geld für den Kursus bezahlt. Außerdem war es eine einmalige Gelegenheit, so schnell würde der Mann nicht wieder kommen. Mit wütenden Schritten stampfte ich über den Flur zur Kammer und zog meine Reitsachen aus dem Karton heraus.

Am nächsten Morgen war die verzweifelte Wut vom Vorabend verschwunden. Was blieb, war Angst.

Ich fand einen nervösen Sligo, in der Nacht hatte er Durchfall gehabt. Ich führte ihn aus seiner Box, band ihn draußen auf dem Platz vor dem Stall fest und holte den Korb mit dem Putzzeug. Während des Striegelns trat er nervös von einem Bein auf das andere. Ich bürstete und kämmte seine Mähne, flocht die schwarzen Haare zu kleinen Rosetten und band Bänder hinein. Ich wollte, dass Sligo gefiel. Vielleicht hoffte ich, seine Schönheit würde von mir ablenken.

Als wir in die Halle kamen, waren bereits drei Reiter mit ihren Pferden dort, einer führte stolz seinen Rappen vor. Der Reitlehrer besah ein Pferd nach dem anderen, sprach mit ihren Besitzern, lachte. Er war ein schlanker, gutausehender Mann und bewegte sich sicher und selbstbewusst. Er wusste um seine Wirkung; sicher war er ein wenig eitel. Als er Sligo sah, klopfte er ihm leicht auf die Flanke und sagte anerkennend: »Ein Tinker, ein ideales Pferd zum Wanderreiten.«

»Ja, aber Sligo ist ein bisschen scheu«, sagte ich. »Er geht nicht gern ins Gelände, wenn er sich dort nicht auskennt.«

Der Reitlehrer sah mich fragend an und strich mit der rechten Hand sanft an Sligos Fesseln entlang. »An sich sind Tinker doch robuste Pferde. Hat er Probleme mit den Hufeisen?«

»Der Schmied hat sie kontrolliert. Er konnte nichts feststellen.«

»Vielleicht braucht Sligo ein bisschen Übung. Wir werden sehen.« Im selben Moment kamen zwei Reiterinnen mit ihren Pferden in die Halle. Zwei blonde Frauen, eine führte einen eleganten Schimmel an der Longe, die andere folgte einem attraktiven und temperamentvollen Fuchs mit weißer Blesse. Der Reitlehrer ging ihnen entgegen, sie schienen sich zu kennen.

Als alle Teilnehmer eingetroffen waren und der Reitlehrer uns begrüßt und sämtliche Pferde begutachtet hatte, gab er das Kommando aufzusitzen. Ich griff nach dem Hocker, den ich bereitgestellt hatte. Ich stieg hinauf, schwankte kurz und suchte mein Gleichgewicht, griff nach dem Steigbügel, schob den linken Fuß hinein, hielt die Zügel locker in der linken Hand, griff nach dem Sattelknauf, ging ein wenig in die Knie, nahm Schwung und hievte mich in den Sattel. Jemand kicherte.

»Na, kommst du nicht mehr auf dein Pferd?« Der Reiter des Rappen sah mich an und grinste.

»Ich habe Probleme mit meinem Rücken.«

»Ach so«, antwortete ein anderer. Und grinste. Der Reitlehrer kam und griff nach Sligos Zügel.

»Es ist viel besser, von einer Erhöhung aus aufzusitzen. Egal, wie dick oder dünn oder groß oder klein ein Reiter ist.« Ich hatte keine Ahnung, warum es besser sein sollte. Doch war ich ergriffen von dieser Geste der Unterstützung. Ich schluckte und gab mir Mühe, nicht zu weinen.

Eisern stand ich die zwei Tage durch. In jeder Pause zog ich mich zurück. Als der Reitlehrer vorschlug, den Kursus mit einem gemeinsamen Glas Grog im nahegelegenen Gasthof ausklingen zu lassen, log ich, mein Rücken täte weh, ich müsse mich hinlegen. Als ich am Abend nach Hause kam, aß ich zwei Tafeln Schokolade.

Was hatte ich zu verlieren?

11

Beständig stieg mein Gewicht, kontinuierlich und bedrohlich.

Ich wog 101 Kilo. Wog 102 Kilo, 103 Kilo, 104 Kilo. Irgendwann waren es 105 Kilo. Und schließlich 106 Kilo. Ich war dick wie nie zuvor in meinem Leben. Die Beine wie zwei Stampfer, mein Bauch ein Schwall ineinander übergehender Wülste, ein schwankender Turm, wenn ich Treppen stieg. Ich versank in einem Meer von Fett und Speck.

Und aß. Ich aß, um zu vergessen. Aß, um die Traurigkeit zu bezwingen, um die Angst zu unterdrücken und die lauernde Panik. Ich aß, um mir etwas Gutes zu tun, ein bißchen Freude zu finden, ein klitzekleines Gegengewicht zu schaffen. Ich aß, um die Kraft zu finden, die Klippen des Alltags zu umschiffen, an bissigen Bemerkungen vorbeizulavieren und an bösen Kommentaren, an abfälligen und amüsierten Blicken. Und an meinem Spiegelbild.

Ich aß, um mich selbst zu vergessen.

Ich fiel in die nächste Depression, und diesmal dauerte sie nicht Tage, sondern Wochen. Stundenlang lag ich im Bett, starrte an die fleckige Zimmerdecke. Ziellos streifte ich durch den Wald. Teilnahmslos hockte ich in der Küche, hörte kaum zu, wenn Mutter etwas sagte. Apathisch fuhr ich in den Stall, versorgte Sligo, ging mit ihm auf die Wiese, sah zu, wie er graste. Die vielen Tierarztrechnungen waren kaum noch zu bezahlen. Zu reiten traute ich mich nicht. Nur abends, wenn die Halle leer war, ritt ich ein paar Runden, wiederholte einige der Übungen, die ich Sligo beigebracht hatte oder die wir in Kursen gelernt hatten. Sobald ich Schritte hörte, zog ich die Zügel an, rutschte aus dem Sattel, landete mit einem dumpfen Geräusch in dem weichen Torfmull, der den Hallenboden bedeckte. Hastig nahm ich Sligo an die Longe.

Wenn ich im großen Spiegel an der Stirnseite der Reithalle unserem Spiegelbild begegnete, drehte ich den Kopf zur Seite. Dennoch grub sich ein, was dort zu sehen war, haftete in meinem Gedächtnis und wuchs in seiner Ekelhaftigkeit noch über sich hinaus. Es sah unästhetisch aus, wenn derart fette Menschen auf so wunderschönen Tieren saßen, widerlich. Ganz abgesehen davon, dass sie ihnen mit ihrem zentnerschweren Gewicht zur Last fielen.

Ich fiel in ein Loch und fiel und fiel. Es schien kein Ende zu geben nach unten hin, nirgends war ein Boden, ich drohte zu fallen bis ins Innerste der Erde hinein. Es gab keinen Halt, nur diesen grauen Sog, der mich zog und zog. Die einzige Freude blieb ein guter Braten, eine Tafel Schokolade. Spürte ich das würzige Aroma des Fleisches, roch ich den feinen Duft der Schokolade, schlug mein Herz schneller, es machte einen Satz heraus aus der Finsternis. Doch kaum ließ die satte Ruhe nach dem Essen nach, tauchte wieder die Krake auf, streckte ihre Arme aus und riss mich zurück in das graue Reich der Trostlosigkeit. Ich ließ mich fallen, hinein in mein Unglück. Ich schien ihm ausgeliefert zu sein, es war wohl mein Schicksal, dick zu sein und immer noch dicker zu werden.

An manchen Tagen fuhr ich spät abends noch einmal in den Stall, ging den leeren Gang hinunter zu Sligos Box und setzte mich zu ihm ins Stroh. Ich betrachtete seinen schweren Körper, die schwarz-weissen Fellbüschel knapp über den Hufen, die so typisch für Tinker sind. Ich dachte an Campari und daran, wie lange es gedauert hatte, bis ich den Schmerz der Trennung verwunden hatte. Anfangs hatte ich Sligo insgeheim mit Campari verglichen, hatte ihm vorgeworfen, nicht Camparis munteres Wesen zu besitzen. Inzwischen war Sligo mir ans Herz gewachsen. Ich weinte. Wenn mein Pferd mit der Nase durch meine Haare schnupperte, ich seinen Atem spürte oder seine weichen Lippen am Kragen meiner Jacke knabberten, durchfloss mich kurz ein Gefühl von Liebe. Bald darauf ging es über in endlose Einsamkeit.

Manchmal schlief ich ein. Ich träumte nichts, ich war zu leer, selbst um zu träumen. Doch in der Wehrlosigkeit des Halbschlafes und des Dämmers malte ich mir aus, wie ich mich töten würde. Malte mir aus, auf einer Brücke zu stehen. Nachts, an einer abgelegenen Bundesstrasse, wartend auf den Intercity Richtung Süden. Würde ich springen, sobald ich seine Lichter am Horizont auftauchen sah? Oder würde ich mich auf das Geländer setzen, ein wenig unsicher balancieren, warten und erst loslassen, wenn der Zug ganz nahe herandonnerte. Würde ich mich vorwärts auf das Geländer setzen und meinem Tod ins Gesicht sehen. Oder würde ich mich rückwärts auf das Geländer hieven und mich ganz auf meine Ohren verlassen, hoffend, dass ich den richtigen Moment erkannte, um mich abzustoßen?

Würde ich mich von einem Hochhaus stürzen? Von einem dieser zehn- oder 15-stöckigen Appartementhäuser, die in den Ferienorten an der Küste herumstanden. Während der Ferienzeit lebten dort vor allem Familien mit kleinen Kindern, die in den Aufzügen Sand verstreuten, wenn sie mit ihren Spielzeugeimerchen nachmittags vom Strand kamen. Außerhalb der Saison wohnten nur noch einzelne Rentnerehepaare in den Wohnungen, und man traf kaum Gäste in den abgenutzten Treppenhäusern und auf den langen Fluren. Ich würde unerkannt bis auf das Dach gelangen. Ich könnte mir natürlich auch ein Appartement mieten. Eines, das über einem betonierten Parkplatz lag. Ich könnte mich einen Tag lang oder zwei vorbereiten, in der Abgeschiedenheit eines funktional und wahrscheinlich geschmacklos möblierten Gästezimmers Abschied nehmen. Könnte die Situation in Gedanken durchspielen. Hinausgehen auf den Balkon, Anlauf nehmen, im letzten Augenblick abbremsen. Auf das Geländer klettern und wieder herunter. Ich könnte eine Generalprobe einbauen, alles durchexerzieren und proben bis zum beinahe Letzten. Alle Stadien der Hoffnungslosigkeit durchwandern, um schließlich zu spüren, dass in dieser letzten Geste eine Erlösung lag.

Vielleicht würde ich einen Schrei der Freude ausstoßen, sobald ich flog. Wer ihn hören würde, würde ihn für einen Schrei des Schreckens halten. Dann würde ich aufprallen auf dem Asphalt. Für immer befreit von einem fetten Körper und einer übermächtigen Gier.

Es war einer dieser Tage, die ich hasste. Doch gab es keinen Ausweg, ich besaß nur noch zwei Hosen, eine davon ließ sich kaum mehr schließen. Kerstin begleitete mich.

Ich stand in der Kabine. Vor den Spiegel hatte ich meinen Mantel gehängt, ich wollte meinem Spiegelbild nicht begegnen. Nebenan probierte Kerstin ebenfalls Hosen an. Ich öffnete den Reißverschluss. Größe 48 war nicht nur zu lang, sondern auch zu eng. Ich nahm eine andere Hose vom Bügel, eine Kurzgröße. Über meinen Körper kroch eine Gänsehaut, doch eher vor Unbehagen als vor Kälte.

»Probier mal diese grüne Kordhose. Vielleicht passt

sie dir, mir ist sie zu groß.« Kerstin schob einen Bügel durch einen Spalt im Vorhang. Die Hose sah aus wie ein Zelt, in dem eine zwanzigköpfige Nomandenfamilie hätte wohnen können. Ich löste die Hose vom Bügel und stieg hinein. Ein grünes Modell besaß ich nicht. Wäre ja einmal eine Abwechslung. Als ich den Reißverschluss hochzog, hörte ich ein Geräusch und erschrak. Ich zog die Hose wieder aus und inspizierte die Nähte. Es war nirgends ein Riss zu sehen. Ich hängte die Hose zurück auf den Bügel. Kerstin zog den Vorhang zur Seite und schob sich zu mir in die Kabine. Sie trug eine Jeans mit Bundfalten.

»Wie findest du die?«, fragte sie und drehte sich einmal um sich selbst.

»Gut.« Ich zog mir meine Jeans über. Kerstin hängte den Mantel beiseite, stellte sich vor den Spiegel, steckte die Hände in die Hosentaschen und betrachtete sich. Dann sah sie mich an. »Und wie passt dir die Kordhose?«

»Zu klein.«

»Ich hole sie in Größe 50.« Ich zog den Vorhang hinter ihr zu.

Nach einer Weile kam sie zurück. »In Größe 50 finde ich die Hose nur noch in blau. Willst du die anprobieren?«

»Ja.«

»Weinst du?« Kerstin zog den Vorhang zur Seite.

»Nein«, sagte ich und zog den Vorhang wieder zu. Doch es fehlte nicht viel.

Vor mir im Spiegel breitete sich ein Berg von Weichfleisch aus. Brust, Bauch und Beine gingen beinahe konturenlos ineinander über. War das ich? Die Fülle waberte und vibrierte noch, selbst wenn ich ganz ruhig dastand. Tränen liefen mir über das Gesicht. Das war nicht ich. Angewidert schnitt ich dem Bild im Spiegel böse Grimassen. Riss die Augen auf, streckte die Zunge heraus. Hasserfüllt griff ich in das weiche wabbelige Fleisch, griff und fasste nach, denn es ließ sich gar nicht fassen, so nachgiebig war es, wie Matschpudding. Ich griff meine riesigen Brüste, die ich seit der Pubertät mit mir herumschleppte, die jeden normalen Büstenhalter schon gesprengt hatten, als ich gerade 17 gewesen war. Brüste, auf die die Männer starrten, gierig. Die an mir herumschaukelten – ich würde sie abschneiden. Mit dem Messer. Zwei Schnitte hier, zwei dort, ab, weg! Ich riss an den Speckwülsten und schüttelte sie, und ein Beben ging durch diesen massigen Körper.

»Was tust du?« Kerstin starrte fassungslos, zwei Kleiderbügel in der Hand, auf mich. »Was tust du?« Im nächsten Moment griff sie meine Hände und hielt sie fest, dass die Gelenke schmerzten. »Lass das«, fuhr sie mich an. »Hör auf, so verächtlich mit dir umzugehen!«

Ich hasste sie, warum war sie gerade in diesem Moment gekommen, warum hatte sie mich beobachtet.

»Sei nicht so garstig zu dir«, flüsterte Kerstin, nahm mich in den Arm und tröstete mich wie ein Kind. Ich weinte. »Komm«, sagte sie und half mir, mich wieder anzuziehen.

Als ich meine Schuhe zuschnürte, griff Kerstin nach einer Jeans, die ich bereits anprobiert und zur Seite gehängt hatte, und nach den beiden Hosen, die sie für sich kaufen wollte. »Warte hier«, sagte sie. Ein paar Minuten später kam sie zurück, in der Hand zwei Tüten und fragte: »Geht es?« Ich schniefte und nickte. Zügig und zielstrebig schob Kerstin mich durch den Laden, steuerte in Richtung Tür, rief ein kurzes »Auf Wiedersehen«. Im nächsten Moment standen wir auf der Straße.

Im Auto weinte ich wieder und hörte erst auf, als Kerstin in der Tiefgarage einparkte. Wir stiegen die Treppen hinauf zu ihrer Mansarde, eine Dicke und eine Fette, atemlos kamen wir oben an. Kerstin schloss auf. Seit sie sich von Ralf getrennt hatte, wohnte sie allein in der Mansarde. Sie bugsierte mich hinein und dirigierte mich ins Wohnzimmer. Erschöpft und leer fiel ich in einen der Sessel.

Kerstin kochte Kaffee. Mit einem Becher in der Hand saß ich in dem Sessel und starrte reglos vor mich hin. Später aßen wir, anschließend richtete Kerstin das Gästebett her. Eingehüllt in Federbetten saßen wir nebeneinander. Stundenlang hörte Kerstin zu, ab und an reichte sie mir ein neues Taschentuch. Ich redete mir alles von der Seele.

Irgendwann klapperten meine Zähne vor Kälte und Erschöpfung. Dann schlief ich ein.

In einer Jacke im Kleiderschrank fand ich den Zettel, er steckte zusammengeknüllt in der Innentasche. *»Overeaters Anonymous«*. Sofort sah ich die Frau vor mir, die ihn mir damals in die Hand gesteckt hatte. Wie lange war es her? Ich dachte nach. Zwei, drei, vier Jahre. Oder runde zwanzig Kilo; manchmal schien es mir, als sei mein Gewicht das Maß aller Dinge, hinter dem selbst Zeit und Raum sich verloren. Ich las weiter:

»Wir sind eine Selbsthilfegruppe für Menschen mit zwanghaften Essstörungen.« Überall dort, wo Kniffe und Falten in dem Papier waren, waren die Buchstaben abgestoßen und schwer zu entziffern. »Mithilfe des abgewandelten Zwölf-Schritte-Programms der ›Anonymen Alkoholiker‹ lernen wir, unsere Gedanken und Gefühle nicht mehr vom Essen beherrschen zu lassen.« Ich steckte den Zettel zurück in die Jacke.

Kurze Zeit später sah ich im Fernsehen eine Sendung über Adipositas. Die Moderatorin hielt eine Schablone in die Kamera, zwei Pappscheiben, die man gegeneinander verschieben konnte. Sie dienten dazu, den Grad des Übergewichts zu klassifizieren. Mittels einer Formel, bei der man sein Körpergewicht durch die Körpergröße teilte und diesen Wert noch einmal durch die Körpergröße dividierte, ließ sich der Body-Mass-Index, der Körper-Massen-Index bestimmen. Er bezeichnete den Schweregrad der Adipositas. Ab einem bestimmten Wert galt ein Mensch als übergewichtig, als adipös oder sogar als extrem adipös. Ich berechnete meinen so genannten BMI und kam auf einen Wert, der an der Obergrenze der Adipositas-Kategorie lag, dicht an der Grenze zu »extremer Adipositas«. Ein Arzt erläuterte im Interview, dass Adipositas – in der Wissenschaft hatte man sich auf diesen Begriff verständigt und »Fettsucht« aus den Lehrbüchern gestrichen – zur Volksseuche wurde. Deutschland gehörte zu den Ländern mit der höchsten Rate, jeder Fünfte galt als dick bis extrem dick.

Mit einiger Bestürzung erinnerte ich mich an den Heilpraktiker, der mir einst das homöopathische Mittel, das Ignatia, verschrieben hatte. Während seiner Augendiagnose hatte er mich gefragt, ob ich Suchtprobleme hatte. Ich hatte rundheraus mit Nein geantwortet. Ich erinnerte mich an Fressanfälle, bei denen ich mich wie ferngesteuert erlebt hatte. Besessen von dem Gedanken: Ich will essen! Ich MUSSTE diese Tafel Schokolade dort essen. Sie lag vor mir auf dem Tisch, und ich MUSSTE sie haben, musste sie vernichten. Um nichts in der Welt hätte ich es lassen oder auf morgen verschieben können. Mein Verstand war ausgeschaltet. Ich war unfähig gewesen, sie NICHT zu essen.

Ich BRAUCHTE Süßigkeiten.

Manchmal hatte ich Leckereien versteckt, um ein heimliches Lager plündern zu können, wenn die Gier mich unversehens packte. Oft hatte ich gelogen, verheimlicht, dass ich genascht hatte. Immer wieder hatte ich Schokoladenriegel hastig hinuntergeschlungen, weil ich fürchtete, gleich käme jemand zur Tür herein, könnte mich sehen, wie ich aß. So verhielten sich Alkoholiker, Heroinabhängige, Spieler, Tablettensüchtige. Nein. So schlimm stand es nicht um mich. Ich hatte Hunger, ich aß gern. Gut, ich aß so viel, dass es inzwischen krankhaft war. Und das erschreckte mich bereits genug. Ich hatte ein Problem, ich musste etwas tun. Diese Botschaft, immerhin, hatte sich in mir festgesetzt: Dein Gewicht ist krankhaft, tu etwas!

In den nächsten Wochen versuchte ich, mehr Informationen über Adipositas zu bekommen. Ich las die Programmankündigungen der Wissenschaftssendungen im Fernsehen, ich achtete in der Zeitung auf kleinste Meldungen und kaufte Zeitschriften, wenn über das Thema berichtet wurde. Ich recherchierte im Internet und las Artikel, lange Dossiers und Hintergrundanalysen. Ich versuchte zu verstehen, was sich in meinem Körper abspielte und bekam um so mehr Angst, je mehr ich erfuhr. »Krankhaft« – das Wort jagte durch meinen Kopf. Jetzt ist es soweit! Was du mit dir herumträgst, ist krankhaft, fauchte ich mein Spiegelbild an. Erst recht fühlte ich mich wie eine Aussätzige.

Ich las alle verfügbaren Artikel, verfolgte die Diskussion in Wissenschaft und Forschung und hoffte, man würde die Krankheit weiter erforschen, ihr Geheimnis entschlüsseln und ein Medikament auf den Markt bringen, irgendwann. Ein Medikament, das Botenstoffe aushebelte, den Willen stärkte – was auch immer. Ein Medikament, das Dicken endlich half, abzunehmen. Immerhin, in der Erkenntnis lag auch Hoffnung – die Hoffnung, nun endlich professionelle Hilfe zu finden. Wenn es eine Krankheit war, die mich fressen ließ, musste es Ärzte geben, die mir halfen, diese Krankheit zu kurieren. Ich wäre meiner Gier in Zukunft nicht länger allein ausgeliefert. Noch immer wollte ich es alleine schaffen, aus diesem fetten Sumpf herauszukommen. Doch sah ich nun in meiner Fantasie einen Mann, groß, schlank, dunkel, sein Gesicht konnte ich nicht erkennen. Er nahm mich bei der Hand und sagte: Komm, Andrea, gemeinsam schaffen wir es.

Am Ende der Sendung nannte die Moderatorin eine Telefonnummer der *»Overeaters Anonymus«*. Ich griff nach einem Kugelschreiber und notierte die Ziffern auf meinem Handrücken. Am nächsten Tag rief ich in der Deutschlandzentrale an. Man schickte mir eine Informationsmappe. Darin wurde das Zwölf-Schritte-Programm (»ein lebensveränderndes Programm«) erklärt. Vom ersten Schritt (»Wir geben zu, dass wir dem Essen gegenüber machtlos sind«), über den vierten Schritt (»Wir machen eine gründliche und furchtlose Inventur in unserem Inneren«), über einige weitere Schritte, die reichlich religiös klangen, bis hin zum zwölften Schritt (»Nachdem wir durch diese Schritte ein spirituelles Erwachen erlebt haben, versuchen wir diese Botschaft an andere weiterzugeben«). Ganz hinten in der Mappe steckte eine Adressenliste mit allen Kontaktadressen von Selbsthilfegruppen, die in Deutschland existierten. In Norddeutschland gab es nirgendwo eine Gruppe.

Ich wog noch immer 107 Kilo.

Die Luft war kalt und klar, der Atem bildete kleine weiße Dampfwolken. Mit jedem Schritt sackten die Füße in das weiche Laub auf dem Boden, es raschelte. Auf den letzten Blättern, die noch an den Bäumen hingen, lag Tau, der Himmel hinter den Zweigen und Ästen war graublau. Sligo schnaufte.

Ich war in der Nacht in seiner Box eingeschlafen. Als ich aufwachte, muss es fünf, sechs Uhr gewesen sein. Außer den leisen Geräuschen der anderen Pferde im Stall war nichts zu hören. An dem Wasserhahn, unter dem sonst die Mundstücke der Trensen gesäubert wurden, wusch ich mir das Gesicht. Das eiskalte Wasser machte mich wach. Ich holte eine Satteldecke aus der Kammer und Zaumzeug sowie einen Arm voll Heu und ging zurück in die Box. Sligo stürzte sich auf das Heu, während ich mit dem Striegel in einigen schnellen Bewegungen durch sein Fell fuhr, ihm die Trense über den Kopf zog und die Sattelgurte festzurrte.

Als wir den Gang zwischen den Boxen hinuntergingen, hallte das Geräusch seiner Hufeisen so laut, dass ich fürchtete, jemand würde es hören. Leise schloss ich die Stalltür, überquerte den Vorplatz und schlug den Weg hinüber zum Wald ein. Sligo schritt gemächlich hinterher.

Kurz bevor wir den Wald erreichten, stoppte ich an der letzten eingezäunten Koppel. Sligo scheute, er weigerte sich den Weg zu verlassen und mir durch das halbhohe Gras hinüber zum Zaun zu folgen. Beruhigend redete ich auf ihn ein, bis er vorsichtig ein Bein vor das andere setzte, langsam, als bewegte er sich durch unsicheres Gelände. Neben dem Zaun blieben wir stehen. Ich warf die Zügel über Sligos Hals. Ich hielt mich an einem Zaunpfosten fest und zog mich hoch, sodass ich auf dem mittleren der drei Querbalken stand, schob ein Bein über Sligos Rücken und wuchtete mich hinauf in den Sattel. Ich schwitzte, als ich oben saß. Einen Moment lang atmete ich tief durch und nahm dann die Zügel in die Hand. Sanft, aber bestimmt drückte ich meine Beine gegen Sligos Bauch, und er schritt langsam und vorsichtig zurück durch das Gras.

Ich genoss die Stille und das graue Dämmerlicht, das

schleichend heller wurde. Der Tag war blank wie ein Blatt Papier. Alles, was in seinem Verlauf geschehen würde, blieb noch für einen Augenblick verborgen, es war wie eine Auszeit, bevor das eigentliche Spiel begann. In diesem Zwischenraum fühlte ich mich wohl, ich blieb unbehelligt von allen Sorgen.

Ich zog die Zügel an und gab mit den Beinen Druck gegen Sligos Bauch. Er weigerte sich, in einen Trab zu wechseln, warf den Kopf zurück, schüttelte seine Mähne und zog weiter im Schritttempo über den Waldweg. Ich schnalzte mit der Zunge, gab noch einmal Kommandos, doch Sligo weigerte sich beharrlich, das Tempo zu wechseln. Der Weg wurde uneben, links und rechts waren Schlaglöcher, hier und da bildeten sich Erhebungen, ein paar Baumwurzeln gruben sich durch die matschige Erde. Vor einem querliegenden Baumstamm blieb Sligo stehen.

»Sligo, was ist?« Er schüttelte den Kopf, dass die Mähne flog. Verärgert rutschte ich von seinem Rücken. Der Baumstamm reichte über die ganze Breite des Weges, doch war er relativ dünn, eine junge Birke, die der Sturm umgeknickt hatte. Es war kein Hindernis, das Sligo nicht überwinden konnte, wenn nicht mit einem Sprung und dem Reiter auf dem Rücken, so doch jedenfalls ohne Reiter und Schritt für Schritt, ein Bein nach dem anderen. Doch Sligo blieb stehen. Er schüttelte seinen Kopf zu beiden Seiten, und es sah beinahe aus, als wolle er sagen: Nein.

Ich wurde ungeduldig.

»Komm, Sligo!« Ich zog energisch an den Zügeln. Er bockte. Also griff ich mit der rechten Hand an sein linkes Bein, hob es langsam an und führte es über den Baumstamm. Sligo schwankte einen Moment, fand sein Gleichgewicht wieder und folgte der Bewegung. Vorsichtig zog er sein rechtes Vorderbein nach und schließlich die Hinterbeine. Er bewegte sich wie jemand, dem man die Augen verbunden hatte und der sich in einem unbekannten Raum orientieren musste.

Nebeneinander gingen wir den Waldweg entlang. Ich wunderte mich, wie ein Geländepferd so schreckhaft gegenüber Hindernissen sein konnte. Ich war mit Sligo bereits auf Wanderungen gegangen, quer durch die Landschaft, er hatte ganz andere Hindernisse überwunden als diese Birke. Er war mit der Zeit ängstlicher geworden, ich schrieb das seinen Krankheiten zu. Eine Sehnenverletzung war sehr langsam verheilt. Alle fünf Wochen hatte der Schmied einen Spezialbeschlag machen müssen, eine ganze Weile durfte Sligo nicht mit den anderen Pferden auf die Weide, und ich hatte ihn schließlich sehr langsam wieder trainiert und aufgebaut. Doch sah ich nicht, dass er jetzt lahmte.

Als wir den Wald verließen, hatte der Tag begonnen. Die Sonne blieb hinter Wolken verborgen, doch das Licht war jetzt hell und klar. In der Ferne auf dem Hof sah ich ein Auto ankommen. Drüben am Stall führte der Gutsbesitzer zwei Pferde über den Platz, hin zu einem Transporter. Sie würden am Wochenende an einem Turnier in Bremen teilnehmen.

Ich führte Sligo in den Stall, hängte die Satteldecke zum Trocknen über ein Geländer und holte die Kiste mit dem Putzzeug. Ich striegelte sein Fell, bis es glänzte, kratzte sorgfältig die Hufe aus und untersuchte sie. In einem Huf saß ein Stein, nicht eben klein, doch ich hielt es für unwahrscheinlich, dass Sligo deswegen nicht über den Baumstamm hatte springen wollen. Ich entdeckte auch keine Verletzung oder Schwellung an den Beinen. Ich füllte frisches Wasser auf, brachte ihm noch eine Ladung Heu und gab ihm etwas zu Naschen. Vom Flur aus beobachtete ich Sligo, während er fraß. Er hielt den Kopf ein wenig schräg und kaute, träge, langsam, mit aller Zeit dieser Welt. Was um ihn herum geschah, schien ihm gleichgültig, selbst mich schien er nicht mehr wahrzunehmen. Er verlor sich in den langsamen, rhythmischen Bewegungen seines malmenden Unterkiefers, ganz so wie damals, als ich ihn zum ersten Mal gesehen hatte und wie es typisch für ihn war.

Als ich in die Kammer kam, wo die Sättel und das Zaumzeug untergebracht waren, traf ich Gregor, einen der Reitlehrer. Ich erzählte ihm von dem Vorfall im Wald.

»Ich kann mir nicht erklären, warum Sligo solch einem Hindernis ausweicht.«

»Der Tierarzt kommt nachher. Er schaut sich noch einmal die beiden Pferde an, die in Bremen starten sollen. Sprich mit ihm.«

Ich fuhr in den nahe gelegenen Ort und kaufte in der Bäckerei fünf belegte Brötchen und einen Kaffee. Als ich zurück auf den Hof kam, ging der Tierarzt gerade in den Stall. Ich parkte und folgte ihm.

Als wir seine Box betraten, schreckte Sligo zurück. Ich redete leise auf ihn ein und streckte ihm eine Hand entgegen. Sligo wandte den Kopf hin und her und fuhr schließlich mit seinen weichen Nüstern darüber, erkannte den Geruch und blieb ruhig in der Mitte der Box stehen. Der Tierarzt ging auf ihn zu, strich ihm über das Fell und bückte sich, um Sligos Beine abzutasten und die Hufe zu untersuchen.

»Scheint alles in Ordnung zu sein. Ich kann nichts Auffälliges feststellen«, sagte er, als er Sligo linkes Hinterbein sinken ließ. »Lahmt er manchmal?«

»Nein. Er hatte eine Sehnenverletzung, aber die ist inzwischen verheilt. Was mir auffällt, ist, dass er schreckhaft wird. Mitten im Gelände bleibt er plötzlich stehen und weigert sich weiterzugehen. Vor allem, wenn wir unbekannte Strecken reiten, durch Gegenden, in denen er sich nicht auskennt. Heute Morgen hatte er Angst vor einem Hindernis, einem zum Lachen dünnen Baumstamm.«

»Vielleicht sieht er schlecht.« Der Tierarzt griff Sligos Kopf und hielt ihn mit beiden Händen fest. Sligo versuchte, sich aus dem Griff zu lösen, der Tierarzt gab nach und ließ ihn los. Sligo setzte einen Schritt zurück, stieß mit der Hüfte an die Stallwand und wandte dabei seinen Kopf abwechselnd nach links und rechts, so wie heute Morgen, als er vor der querliegenden Birke stand. Der Tierarzt griff noch einmal nach Sligos Kopf, diesmal hielt er ihn mit der rechten Hand an der Mähne fest. In einigem Abstand bewegte er seine linke Hand, ließ sie kreisen, winkte, wackelte mit den Fingern. Sligo hielt still und atmete tief. Der Tierarzt wechselte die Seite, stellte sich links neben Sligo, und sofort wurde das Pferd nervös und begann, seinen Kopf hin und herzuschwenken. Der Tierarzt kam hinter Sligo hervor.

»Ich fürchte, mein Verdacht stimmt«, sagte er.

Es stellte sich heraus, dass Sligo auf dem linken Auge nahezu blind war. An Geländeritte war nicht mehr zu denken. Alle meine Pläne, nach Dänemark zu reiten, waren mit einem Schlag zerplatzt.

In den kommenden Wochen dachte ich erneut darüber nach, Sligo zu verkaufen. Doch hing ich zu sehr an ihm. Als ich ihn gekauft hatte, war ich davon ausgegangen, einen Gefährten zu finden, mit dem ich viele Jahre meines Lebens verbringen würde. Ich war enttäuscht und ratlos. Und wie immer in solchen Situationen aß ich.

Ich durchlebte Phasen, in denen ich fraß, bis mein Körper schmerzte.

Ich breitete ein weisses Tischtuch aus und holte einen Teller von Mutters altem Familiengeschirr aus dem Wandschrank. In der Vitrine in der Diele standen kristallene Gläser, und aus der Küche holte ich Silberbesteck. Die Kerzen knisterten, als ich sie anzündete, und in der Küche schmorte der Schweinebraten. Ein Geruch von Rosenkohl erfüllte das Haus. Ich faltete eine Serviette und legte sie rechts neben das Besteck, trat einen Schritt zurück, besah mein Werk und war zufrieden. Es konnte losgehen.

In der Küche schrillte die Zeituhr des Backofens. Der Braten war fertig. Ich öffnete die Ofenklappe, stülpte Topflappen über die Griffe der Kasserolle und zog sie vorsichtig aus dem Backofen heraus. Der Braten dampfte, ein volles, würziges Aroma stieg auf. In einem Topf auf dem Herd kochte der Rosenkohl, der Deckel des Topfes bebte leise. Ich schaltete die Herdplatte aus und goss die Kartoffeln ab. Die Soße vertrug noch einen Spritzer Sherry. Mit einer Gabel stach ich in den Braten und schnitt mit dem Küchenmesser zwei grosse Scheiben ab. Heisser Dampf stieg mir ins Gesicht. Ich platzierte die Scheiben in der Mitte des bereits vorgewärmten Tellers, füllte Rosenkohl und Kartoffeln daneben. Ein letztes Mal schmeckte ich die Soße ab, würzte mit Salz nach, rührte sorgfältig um und ließ sie kellenweise über das Fleisch und die Kartoffeln fließen.

Dann trug ich ihn hinüber ins Esszimmer. Ich setzte mich und schenkte mir Wasser und ein wenig Wein ein. Ich entfaltete die Serviette, breitete sie über meinen Bauch und griff zum Besteck.

Welch eine Wonne, welche Lust!

So musste das Paradies schmecken.

Am nächsten Morgen stieg ich auf die Waage und sah dem Zeiger zu, der die Skala hinaufkletterte. Manchmal in solchen Momenten fragte ich mich, wie ich wohl aussähe, wenn ich tatsächlich 20, 30, 40 Kilo verlöre. Würde die Haut sich zurückbilden, die über Jahre diese ausufernden Fettwülste umspannt hatte? Oder würde ich aussehen wie ein Elefantenbaby, dem man aus Versehen die Haut seiner Eltern übergestülpt hatte wie ein viel zu großes Kostüm. Meine Schenkel waren übersät von Zellulitis und den Narben eines vielfach gerissenen Bindegewebes. Wie würde diese Haut aussehen, wenn sie auch noch schlaff und ausgeleiert herunterhinge. Die Fähigkeit zur Rückbildung nahm im Alter ab, das war ein medizinischer Fakt. Ich hatte meinen Körper zu lange malträtiert, als dass ich hoffen durfte, dies würde keine irreparablen Schäden hinterlassen.

Wie würde ich aussehen, wenn ich 20, 30, 40 Kilo verlöre? Wäre ich glücklich? Oder würde ich meinen Körper hassen, weil er nun zwar schlanker, aber dafür faltig und unansehnlich wäre. Kaum vorstellbar, dass ich mich mit hängenden Hautfalten wohler fühlte. Dass ich gerne im Schwimmbad vom Umkleideraum in die Dusche und dann durch die Halle zum Pool ginge. Dass ich mich weniger schämte, weniger widerlich fände.

Würde ich, fragte ich mich und ahnte schon die Antwort, mich akzeptieren wie ich war, sollte ich eines Tages tatsächlich einmal mein Traumgewicht erreichen?

Der Bus hielt an, ich stieg aus und blieb auf dem Bürgersteig stehen. Auf der gegenüberliegenden Straßenseite lag ein großer, roter Klinkerbau. Ein Fenster grenzte dicht an das andere, und ich malte mir aus, wie die Büros dahinter aussehen mochten. Ich stellte sie mir so funktional und nüchtern vor wie das Gebäude von außen wirkte. Vielleicht mit einem der unvermeidlichen Gummibäume hier und dort und Kalenderblattsprüchen, wie öffentlich Bedienstete sie so gern aushängten: »Büroschlaf ist der gesündeste Schlaf« oder »Ich freue mich montags schon auf freitags«. Als wüssten die Leute nicht um ihr Imageproblem in der Öffentlichkeit, findet man solche Lyrik in jeder Kraftfahrzeugzulassungsstelle und selbst im Vorzimmer des Sachbearbeiters für Erbschaftsangelegenheiten, Buchstabe A – K.

Ich überquerte die Straße und ging über den gepflasterten Vorplatz. Eine gläserne Schiebetür öffnete sich. In der Halle saß ein Pförtner, und nach einem beinahe apathischen Blick auf meine Unterlagen schickte er mich hinauf in den sechsten Stock. Ich zog eine Nummer und setzte mich auf einen der Stühle, die auf dem Flur standen. Der Mann neben mir rückte ein Stück beiseite und lächelte. Ich lächelte zurück. Ja, mein Herr, ich brauche immer etwas mehr Platz als andere ... Als die Anzeigetafel unter der Decke nach einer Weile die Ziffern 2-8-4 zeigte, betrat ich das Zimmer der Berufsberatung.

Der Sachbearbeiter war etwa so alt wie ich und wesentlich dünner. Er gab mir zur Begrüßung die Hand, zog sie jedoch schnell wieder zurück und wies auf einen Stuhl, der seinem am Schreibtisch gegenüberstand.

»Was kann ich für Sie tun?«, fragte er. Wahrscheinlich hatte man auch den Beschäftigten des Arbeitsamtes inzwischen erklärt, dass wir in einer Dienstleistungsgesellschaft leben und dass sie auf ihre Klienten zugehen sollen.

»Ich möchte eine Umschulung machen. Oder eine Weiterbildung.« Der Mann blätterte in meinen Unterlagen, die er vor sich auf dem Tisch liegen hatte. Auf einem Schild, das er an sein Hemd geheftet hatte, stand: Es berät Sie ... Darunter, in Handschrift, sein Name, unleserlich.

»Was haben Sie denn zuletzt gemacht?«, fragte er.

»Ich habe bei einem Reiseveranstalter gearbeitet«, sagte ich.

»Und davor haben Sie eine Umschulung zur Reiseverkehrskauffrau gemacht. Finanziert durch das Arbeitsamt.« Er blätterte langsam durch die Papiere. »Wir haben

Ihnen auch mehrfach Angebote geschickt, nachdem Sie sich arbeitslos gemeldet hatten.«

»Ja, aber ich möchte nicht mehr in einem Reisebüro arbeiten.« Jedes Mal, wenn ein Stellennachweis vom Arbeitsamt gekommen war, hatte ich meine Bewerbung möglichst unübersichtlich aufgebaut und so schlecht formuliert, dass ich nicht befürchten musste, dass irgendein Arbeitgeber auf die Idee käme, mich auch nur zu einem Vorstellungsgespräch einzuladen.

»Nun, aber immerhin hat man Ihnen eine Umschulung finanziert«, sagte der Mann und sah mich mit einem Blick an, der zu sagen schien: Was willst du noch, Mädchen, du hattest deine Chance.

»Mir liegt dieses Metier nicht, ich kann es nicht ändern. Ich will auf keinen Fall wieder in ein Reisebüro oder zu einem Reiseveranstalter.«

Er antwortete nicht und gab stattdessen etwas in seinen Computer ein. Der Bildschirm stand mit dem Rücken zum Besucherplatz. Ich schwieg und wartete ab. Er drückte auf die Enter-Taste, legte die Stirn in Falten, kratzte sich kurz und wandte sich mir zu.

»Und – was wollen Sie machen?«, fragte er. Sein Ton klang ein wenig gelangweilt.

»Ich weiß es nicht. Ich hatte gehofft, Sie würden mir einen Vorschlag machen.« Er sah mich an und schien mich zu taxieren. »Nun ...«, sagte er. Der Satz blieb unvollendet. Wieder tippte er etwas auf seiner Tastatur.

Er bot mir schließlich eine Weiterbildung in Buch- und Lohnbuchhaltung an.

Am Morgen, als ich zum ersten Mal die Akademie betrat, hatte ich das Gefühl, einen neuen Lebensabschnitt zu beginnen.

Nach dem Gespräch mit dem Sachbearbeiter des Arbeitsamtes hatte ich mich an einer Weiterbildungsakademie beworben und eine Zusage für einen Platz im nächsten Ausbildungsgang bekommen. Wie ein gutes Omen schien nun die Sonne, als ich zum Unterricht fuhr. Ich konnte mir mein beinahe euphorisches Gefühl nicht erklären, es schien größer als der Anlass, dem es galt. Als ich ankam, saßen im Seminarraum bereits fast alle Teilnehmer an ihren Plätzen. Jemand hatte Namensschilder auf die Tische gestellt. Ich grüßte in die Runde und setzte mich an den vorgesehenen Platz an der Längsseite des Raumes. Die Fenster zeigten hinaus auf einen Garten, der voller blühender Apfelbäume stand. Als ich am Ende des Tages nach Hause fuhr, fühlte ich mich nach langer Zeit wieder beflügelt und voller Kraft.

Ein Dreivierteljahr würde die Weiterbildung dauern, es unterrichteten verschiedene, durchweg sympathische Dozenten. Schon nach wenigen Tagen buchten wir Rechnungen und Belege auf verschiedenste Konten, listeten Aktiva und Passiva auf – und hofften, dass es am Ende keine Differenzen gäbe. Wir lernten verschiedene Arten von Abschreibungen kennen und übten uns in der Erstellung von Bilanzen. Wir arbeiteten uns durch die aktuelle Gesetzeslage und erstellten auf dieser Basis Lohnabrechnungen für stetig und unstetig beschäftigte Mitarbeiter. Es war spannend! Die Seminarteilnehmer waren freundlich, einige hatten interessante berufliche Werdegänge hinter sich. Allein ein Historiker, der zwar promoviert, aber trotz seiner 35 Jahre noch nie gearbeitet hatte, ging uns allen etwas auf die Nerven. Regelmäßig holte er zu Grundsatzdebatten aus, in denen er allen erklären wollte, wie die Dinge wirklich waren – auch wenn sich niemand für seine Elaborate interessierte. Ich lernte und genoss es, wieder gefordert zu werden. Ich entwickelte wieder Vertrauen in meine Fähigkeiten und fand die Kraft, erneut eine Diät zu beginnen.

Ich entschied mich für die »Brigitte-Diät«, mit ihr hatte ich langfristig gesehen immer noch am besten gelebt und am gesündesten abgenommen. Umgeben von Mappen, Ordnern und Kochbüchern saß ich auf dem Fußboden; ich verfügte inzwischen über ein stattliches Archiv an Rezepten und Diätplänen. Zügig blätterte ich durch die Seiten und entdeckte zwischen zwei Deckblättern ein Diät-Heft mit einem großen Kaffeefleck darauf. Ich nahm es aus dem Ordner. Nach diesem Diätplan hatten Kerstin und ich gelebt, damals, nachdem ich beinahe Schlaftabletten geschluckt hätte. Spontan, aus einem intuitiven Gefühl heraus, entschied ich mich jetzt wieder für diesen Plan. Vielleicht, weil ich wieder an einem Wendepunkt in meinem Leben stand.

Ich kochte 60 Gramm Vollkornnudeln mit einer Portion Blattsalat und 125 Gramm Champignons, buk ein Kartoffelnest mit Corned Beef oder schnippelte Gemüse für einen »Marokkanischen Möhreneintopf« mit Kreuzkümmel und Koriander. Abends bereitete ich Zwischenmahlzeiten vor, die ich am nächsten Tag in die Akademie mitnahm. Morgens aß ich Zwieback mit Kressequark oder Melonenmüsli, abends gebratenen Tofu auf marinierten Möhren, und wenn ich ehrlich war, fehlte mir nichts – außer Süßigkeiten, ab und zu. Doch ich blieb stark und widerstand jedem Appetit.

Nach zwei Wochen hatte ich eineinhalb Kilo abgenommen, nach vier Wochen wog ich 101 Kilo. Das war nicht eben ermutigend, doch trug mich der Erfolg, den ich im täglichen Unterricht hatte, über die Enttäuschung hinweg. Ich trank weiterhin Molketrunk zum Frühstück, aß mittags ein Erdbeermüsli und bereitete abends einen Kartoffelsalat mit Tomaten und Kapern zu. Erstaunlicherweise bekam ich bald darauf Magenprobleme. Plötzlich vertrug ich keine Milch mehr. Mir wurde schlecht, sobald ich Käse aß. Äpfel verursachten Sodbrennen. Es hätte mich nicht gewundert, wenn mein Körper vor einigen Wochen rebelliert hätte, als ich noch nahezu alles in mich hineinstopfte, was mir in die Finger kam. Schokolade, Buletten, Tiramisu, Eis, Kasseler mit Sauerkraut und Würsten. Dass ich Magenschmerzen bekam, obwohl ich Diät lebte, verwirrte mich.

Im Unterricht saß ich neben einer Frau, sie hieß Anja, und auch sie hatte Probleme mit ihrem Gewicht. Wir unterhielten uns über verschiedene Diäten und fachsimpelten über Essgewohnheiten und Ernährungstrategien. Ein paar Mal brachte ich ihr eine Kleinigkeit mit, eine Scheibe Kresse-Käse-Brot, ein wenig Kaffeemilch mit Honig oder ein Stückchen Sesambirne in Molke. Irgendwann erzählte ich von meinen Magenbeschwerden. Anja gab mir einen Zeitungsartikel über Trennkost. Kurze Zeit später, als ich in Eckernförde durch die Fußgängerzone ging, sah ich in einem Schaufenster zwei Bücher über Trennkost stehen und kaufte sie.

Trennkost schien das zu sein, wonach ich unbewusst lange gesucht hatte.

Ein amerikanischer Arzt studierte Anfang dieses Jahrhunderts Essgewohnheiten fremder Naturvölker. Er selbst litt an einer Nierenkrankheit, und sein Körper war wegen des damit einhergehenden Eiweißverlustes ausgemergelt. Der Mann stellte fest, dass alle diese Völker sich von naturbelassenen Lebenmitteln ernährt, dass sie vollwertig, einfach und bedarfsgerecht gegessen hatten. Er mutmaßte, dass es nicht zuletzt diese gesunde Ernährungsweise gewesen war, die die Menschen gesund gehalten und sie von den zahlreichen Zivilisationskrankheiten verschont hatte. Also beschloss er, Zucker, Weißmehl, tierische Fette sowie einige andere Dinge von seinem eigenen Speiseplan zu streichen. Zudem aß er nicht mehr, als er brauchte, um bei Kräften zu bleiben. Nach einer Weile erholte er sich von seiner vermeintlich unheilbaren Krankheit. Alle Symptome verschwanden. Der Mann, Dr. Howard Hay, entwickelte seine Theorie, nach der man eiweißreiche und kohlehydrathaltige Nahrung trennte, Brot und Wurst beispielsweise nicht gemeinsam aß, sondern sie in jeweils verschiedenen Mahlzeiten zu sich nahm, um so den Stoffwechsel zu regulieren. In der Folge leitete Hay von seiner Trennkost-These verschiedene Therapien zur Behandlung von Krankheiten ab, von Magen- und Darmkrankheiten über Kreisläufstörungen und Nierenbeschweren bis hin zu Rheumatismus, Migräne und Adipositas.

Ich beschloss, es einmal mit der Trennkost zu versuchen.

Woran ich mich gewöhnen musste, waren die großen Mengen an Gemüse, die man im Rahmen der Trennkost aß. Was mich geradezu glücklich machte, war, dass es keine Beschränkung hinsichtlich der Mengen gab. Anders als bei jeder Diät, die ich kannte – und ich kannte einige –, konnte ich essen, so viel ich wollte.

Anstelle der liebevoll zubereiteten Selleriecremesuppe aus der »Brigitte-Diät« aß ich fortan »Steaks à la California«: zwei Scheiben Rinderfilet, zubereitet mit Butterschmalz, etwas schwarzem Pfeffer aus der Mühle, einer Prise Meersalz, einem Pfirsich, einem Esslöffel Mandelblättchen sowie etwas Curry. Als Kohlehydratgericht am Mittag gab es gebratene Maiskolben, als Eiweißgericht am Abend Tomatensuppe mit Hähnchenfleisch. Es war gewöhnungsbedürftig und anfangs etwas umständlich, Milch von Mehl, Wein von Matjes oder Kartoffeln von Sahnesoße zu trennen. Ich kaufte ein weiteres Kochbuch und fand Tabellen und Übersichtstafeln, die die einzelnen Lebensmittel auflisteten und ihre Zugehörigkeit zu den jeweils voneinander zu trennenden Gruppen beschrieben. Ich musste umdenken und manche Gewohnheit ablegen, achtete darauf, Fleisch nur noch in Sojamehl zu panieren und Desserts mit Agar-Agar zu binden.

Doch der Erfolg war gewaltig.

Innerhalb kurzer Zeit verlor ich die ersten Kilos. Ich hatte die Diät mit zwei Obsttagen begonnen, an denen ich außer Äpfeln, Pfirsichen und etwas Ananas sowie Wasser nichts zu mir nahm. In den folgenden vier Monaten trennte ich den Grünkohl von der Brühwurst und die Kirschen vom Griespudding. Es ging mir gut! Selbst das Gemüse begann zu schmecken, ich lernte neue Rezepte für Aufläufe und Pfannengerichte kennen. Ich würzte den »Herbstlichen Fruchtsalat« mit Ahornsirup und den »Tomatencocktail mit Sahnehäubchen« mit einem jungen Zweig Liebstöckel. Eine wahre Entdeckung war das »Vollkornbrot mit Feigen«, das mit flüssigem Honig überzogen wurde, anschließend gab man noch Pistazien darüber. Es machte mir überhaupt nichts aus, die Fleischportionen zu reduzieren. Ich fühlte mich wohl, sprühte vor guter Laune, war leistungsfähig und fit – und verlor weiterhin ein Kilo nach dem anderen.

Irgendwann schmolzen die Kilos nicht mehr so rapide. Ich hielt mich weiterhin an die Regeln der Trennkost. Ich tat es freiwillig und gern, denn ich konnte täglich beobachten, wie gut meinem Körper diese Art der Ernährung bekam. Physisch und psychisch ging es mir fantastisch, ich war ausgeglichen und zufrieden. Sogar mein Heißhunger auf Süßigkeiten verlor sich. Ich sehnte mich nicht mehr danach, mir den Bauch mit Schokoriegel und Schaumwaffeln voll zu schlagen. Das Aroma von Süßigkeiten setzte mich nicht mehr innerhalb von Sekunden matt.

Nach vier Monaten hatte ich zwölf Kilo abgenommen.

In beinahe direktem Anschluss an die Weiterbildung fand ich eine Stelle als Sekretärin in einem Ingenieurbüro in Rendsburg. In der Firma fühlte ich mich wohl, sowohl meine Kollegen als auch mein Chef waren sehr sympathisch, und die Arbeit machte Spaß.

Zu dieser Zeit stieg mein Gewicht bereits wieder. Irgendwann, ich glaube, es war in der Weihnachtszeit gewesen, hatte ich mich danach gesehnt, den Braten gemeinsam mit Kartoffeln und Soße zu verspeisen. Peu à peu fiel ich fortan zurück in alte Essgewohnheiten, aß Fleisch wieder mit Kartoffeln und genoss den Geschmack von Brot mit Butter und Käse und trank auch noch ein Glas Milch dazu. Es geschah schleichend, beinahe unmerklich. Die alten Reize waren noch lebendig und leicht zu stimulieren.

Es passierte in diesem Winter, dass ich eines Morgens aufwachte und mich nicht bewegen konnte. Mutter war für ein paar Tage zu ihrer Schwester nach Nordstrand gefahren, und ich war ganz allein im Haus. Es dauerte etwa eine Stunde, bis es mir gelang, mich an den Rand der Matratze zu robben, ein Röhrchen mit Schmerztabletten aus der Schublade des Nachttischs zu fischen, zwei davon in einem Glas Wasser aufzulösen, das Glas zum Mund zu führen und es auszutrinken. Schweißgebadet sank ich zurück und wartete, bis der schreiende Schmerz im Rücken nachließ.

Beinahe jede Woche kam es nun vor, dass ich vor Rückenschmerzen kaum gehen konnte. Ich rief den Heilpraktiker an, der einmal meinen Rücken akupunktiert hatte; er hatte seine Praxis aufgegeben. Was Orthopäden und Allgemeinmediziner sagen würden, wusste ich, ich sah sie ihre Köpfe schütteln und hörte schon diesen »Selbst-schuld«-Tonfall, in dem sie sagen würden: »Kein Wunder, dass Sie Rückenbeschwerden haben, Sie sind ja auch viel zu dick ...« Also therapierte ich mich selbst. Kaufte in der Apotheke rezeptfreie Schmerzmittel und nahm sie in erhöhten Dosen, um die Schmerzen zu stillen. Bis Mutter erzählte, dass mein Bruder einen Arzt in Kiel kannte, der ebenfalls akupunktierte.

»Ich hatte einen Hexenschuss«, sagte Rainer am Telefon, als ich anrief, um nach der Adresse zu fragen. »Der Arzt ist ziemlich teuer, aber gut. Mir hat er geholfen. Versuch es einmal.«

Ich verabredete einen Termin. Am Ende unseres Gesprächs empfahl der Arzt eine andere Behandlung, eine Neuraltherapie, er hielt sie in diesem Fall für wirkungsvoller als Akupunktur. Ich war mit allem einverstanden, wenn es nur die Schmerzen linderte. Ich zog mich aus und legte mich auf die Liege. Es war eine hydraulische Liege, und weil ich mich kaum bewegen konnte, fuhr der Arzt sie so tief herunter, wie es nur ging. Mit einem Druck auf einen Knopf am Kopfende hob sich die Liege wieder, bis sie in einer Position stand, in der der Arzt mich behandeln konnte.

»Ich setze Ihnen jetzt mehrere Spritzen in den Rücken. Es kann ein bisschen wehtun, aber letztlich wird es Ihre Schmerzen lindern.« Ich holte tief Luft und sagte: »Okay, fangen Sie an. Machen Sie schnell, damit es möglichst bald vorbei ist.«

Der Arzt lachte kurz. Vermutlich hörte er solche Sätze jeden Tag, vielleicht überhörte er sie längst. Die erste Spritze jagte einen Feuerstrahl durch meinen Rücken. Ich stöhnte. Irgendwann registrierte ich die Spritzen nicht mehr. Mein gesamter Rücken tat so weh, dass die Einstiche in einem Feuerwerk von Schmerzen untergingen. Der Arzt hatte etwa 50 bis 60 Spritzen auf seinem Chromtablett bereitgelegt. Am Ende der Behandlung waren alle Kanülen leer.

In den darauf folgenden Wochen wiederholte sich die Prozedur, doch ließen die Schmerzen nicht nach. Nach der fünften Behandlung brach ich die Therapie ab.

Dennoch musste dringend etwas geschehen, die Schmerzen waren unerträglich. Ich betäubte mich mit handelsüblichen Schmerzpräparaten und, so war es meine Art, mit Essen. Manchmal sahen Mutter und ich fern, oder wir unterhielten uns. Meist zog ich mich jedoch in mein Zimmer zurück, lag nahezu reglos im Bett und stopfte mit dem geringstmöglichen Bewegungsaufwand Süßigkeiten in mich hinein. Ich hing meinen Gedanken nach. Was für eine üble Welt – mein Pferd blind, ich selbst nahezu bewegungsunfähig, und in der Firma kündigte der Chef Kurzarbeit an. Allein auf meine Süßigkeiten war Verlass. Natürlich nahm ich zu. Mein schlechtes Gewissen rief, ich wusste, dass ich mir schadete. Schließlich rief ich, nicht ohne Unbehagen, unseren Hausarzt an.

Als ich das Treppenhaus der alten Gründerzeitvilla betrat, wappnete ich mich. Ich war entschlossen, alle Bemerkungen über mein Gewicht an mir abgleiten zu lassen.

Wir hatten uns lange nicht gesehen, und so begann die übliche Konversation. Wie geht es der Mutter, was machen die Geschwister. Schließlich fragte der Arzt, wie es mir ginge.

»Nun ja, ich habe starke Rückenschmerzen«, sagte ich.

»Der Rücken, macht er wieder Probleme?«, sagte er und schüttelte ein wenig den Kopf. Er war erschreckend gealtert, seit ich ihn das letzte Mal gesehen hatte. Seine faltige Hand griff nach meinem Krankenblatt. Er las und murmelte »Erste Operation ... Zweite Operation ...«. Dabei schüttelte er seinen Kopf, als wisse er nicht genau, was das alles zu bedeuten habe. Schließlich sagte er:

»Da könnten wir wieder eine Kur beantragen. Die Letzte ist ...« Noch einmal klappte er die Karteikarte auf.

»Die Letzte liegt mehr als fünf Jahre zurück.« Er klappte die Karte zu, sah mich an und lächelte, als wollte er mich aufmuntern. »Das sollte kein Problem sein.«

»Ich müsste also zu einem Vertrauensarzt?«, fragte ich. Die Vorstellung, zur Kur zu fahren und meinen Rücken behandeln zu lassen, war verlockend. Doch wollte ich auf dem Weg dorthin keinen weiteren Ärzten gegenübertreten müssen.

»Nun, das wird sich nicht vermeiden lassen. Aber das macht doch nichts.« Wieder schüttelte er sachte den Kopf. Er musste weit über 70 Jahre sein.

»Gibt es eine Alternative? Ich will mich nicht mehr vor fremden Leuten ausziehen und am Ende nur Bemerkungen darüber hören, dass ich selbst schuld sei an meinen Beschwerden, weil ich schließlich viel zu dick bin.«

»Nein«, antwortete der Arzt kopfschüttelnd.

»Ich will nicht.«

»Warum machen Sie sich so viel Gedanken über Ihr Gewicht? Es ist doch in Ordnung. Denken Sie nicht weiter darüber nach.« Diesmal fragte ich mich ernsthaft, ob er senil wurde. Dann stand er auf, reichte mir die Hand und zitterte dabei ein wenig. »Gehen Sie zu dem Vertrauensarzt. Es dauert nicht lange, es ist eine Formsache.« Überrumpelt ergriff ich seine Hand und verließ das Sprechzimmer. Das hatte noch niemand gesagt. Hatte er mich bloß schnell loswerden wollen?

Die Untersuchung bei dem Vertrauensarzt verlief dann in der Tat sehr zügig. Er war in Hektik, hatte kaum Zeit und am Ende stand ich nach nicht einmal zehn Minuten wieder angezogen und fix und fertig im Wartezimmer. Erleichtert zog ich meinen Mantel an, grüßte und schloss die Tür hinter mir. Die Sprechstundenhilfe am Empfang gab mir meinen Patientenkarte zurück und einen Umschlag mit dem Bericht des Vertrauensarztes.

»Sie müssen sich noch von einem Orthopäden untersuchen lassen«, sagte sie. »Kennen Sie einen, oder soll ich Ihnen ein paar Namen von Kollegen nennen?« Ich wusste nicht, was ich sagen sollte, und das verstand die Frau wohl als Antwort, jedenfalls reichte sie mir eine Liste mit Adressen von Ärzten. Kurz angebunden bedankte ich mich und ging.

Ich schob den Besuch vor mir her, doch am Ende ließ er sich nicht umgehen. Es war Teil der Antragsprozedur, ich konnte mich nicht entziehen. Ich rief den Orthopäden an, der an oberster Stelle auf der Liste stand. Eine Kollegin hatte erzählt, dass er sie behandelt habe, nachdem sie sich beim Fensterputzen einen Bänderriss zugezogen hatte.

»Er ist sehr nett. Er hört einem zu, man kann mit ihm reden«, hatte sie geschwärmt. Ich blieb misstrauisch und fuhr nach Rendsburg.

»Der Herr Doktor kommt gleich«, sagte die Arzthelferin, die mich in den Behandlungsraum führte. Ich setzte mich und sah mich um. Bücherregale aus rötlichem Holz streckten sich bis unter die Decke. Bücher nehmen mich gemeinhin für Menschen ein. Die meisten waren Fachliteratur, doch entdeckte ich auch einige Romane und zahlreiche Bücher über Kunst und Architektur. An der Wand zwischen zwei schmalen, hohen Fenstern hing ein Stich von Picasso. Immerhin, der Orthopäde schien ein deutliches Faible für Kultur zu haben. Er war wohl ein Schöngeist, doch sprach das nicht gegen ihn, im Gegenteil.

Die Tür ging auf und herein kam ein Mann, wie ich ihn nicht erwartet hätte. Klein, untersetzt, das schüttere Haar quer über den Schädel gekämmt, kurze Arme, kantige Hände, rote Wangen.

»Nun, was treibt Sie her?«, fragte er, drückte mir kurz und kräftig die Hand, überflog meine Papiere und ging hinüber zum Waschbecken, um sich die Hände zu waschen. Ich antwortete – ebenfalls zügig –, dass ich Rückenschmerzen hätte.

»Dann ziehen Sie sich mal aus.« Ich wollte mich gerade auf die Liege legen, als er sagte: »Nein, bleiben Sie stehen.« Mit langsamen Bewegungen tastete er meinen Rücken ab.

»Zwei Operationen hatten Sie schon?« Ich nickte.

»Na, dass Sie Beschwerden haben, ist ja kein Wunder. Sie sind viel zu dick.« Ich schluckte. Ich wünschte mir, irgendwann einmal mit dem ganzen Dicksein nichts mehr zu tun haben. Ich hob den Kopf und schob die Schultern nach hinten.

»Ich weiß, dass mein Gewicht nicht unbedingt im idealen Bereich ist«, sagte ich. »Aber ich bin es leid, mir solche Bemerkungen anzuhören.«

»Na, nun mal langsam. Sie sind eine junge, attraktive Frau, Sie müssen doch von Ihrem Gewicht herunter! Wie sehen Sie denn aus?«

»Kann ich mich wieder anziehen?«

»Ja. Aber wir müssen Sie noch röntgen.«

Als ich, schon halb ausgezogen, im Röntgenraum auf die Arzthelferin wartete, kochte ich vor Wut. Jemand öffnete die Tür, steckte seinen Kopf herein und verschwand wieder, ohne ein Wort zu sagen. Ich zog meinen Pullover über, ging zur Tür und schlug sie mit einem Knall zu. Wer immer das eben gewesen war, ich wollte nicht zur allgemeinen Begutachtung hier stehen. Irgendwann kam eine ältere Frau, sie sprach mit russischem Akzent und forderte mich auf, mich auf den Röntgentisch zu legen. Sie arrangierte meine Arme und Beine und den Kopf in die gewünschte Lage. Ich biss mir auf die Lippen.

»Nicht bewegen«, sagte sie und ging.

Der Vorgang musste fünf oder sechs Mal wiederholt

werden. Als ich später im Behandlungszimmer die verschwommenen Röntgenbilder sah, war ich fassungslos über so viel Unvermögen. Der Orthopäde kam, schaute kurz auf die Röntgenbilder und wies mit der Hand in Richtung der Liege.

»Wenn Sie sich bitte wieder freimachen.« Ich zog mich aus, legte mich hin, und er untersuchte meine Wirbelsäule. Er tat es lange und gründlich.

»Sie sind verspannt. Haben Sie es mal mit einem Rotlicht versucht?«

»Nein. Aber ich kann mir kaum vorstellen, dass es hilft. So fürchterliche Rückenschmerzen wie im Moment hatte ich lange nicht.«

»Bestrahlen Sie Ihren Rücken mit einem Rotlicht. Sie werden sehen, das wirkt Wunder.«

»Die Schmerzen sind akut.«

»Den Eindruck habe ich nicht.« Er stand auf und ging hinüber zu seinem Schreibtisch, vorbei an dem Stich von Picasso. »Ansonsten kann ich Ihnen nur dringend raten, abzunehmen.«

Als ich mich angezogen hatte, setzte ich mich auf den freien Stuhl vor seinem Schreibtisch.

»Haben Sie noch Fragen?« Er sah mich an, als wüsste er nicht, warum ich noch in seinem Zimmer saß.

»Ich brauche noch Ihre Unterschrift.«

»Ich soll etwas unterschreiben?« Er schien überhaupt nicht zu wissen, warum er mich untersucht hatte.

»Ich fahre zur Kur, und es wäre nett, wenn ich die kompletten Unterlagen morgen abholen und an die Krankenkasse weiterleiten könnte.«

Drei Wochen später fuhr ich mit dem Zug nach Bad Wildungen. Es war Anfang September, und ich hoffte auf einen sonnigen Altweibersommer.

Die Kurklinik lag an einem Hang, und von meinem Zimmer aus hatte ich einen Panoramablick über den Ort. Die Behandlungen und Anwendungen taten meinem Rücken gut. Er entspannte sich, die Schmerzen ließen nach. Ich wurde auf Diät gesetzt und musste mit 1000 Kalorien täglich auskommen; mein Gewicht sank von 104 Kilo auf 94 Kilo. Es war jedoch vor allem einer der Ärzte, der mir das Gefühl gab, hier gut aufgehoben zu sein.

Gleich für den ersten Tag waren verschiedene Untersuchungen angesetzt. Dr. Maniescou, er stammte aus Rumänien, untersuchte mich.

»Wie steht es mit Ihren Gelenken?«, fragte er, nachdem er meine Wirbelsäule abgetastet hatte.

»Hm.« Ich druckste herum, ich wusste, worauf das hinauslaufen würde. »Ja, manchmal habe ich Beschwerden.«

»Und Ihr Gewicht?«

»Hm. Ist nicht so, wie es sein sollte ...« Ich wollte nicht in eines der üblichen Gespräche einsteigen.

»Ich weiß«, sagte Dr. Maniescou, »das ist eine unangenehme Frage, wenn man etwas mehr auf den Rippen hat. Ich bin ja auch nicht ganz schlank.« Ich sah ihn an, taxierte ihn von oben bis unten und überlegte, warum er das sagte. Er war schlank.

»Ja. Es ist ein leidiges Thema«, seufzte ich. »Ich würde es am liebsten einfach aus meinem Leben radieren.«

»Es ist natürlich gesünder, schlank zu sein. Die Belastungen für einen übergewichtigen Körper sind schon erheblich. Aber ich sehe hier in der Klinik auch Magersüchtige, die Rückenprobleme haben. Es kann Ihnen niemand garantieren, dass Sie keine Rückenschmerzen mehr haben, wenn Sie schlanker sind.«

Es war offensichtlich, dass Dr. Maniescou mich beruhigen wollte, dass er spürte, wie mich mein wucherndes

Existenzproblem belastete. Er wollte mir helfen, diesen dauernden Stress etwas zu mildern. Ich ließ mich bereitwillig darauf ein. Wenn man hier einmal nicht das Hauptaugenmerk darauf legte, dass ich der Norm widersprach, dass ich zu dick war, mich nicht genügend beherrschen konnte, dann sollte es mir recht sein.

Vormittags und nachmittags fanden Gymnastikkurse statt, und alle Patienten waren aufgefordert, daran teilzunehmen. Ich musste mich überwinden, doch nach einer Weile machten mir die Übungen, ganz besonders die Wassergymnastik, so viel Spaß, dass ich beschloss, mich in Eckernförde in einem Fitnesscenter anzumelden.

Es war ein roter Klinkerbau in einem sanierten Gewerbehof mit alten Hallen und modernen Lofts, in denen sich viele Multimediaunternehmen angesiedelt hatten. Das Studio lag im oberen Stockwerk eines Teilgebäudes. Als ich die gläserne Eingangstür aufdrückte, hatte ich das Gefühl, in eine andere Umlaufbahn zu treten. Lauter schöne, junge, schlanke Menschen gingen umher, die Frauen trugen enge Stringtangas über ihren bunten Gymnastikhosen, ihre Oberteile waren knapp wie Büstenhalter und gaben flache Bäuche zur Bewunderung frei. Die Männer trugen kurze, stark gegelte Haare und enge Trägerhemden, die kaum einen der mühsam gestählten Muskel verbargen. Niemand schien ohne Tattoo zu sein. Die ganze Atmosphäre flirrte von Schweiß, Schönheit und exhibitionistischen Anstrengungen. Ein Kosmos, in dem für Menschen wie mich kein Platz vorgesehen war.

»Hi, was kann ich für dich tun?«, fragte eine Stimme. Ich drehte mich um. Eine junge Frau sah mich an und durch mich hindurch. Sie war schwarz, schön und cool. Ihr Name war Elena.

»Ich möchte hier Sport machen.« Ein Muskelpaket, das Handtuch lässig über die ausgebildete Schultermuskulatur geworfen, beobachtete mich unverhohlen. Elena schob ein Formular über den Tresen und fing an, die verschiedenen Möglichkeiten der Mitgliedschaft aufzuzählen.

Ich entschied mich für eine Drei-Monats-Mitgliedschaft zum Schnupperpreis von 100 Mark pro Monat und verschwand in der Umkleidekabine. Ich fand einen leeren Schrank am Ende des Raumes und zog mich um. Es war früher Nachmittag, und ich konnte mir vorstellen, dass es in zwei, drei Stunden richtig voll werden würde. Ich band meine Turnschuhe zu, verstaute meine Tasche und die Kleider im Schrank und schloss ab. Den Schlüssel konnte man mit einer Klemmvorrichtung am Hosenbund oder am Handtuch befestigen. Ich holte tief Luft. Von draußen waren Stimmen zu hören und ab und zu das Geräusch von Gewichten, die zu Boden gingen, ein metallenes, aber dumpfes Aufstoßen.

Elena und das Muskelpaket mit dem Handtuch über der Schulter flirteten. Ich ging hinüber zum Empfangstresen. Ich würde sie stören müssen. Als die Frau mich kommen sah, rief sie durch die Halle. Ein Mann löste sich aus einer Gruppe neben der Bank mit den Hanteln und Stemmgewichten.

»Das ist Gianni, dein Trainer«, sagte Elena und wandte sich wieder dem Muskelpaket zu. Sie lachte, und ihr Lachen klang wie ein verstopfter Abfluss, gurgelnd und blechern.

»Warst du schon einmal hier?«, fragte Gianni und schlug den Weg hinüber zu einer Reihe von Fahrrädern ein. Ich schüttelte den Kopf. Ich hätte mich gern unsichtbar gemacht. Die Geräte, an denen trainiert wurde, sahen kalt und abweisend aus. Schwarze Sitze, Hebel, Zahnräder. Keiner dieser Kraftautomaten gab Auskunft darüber, was man mit ihm anzustellen hatte, sie zu bedienen bedurfte einer fachkundigen Einweisung. Sport war hier nicht einfach nur körperliche Betätigung.

Später, als ich im Auto saß und nach Hause fuhr, bereute ich meinen vorschnellen Entschluss. Während der Kur hatte es Spaß gemacht, Sport zu treiben; dort war ich bei weiten nicht so exponiert gewesen. Nicht alle Patienten in Bad Wildungen hatten Übergewicht gehabt, doch jeder kämpfte mit irgendeinem Handicap. Ein Schaulaufen der Schönen, der Perfekten, der durchgestylten Bilderbuchkörper war dort so unvorstellbar wie eine Cocktailparty auf dem Mond. Auch die wohl platzierten kleinen Spitzen des Trainers wirkten nicht eben motivierend, seine Bemerkungen wie »Wenn man etwas erreichen will, muss man schon dabeibleiben« oder »Wenn du Erfolge sehen willst, musst du mindestens zwei, drei mal die Woche kommen und trainieren«. Giannis Stimme hatte dabei geklungen, als stünde er öfter mal auf einem Kasernenhof, um Anweisungen zu erteilen. Seine Worte hallten in mir nach. Ihre Botschaft war eindeutig und demütigend. Ich war es gewohnt, so angesprochen zu werden. Ich hatte mir sogar angewöhnt, den Menschen zuvorzukommen und ihnen mit frechen Bemerkungen über den Mund zu fahren, bevor sie zu solchen Schlägen ausholen konnten. Doch klebten solche Situationen hinterher zäh in meiner Erinnerung.

Innerhalb des nächsten halben Jahres nahm ich die zehn Kilo, die ich während der Kur verloren hatte, wieder zu. Es geschah ganz langsam, fast unmerklich und selbstverständlich, als wäre es längst ein Naturgesetz, dass ich ausufernd dick war.

Halbherzig beschloss ich, weniger Süßigkeiten zu essen; ich hielt mich kaum länger an den Vorsatz, als ich Zeit brauchte, ihn zu fassen. Süßigkeiten waren nun einmal meine Hauptleidenschaft. Das Einzige in meinem Leben, was mich tröstete, mich wärmte und meine innere Leere füllte, während ich an allen Fronten kämpfen musste. Im Job, in dem ich erneut kurzarbeitete und schließlich sogar an andere Unternehmen ausgeliehen wurde, sodass ich fürchtete, bald gänzlich überflüssig zu werden. Im Reitstall, wo der Tierarzt eine Trübung der Linse nun auch an Sligos rechtem Auge festgestellt hatte. Innerhalb absehbarer Zeit würde mein Pferd also vollständig erblinden. Und dann war da diese Einsamkeit, die alles durchzog. Ich sehnte mich nach einem Menschen, dem ich wichtig war. Einem Mann, dem ich vertrauen konnte, der mich trotz meines Gewichtes als liebenswerten Menschen sah, der mich akzeptierte und liebte. In all dem blieb das Naschen eine kleine, vertraute, verlässliche Oase. Ein geheimer Ort des Glücks und der Wohligkeit. Hier bekam ich meine Streicheleinheiten.

Schließlich wog ich 112 Kilo.

Bald ließ sich die Traurigkeit nur noch phasenweise betäuben. Sie bahnte sich den Weg durch meinen Körper, kroch schließlich bis in meine Fingerspitzen, krallte sich im Herz und in den Eingeweiden fest und schmerzte dort. Die Seelenqualen wurden Körperqualen, sie suchten ein Equivalent.

Meine Freudin Ute empfahl mir eine Heilpraktikerin, bei der sie selbst in Behandlung gewesen war.

Die Sonne schien, als ich zu Dr. Grauser fuhr, und in den Kastanien am Ufer des Kanals sangen Vögel. Meine Stimmung war schwarz. Der Kontrast zwischen innerer und äußerer Welt hätte stärker nicht sein können. Als ich den Aufgang zur Haustür hinaufging, las ich auf dem silbernen Schild, dass Dr. Grauser nicht nur Heilpraktikerin, sondern auch Psychotherapeutin war. Davon hatte Ute nichts erzählt, und ich überlegte einen Moment, ob ich umkehren sollte. Die Vorstellung, sie würde in meiner Seele wühlen, war mir suspekt, wenn nicht zuwider. Sie machte mich unbeholfen.

Ich klingelte trotzdem.

Es öffnete eine kleine, etwas rundliche Frau. Ihr schwarzes Haar war zu einem Pagenkopf geschnitten, die Frisur erinnerte mich ein bisschen an Prinz Eisenherz. Allerdings strahlte die Frau nichts Dynamisches, Kämpferisches aus, sondern Wärme und Ruhe.

»Guten Tag«, sagte sie und reichte mir die Hand.

»Guten Tag«, sagte ich.

»Bitte, kommen Sie herein. Dort drüben können Sie Ihre Jacke hinhängen. Warten Sie, ich gebe Ihnen einen Kleiderbügel.« Sie ging zu einem hölzernen Garderobenständer hinüber, nahm einen Bügel von der Hutablage und reichte ihn mir.

»Bitte«, sagte sie und lächelte.

»Danke«, sagte ich. Sie hatte etwas Mütterliches an sich. Es stand im Raum wie ein Angebot. Ich konnte es annehmen, wenn ich wollte, ohne dass eine bestimmte Gegenleistung von mir erwartet wurde.

Das Behandlungszimmer war in hellen Farben gestrichen und mit alten Holzmöbeln und vielen Büchern eingerichtet. Auf dem Schreibtisch stand ein Blumentopf mit einem Bubikopf, der nicht sehr gesund aussah. Dr. Grauser bemerkte meinen Blick und lächelte.

»Ich habe keinen ›grünen Daumen‹, wie man sagt.«

»Ich auch nicht. Ich kann besser mit Tieren als mit Pflanzen umgehen.«

Sie wies auf einen Stuhl und setzte sich in einem alten Lehnstuhl mir gegenüber. »Nun, warum sind Sie hier.«

Ich erzählte und sie hörte zu. Ab und zu stellte sie eine Frage oder machte sich Notizen. Dr. Grauser nahm sich viel Zeit, und das erstaunte mich ein wenig.

»Was machen Ihre Eltern?«, fragte sie, als ich geendet hatte.

»Mein Vater ist tot, und meine Mutter ist Hausfrau. War sie immer.«

»Was für ein Verhältnis hatten Sie zu Ihrem Vater?«

»Ein gutes. Er fehlt mir bis heute.«

»Und zu Ihrer Mutter?«

»Wir haben nach Vaters Tod neu zueinander gefunden. Ich bin damals wieder in das Haus meiner Eltern gezogen, um mich um sie zu kümmern.«

»Wohnen Sie immer noch dort?«

»Ja.«

»Haben Sie einen Freund, einen Mann, eine eigene Familie?« Ich schüttelte den Kopf und spürte, dass ich weinen würde, wenn sie weiterfragte.

»Warum haben Sie keinen Freund?« Ich weinte. Sie reichte mir ein Taschentuch über den Tisch. Ich putzte mir die Nase.

Ich wollte mich über das Thema Eltern und Männer nicht weiter auslassen, obwohl ich merkte, dass es mir gut tat, dass man mich rundum erfasste, sich nicht nur auf meinen Körper, mein Gewicht, mein Dicksein konzentrierte. Doch irgendwann stieß auch Dr. Grauser zum Kern vor.

»Und Sie haben Probleme mit Ihrem Gewicht?«, fragte sie. Ich nickte. Wieder liefen mir Tränen über die Wangen.

»Ja. Mein Gewicht ist mein größtes, mein immer währendes Problem. Und so wird es wohl auch bleiben. Es scheint mir bestimmt zu sein, ein dickes Leben zu führen.«

»Die Menschen haben mehr Einfluss auf ihr Leben, als sie oft denken. Man muss sich allerdings mit seinen Problemen auseinander setzen.«

»Das hab ich auch versucht.« Ich fühlte mich aufgefordert, mich zu rechtfertigen. »Ich habe mir oft den Kopf zerbrochen, warum ich es nicht schaffe, dieser Gier nach Essen, besonders nach Süßigkeiten zu widerstehen. Ich habe nie eine wirkliche Antwort gefunden. Ich habe so viele Diäten und Abmagerungskuren gemacht, allmählich gebe ich es auf.«

»Es gibt sicherlich bessere Alternativen, als zu resignieren. Vielleicht haben Sie an der falschen Stelle nach einer Antwort gesucht. Vielleicht ist das Dicksein gar nicht Ihr zentrales Problem, sondern ein Symptom. Und das eigentliche Problem liegt woanders.«

Ich zuckte mit den Schultern. Ich wusste nicht, was ich darauf antworten sollte. Dr. Grauser lächelte und sah mich an. Dann bat sie mich in ein Nebenzimmer, in dem nur eine mit weinrotem Leder bespannte Liege stand.

Was nun begann, war Zauber.

Ich lag auf der Liege und sah an die Decke.

»Entspannen Sie sich«, sagte Dr. Grauser, die am Kopfende der Liege stand, sodass ich sie nicht sah. Doch ich spürte ihre Nähe. Es war sehr still im ganzen Haus. »Gehen Sie in sich, spüren Sie Ihren Körper, wie er hier liegt, wie er sich anfühlt. Nehmen Sie Ihren Atem wahr, und lassen Sie alle anderen Gedanken los.«

Ich schloss die Augen. Still lag ich auf der Liege, folgte dem Rhythmus meines Atems und dem Auf und Ab von Brust und Bauch und spürte bald eine angenehme Ruhe in allen Gliedern. Dr. Grauser griff sanft nach meinem Handgelenk und fühlte meinen Puls. Nach einer Weile ließ sie meinen Arm wieder sinken.

»Versuchen Sie jetzt einmal, sich das Gefühl zu vergegenwärtigen, das Sie haben, wenn Sie sich zu Hause im Spiegel sehen.«

Ich musste mich nicht anstrengen. Aller Abscheu, die

Verachtung und meine Selbstvorwürfe waren sofort präsent. Ich spürte, wie ich mich zusammenzog, wie etwas sich verhärtete, was eben noch weich und offen gewesen war.

»Konzentrieren Sie sich. Halten Sie dieses Gefühl fest und lassen Sie es sich ausbreiten. Geben Sie ihm Raum.« Dr. Grauser stellte sich dicht neben die Liege. »Ich fange jetzt an, Sie abzuklopfen.« Sie begann, mit der flachen Hand auf mein Brustbein zu klopfen, auf die Handgelenke, die Füße. Sie hatte es mir zuvor erklärt, und auch Ute hatte von dieser Technik erzählt. Begriffen hatte ich nicht, wie und warum das funktionieren sollte. Aber ich ließ es geschehen.

Ich hielt den Gedanken an mein Bild im Spiegel fest, spürte, wie sich Ekel in die Verachtung mischte, hörte, wie meine eigene Stimme zischte: »Wie kann man nur ...« Ich weinte. Dr. Grauser klopfte weiter mit der flachen Hand hart und rhythmisch auf mein Brustbein. Die Schläge setzten sich durch meinen gesamten Körper hindurch fort wie Wellen.

»Ich drücke nun mit den Fingern auf verschiedene Druckpunkte in Ihrem Gesicht.« Es war auch die ruhige, beinahe hypnotische Stimme, die mich dazu brachte, dieser fremden Frau ohne Vorbehalte zu vertrauen. Dr. Grauser drückte mit ihren Daumen gegen meine Schläfen, ließ nach einer Weile im Druck nach, presste dann ihre Mittelfinger auf einen Punkt zwei Finger breit über der Nasenwurzel und verweilte dort einen Moment reglos, bevor sie ihre Finger sanft auf eine Stelle neben den Ohren drückte. Schließlich stimmte sie einen tiefen Summton an und forderte mich auf, einzustimmen.

»Lassen Sie den Gedanken an Ihr Spiegelbild jetzt langsam los.« Sie begann rückwärts zu zählen, bei zwanzig fing sie an. Als sie bei eins anlangte und verstummte, spürte ich noch immer die Wellen durch meinen Körper spülen. Wie ein Echo, ausgelöst von ihren Schlägen. Ich spürte eine Ruhe, jene Ruhe, die einsetzte, wenn ich gegessen hatte, wenn die Seele gefüttert war.

Als ich die Praxis verließ, war ich ruhig und anspruchslos. Es hatte mich erschreckt zu sehen, wie schnell Gefühle zu aktivieren waren, wie deutlich und heftig ich die Ablehnung spürte, die ich meinem Spiegelbild – und mir – entgegenbrachte. Ich entschied mich, ein wenig spazieren zu gehen, bevor ich nach Hause fuhr, und überquerte die Straße. Die Böschung war steil, und ich hielt mich an den Zweigen eines Busches fest, um nicht hinunterzurutschen. Unten verlief ein schmaler Weg zwischen halbhohen Sträuchern. Ich hatte nicht das Gefühl, eine andere zu sein; und doch hatte sich etwas geändert. Aber mir fehlten die Worte, es zu beschreiben.

Zwei Wochen später fuhr ich wieder zu Dr. Grauser, und es folgten noch ein paar weitere Behandlungen, in denen sie Gefühle in mir wachrief, die ich gut und wohlweislich tief in mir begraben hatte. Am Ende mündeten sie alle in der Angst, ganz allein auf dieser Welt zu sein und von niemandem wirklich geliebt zu werden. Menschen stellten mich infrage, setzten mich unter Druck. Menschen distanzierten sich von mir – nach einem kurzen, aber kritischen Blick auf meinen dicken Körper. Ich wusste, dass Kerstin zu mir stand; doch wer sonst liebte mich? Ich sehnte mich nach bedingungsloser Liebe. Noch immer verstand ich nicht, worin der Sinn des Klopfens bestand, doch fühlte ich mich nach jedem Termin bei Dr. Grauser ein Stück freier. Befreit von einer uralten Last, von Beklemmungen und einer Traurigkeit, die schließlich sogar meinen Körper in Besitz genommen und sich überallhin ausgebreitet hatte. Die Schmerzen in den Fingerspitzen ließen nach. Das Gefühl, jemand habe einen Ring um mein Herz gelegt, einen eisernen Ring, so wie es in alten Märchen beschrieben wird, ließ nach und verschwand schließlich ganz.

Eines Tages nahm ich meinen Mut zusammen und stellte Dr. Grauser eine Frage. Ich fragte sie, ob sie meinte, ich sollte eine Psychotherapie beginnen.

»Ich habe Angst davor«, sagte ich und bemühte mich, nicht wieder zu weinen. »Ich war schon einmal bei einem Psychologen, aber der war mir unsympathisch. Ich habe ihm nicht vertraut und konnte mich nicht fallen lassen. Vielleicht sollte ich es aber noch einmal bei einem anderen Therapeuten versuchen. Allerdings, sobald ich daran denke, bekomme ich es mit der Angst. Was wird, wenn ich wieder eine Sache beginne und sie nicht durchstehe. Ich fürchte mich davor, am Ende verwirrter herauszukommen, als ich es jetzt schon bin.«

»Manchmal sind es nur die Energieflüsse in unserem Körper, die blockiert sind. So etwas lässt sich in ein paar Sitzungen beheben. Nicht immer ist es nötig, in eine jahrelange Psychotherapie einzusteigen. Warten wir noch eine Weile ab.«

Als ich das nächste Mal auf der Liege lag und Dr. Grauser mein Brustbein und verschiedene andere Stellen am Körper abgeklopft hatte, forderte sie mich auf, mir etwas Schönes vorzustellen.

»Stellen Sie sich vor, Sie sind auf einer Wiese, die Sonne scheint, überall blühen bunte Blumen, Ihr Pferd ist bei Ihnen. Sie wollen sich ausruhen und suchen sich einen geschützten Platz. Sie legen sich ins warme Gras, Ihr Pferd grast friedlich an Ihrer Seite.« Ich stellte mir vor, was sie beschrieb, und roch die warme Sommerluft. »Sie fühlen sich wohl. Es geht Ihnen gut«, sagte Dr. Grausers Stimme. Im nächsten Moment begann mein Körper zu zittern, zu beben, und die Tränen liefen mir über das Gesicht, ohne dass ich etwas dagegen tun konnte. Die Klammer um mein Herz, die ich wochenlang nicht mehr gespürt hatte, zog sich zusammen wie eine eiserne Klaue. Ich konnte mich nicht entspannen. Jeder Fehler, den ich in meinem Leben gemacht hatte, alles Fehlverhalten im Beruf und im privaten Leben, jedes Versagen, jeder Ausrutscher, den ich im Nachhinein bereut hatte, fiel mir ein. Es war, als tanzten alle zusammen einen teuflischen Tanz, Derwische, die um ein Höllenfeuer tobten.

»Nennen Sie mir eine Farbe!«

»Eine Farbe ...?«

»Eine Farbe – welche fällt Ihnen spontan ein?«

»Violett.«

»Stellen Sie sich eine Schublade vor. Einen großen Schrank voller Schubladen, eine davon ziehen Sie jetzt heraus. Innen ist sie violett, und Sie legen alles, was Sie gerade belastet, in diese Schublade hinein. Und dann machen Sie diese Schublade zu!« Ihr Ton wurde streng, doch war ich viel zu aufgelöst, um ihr nicht zu gehorchen. Ich stellte mir vor, all den alten Seelenmüll in die Schublade fallen zu lassen und sie dann zuzuschieben. Weg mit dem Zeug. Fort mit all den trüben Gedanken und schmerzhaften Gefühlen.

Als ich von der Liege rutschte und mich verabschieden wollte, fühlte ich mich fest und sicher.

»Das sollte erst einmal gut sein«, sagte Dr. Grauser, während sie hinüberging in ihr Sprechzimmer. »Wenn Sie in vier Wochen das Bedürfnis haben, noch einmal zu kommen, dann rufen Sie mich an.« Ich fühlte mich wie aus dem Nest geworfen. Zum ersten Mal war ich jemandem begegnet, der mir half, der mich an einer Stelle packte, wo es schmerzte, mir aber im Endeffekt gut tat. Und nun sollte ich nicht mehr kommen dürfen.

Als ich die Haustür öffnete und auf den Bürgersteig

trat, ließ der Schreck nach. Immerhin hatte sie gesagt, dass ich kommen könnte, wenn ich das Bedürfnis hätte. Man hatte mich also nicht abgelehnt und vor die Tür gesetzt, nicht wirklich. Es war meine erste Assoziation gewesen, doch die Realität sah anders aus. Ich versuchte, einmal nicht meiner alten Gewohnheit zu folgen und schwarz zu sehen. Ich verordnete mir Optimismus.

Dr. Grauser war es gelungen, mich aus dem Fahrwasser der Depression zu holen. Hatte ich vorher mit dem ständigen Gefühl gelebt, ein Stöpsel sei aus mir herausgezogen worden und alle Kraft fließe ungehindert, unaufhörlich aus mir heraus, so saß dieser Stöpsel nun wieder an seiner Stelle. Ich stand wieder auf festem Boden. Doch ich war immer noch dick.

Mehrmals hatte Dr. Grauser auch mit mir über mein Gewicht gesprochen und dabei etwas gesagt, was alle meine Überzeugungen und Gewohnheiten sprengte.

»Versuchen Sie es doch einmal andersherum«, hatte sie vorgeschlagen, »essen Sie, was Sie wollen, und sagen Sie sich bei jedem Bissen: ›Alles, was ich esse, macht mich schlank‹.« Ich musste lachen. Ich stellte mir vor, wie ich ein Stück Schwarzwälder Kirschtorte aß und mit vollem Mund sagte: »Alles, was ich esse, macht mich schlank.« Doch begriff ich, worauf sie hinauswollte.

»Sie haben sich lange Jahre so intensiv mit diesem Thema beschäftigt. Sie kreisen immer wieder darum herum und sind gefangen in Ihren negativen Gedanken und Haltungen, in Ihren Selbstvorwürfen und den Ängsten zu versagen. Es wäre gut, wenn Sie etwas mehr Abstand gewinnen könnten.« Sie würde mir helfen, sagte sie. Durch Autosuggestion und Autogenes Training könnte ich lernen, entspannter und positiver mit meinem Problem umzugehen. Dazu gab Dr. Grauser mir Hausaufgaben auf: Regelmäßig sollte ich eine Stelle kurz unterhalb des

Brustbeines beklopfen, dort, wo die Thymusdrüse saß, und dazu positive, autosuggestive Sätze aufsagen. Es würde mich stärken. Sie zeigte mir außerdem Akupresspunkte am Kopf, die ich regelmäßig stimulierte.

In den folgenden Wochen gelang es mir, von 112 Kilo auf 107 Kilo herunterzukommen, ohne irgendeine Diät, ganz ohne Mühen und Anstrengungen. Anfangs amüsierte es mich enorm, eine Tafel Schokolade vor mich auf den Tisch zu legen, zu sagen: »Alles, was ich esse, macht mich schlank«, um sie dann genüsslich zu vertilgen. Doch der Teufelskreis war aufgebrochen – jene unselige Verbindung, in der ich mir erst jeden Genuss verbot, irgendwann dem Druck nicht mehr standhielt, aß, und mich am Ende mit Selbstvorwürfen überzog. So lange, bis ich erneut das dringende Bedürfnis hatte, mir etwas Gutes zu gönnen. Die Technik der Autosuggestion bewirkte, dass sich meine Fixierung löste, jener krampfhafte Blick auf das, was mir verboten war. Ich aß noch immer Schokolade, aber seltener.

Ganz ohne Diätplan verlor ich fünf Kilo und lebte entspannt wie nie zuvor.

Ich hatte mir eine Wohnung in der Nähe von Neumünster gesucht, auf einem alten Bauernhof, mitten zwischen Äckern und Wäldern, dort, wo sich, wie man sagt, Fuchs und Hase Gute Nacht sagten. Zum 1. Januar begann der Mietvertrag, und ich nutzte die Feiertage um den Umzug vorzubereiten. Sobald ich mich eingerichtet hatte, begann ich eine weitere Diät nach dem Prinzip der Trennkost.

Diesmal bereitete ich mich gründlich vor. Zunächst trank ich an einem Sonntagmorgen einen Becher Salzwasser – Glaubersalz, aufgelöst in warmem Wasser. Das war alles andere als delikat, doch reinigte es den Magen-

Darm-Trakt. Ich stellte mich im Bad vor das Waschbecken und sagte mir: Augen zu, runter mit dem Zeug, und wenn es so eklig ist, dass es gleich wieder herauskommt, dann brauchst du hier nur die Dusche anzustellen und musst nicht viel putzen ...

Zwei Stunden später lief ich das erste Mal zur Toilette. Anders als andere Abführmittel verursachte das Glaubersalz allerdings weder Blähungen noch Krämpfe. Anschließend musste man, um auch den Enddarm zu reinigen, ein Klistier setzen. Es kostete mich ebenfalls Überwindung, aber am Ende war der Darm frei von allen Giftstoffen, die sich üblicherweise in ihm ablagern. Mein Körper reagierte umgehend, ich fühlte mich ausgesprochen wohl und sauber.

Drei Tage lang fastete ich, trank nur Wasser und etwas Gemüsesaft. Anfangs fiel es schwer, denn kurz zuvor hatte ich noch Weihnachtsgebäck und andere Leckereien genascht. Dann setzte wieder jener berüchtigte Fastenrausch ein. Leicht und selig schwebte ich durchs Leben, frei und hellwach. Ich wollte gar nicht aufhören zu fasten. Ich genoss es, nichts mehr zu essen. Ich war frei von allen Problemen, lebte unbeschwert von dem Zwang, mich beherrschen und meinem Appetit widerstehen zu müssen.

Ich begann, Obst und etwas Gemüse zu mir zu nehmen. Dann kochte ich gefüllte Tomaten, Selleriesalat mit Schinken oder das »Sonntagsfrühstück Graubünden«. Trennte erneut Eiweiße von Kohlenhydraten, aß zum Frühstück ein Kohlenhydratgericht, zwischendurch ein Eiweißgericht, und fühlte mich kolossal wohl, weil die Pfunde fielen.

Innerhalb weniger Tage hatte ich fünf Kilo abgenommen.

Nun traute ich mich auch wieder, reiten zu gehen. Ich

fühlte mich stark und ignorierte es, wenn die Leute guckten oder es kommentierten, dass ich von einem Hocker aus aufsaß. Es berührte mich, ja, aber es hielt mich nicht mehr davon ab, mich in der Öffentlichkeit zu bewegen. Ich hörte auf, mich zu verstecken.

Sligo jedoch ging es zusehends schlechter. Er lief gegen Wände, offen stehende Stalltüren oder Gegenstände, er traute sich nicht mehr vom Hof herunter, selbst seine alte Weide schien ihm gefährlich. Ans Reiten war mit ihm nicht mehr zu denken. Wir machten Spaziergänge. Ich führte Sligo am Halfter, er folgte mir mit vorsichtigen Schritten, und das auch nur auf breiten Wegen und offener Strecke.

Schließlich entschied ich mich, Sligo zum Schlachter zu bringen.

Es wurde ein schwerer Gang, und ich erzählte niemandem davon. Still für mich hatte ich die Entscheidung getroffen. Als ausgebildete Tierarzthelferin hatte ich ein anderes Verhältnis zum Leiden und Sterben der Tiere als viele Halter. Ich spürte, dass mein Pferd litt, und wollte ihm ein Dahinsiechen ersparen. Ich fürchtete mich davor, dass man auf mich einreden würde, sagen würde, Sligo sei doch noch nicht am Ende, warum jetzt schon?

Früh fuhr ich in den Stall und setzte mich zu Sligo in die Box. Er wirkte nervös. Er erkannte meinen Geruch, doch er sah mich nicht mehr. Ich hatte Äpfel mitgebracht und Mohrrüben und hockte mich ins Stroh und fütterte ihn. Seine weichen Lippen schubberten über meine Handfläche. Ich weinte. Unruhig wandte Sligo seinen Kopf hin und her.

Tiere waren mir oft näher als Menschen. An Menschen zweifelte ich, ich war mir ihrer Zuneigung nie sicher. Besonders Männern gegenüber hegte ich Misstrauen. Seit Vaters Tod hatte ich keinen Mann mehr in mein Leben gelassen. Trotz meiner Sehnsucht verbarg ich mich hinter meinem Panzer. Kein Wort glaubte ich ihnen. Selbst harmlose Äußerungen wie »Das war ein schöner Tag heute« hinterfragte ich. War es wirklich schön? War es nicht vielmehr nur eine Floskel, hinter der sich womöglich eine Absicht verbarg? Auseinandersetzungen mit Menschen schienen mir undurchschaubar und unberechenbar. Ich konnte nie einschätzen, was mein Gegenüber beabsichtigte. Wollte man mich verletzten oder diente eine Äußerung, umgekehrt, nur dazu, mich zu schonen, obwohl es ehrlicher wäre, mir die Wahrheit zu sagen? Wer hielt wann mit welchen Dingen hinter dem Berg, wer hatte welche Hintergedanken, um mir am Ende zu schaden? Menschliche Beziehungen waren ein unübersichtliches Terrain. Tieren dagegen vertraute ich. Die Auseinandersetzungen mit ihnen waren klar, ihre Signale direkt, ehrlich und gradlinig. Legte ein Pferd die Ohren an oder knurrte ein Hund, hieß das: Komm mir bloß nicht näher. Eine eindeutige Aussage.

Vor allem Pferde nehmen Befindlichkeiten von Menschen sehr sensibel wahr, das hatte ich mit Campari erlebt, mit anderen Pferden, die ich geritten war, und auch mit Sligo. Manchmal hatten wir uns gestritten, weil ich eine bestimmte Übung mit ihm reiten wollte und Sligo sich weigerte. Mit der Zeit begriff ich, dass ich in solchen Momenten am besten alle Pläne aufgab, Sligo in den Stall brachte und selbst nach Hause fuhr und wartete, bis meine schlechte Laune verraucht war. War ich missmutig, ungeduldig oder mürrisch, war mein Pferd wie ein Spiegel. Mit Sligo lernte ich, meine eigenen Stimmungen zu kontrollieren, mich zu beherrschen und nichts von meinem Pferd zu fordern, was ich selbst nicht zustande brachte. Ich lernte, mein Verhalten und mich als Person zu hinterfragen.

Ich stand auf, holte die Kiste mit den Bürsten und Kardätschen und begann, Sligos Fell zu striegeln. Sorgfältig kämmte ich seine Mähne. Ich wollte, dass er gut aussah, stark und schön wie an jenem Tag, als ich ihn zum ersten Mal gesehen hatte. Ein letztes Mal sollte er dem Bild gleichen, das ich in mir trug. Mit beinahe zärtlichen Bewegungen versuchte ich, die Schwäche und die Spuren seiner Krankheit wegzubürsten. Am Ende bürstete ich seinen Schweif, dass die Haare flogen. Er würde seinen letzten Gang prachtvoll und in Würde gehen können.

Draußen auf dem Hof wartete schon der Wagen mit dem Hänger. Ich führte Sligo eine kleine Rampe hinauf, ohne Widerstand ließ er sich führen. Gregor, einer der Reitlehrer, kontrollierte den Knoten des Halfterstricks und verschloss die Klappe. Ich setzte mich auf den Beifahrersitz. Wortlos starrte ich während der Fahrt auf die Fahrbahn. Ich fühlte mich benommen, betäubt.

Als wir den Schlachthof erreichten, lagen die Gebäude ruhig im Morgendunst, der noch immer über allem hing. Es herrschte kaum Betrieb. Ich hatte die Anlage ganz anders in Erinnerung, ab und zu war ich mit Dr. Diebel hier gewesen und jedes Mal erschrocken über die Geschäftigkeit, mit der der Tod verwaltet und abgehandelt wurde.

»Soll ich warten?«, fragte Gregor, als wir Sligo aus dem Hänger herausführten. Ich schüttelte den Kopf.

»Wirklich nicht? Ich habe Zeit.«

»Danke, nein.« Ich gab Gregor die Hand.

Ich würde Sligo auf seinem letzten Weg begleiten. Unsere Zweisamkeit wollte ich durch niemanden stören lassen und mit niemandem teilen. Sligo sollte bis zuletzt eine vertraute Person an seiner Seite wissen. Das war ich ihm schuldig, ich hatte viele schöne Stunden mit ihm verbracht. Außerdem wusste ich, dass Pferde manchmal noch vom Schlachthof weg von skrupellosen Leuten aufgekauft wurden, die dann was auch immer mit ihnen machten. Dieses Schicksal wollte ich meinem Pferd ersparen.

»Ich fahre mit dem Bus zurück«, sagte ich zu Gregor.

»Dann sehen wir uns später im Stall. Komm vorbei, wenn du es hinter dir hast.«

»Danke.« Ich nahm den Strick von Sligos Halfter. Wir gingen auf eine Halle zu, auf deren Fassade neben dem Eingang in schwarzer Farbe ein großes »V« gemalt war, eine römische Fünf. Alles hier war nummeriert und organisiert. Noch immer waren weder Stimmen von Menschen noch Schreie von Tieren zu hören, eine Ruhe, die mich erleichterte, die aber auch eine subtile Bedrohlichkeit in sich barg. Nur der Klang von Sligos Hufen auf dem Pflaster hallte zwischen den Gebäuden wider.

Später fuhr ich kurz im Stall vorbei und bald danach nach Hause. Ich packte ein paar Sachen zusammen und fuhr nach Dänemark, wo Mutter und Kerstin Ferien machten. Als ich ankam und wir uns zur Begrüßung umarmten, liefen mir die Tränen über die Wangen.

»Sligo ist tot.« Die ganze Fahrt über war ich ruhig und ein wenig apathisch gewesen. Jetzt, da ich den Satz zum ersten Mal aussprach, erreichte mich die Wirklichkeit und drang in mein Bewusstsein. Sligo war tot. Ich war wieder allein.

Ich aß. Ich aß gegen den Schmerz an, gegen die Leere und die Sinnlosigkeit.

Die Wochenenden waren lang und öde. Ich saß in meiner Wohnung, bereitete mir etwas zu essen, ab und zu ging ich spazieren. Ich telefonierte oder sah fern und verschlang Süßigkeiten. Gelegentlich traf ich mich mit meinen Freundinnen, häufiger mit Kerstin, ab und zu besuchte ich Mutter in Eckernförde. Wenn sie etwas gekocht hatte, setzte ich mich an den Tisch und freute mich.

Ich versuchte, die Zeit zwischen Arbeiten und Schlafen totzuschlagen. Als Sligo noch lebte, gab es immer etwas zu tun im Stall, etwas, worum ich mich kümmern musste. Da war jemand, für den ich Verantwortung trug. Ein Lebewesen, das mich brauchte, das manchmal seine Launen an mir abreagierte, mir aber auch viel gab. All das starb mit ihm. Das Loch, das blieb, füllte ich auf meine Weise.

Ich nahm wieder zu. Die suggestiven Techniken, die Dr. Grauser mich gelehrt hatte, funktionierten kaum mehr. Auch wenn ich inständig auf mich einsprach: »Diese Tafel Schokolade macht mich schlank«, verhinderte es nicht, dass ich nach der ersten auch noch eine zweite und manchmal sogar eine dritte Tafel in mich hineinstopfte. Eine kurze Zeit lang rechnete ich nach, ob ich mir ein neues Pferd zulegen könnte; doch war bald klar, dass die vielen Tierarztrechnungen der letzten Monate mich an meine finanziellen Grenzen gebracht hatten.

Ich trieb dahin, allein und unglücklich.

Erst als mein Magen rebellierte, wachte ich auf.

Hatte ich früher vereinzelt Beschwerden bekommen, wenn ich Milch trank oder Schlagsahne aß und fettes Fleisch, so litt ich nun dauerhaft unter Magenschmerzen. Sie waren so heftig, dass ich mich fragte, ob sich ein Magengeschwür gebildet hatte oder eine Magenschleimhautreizung. Angesichts dessen, was ich in den vergangenen zwanzig Jahren in meinen Magen hinein und durch ihn hindurch gezwungen hatte, erschien es mir ohnehin wie ein kleines Wunder, dass er so lange so tapfer mitgespielt hatte. Ich kaufte in der Apotheke rezeptfreie Magentabletten und therapierte mich selbst, so gut es ging.

Im Verlauf des Winters nahm ich weiter zu. Langsam

aber beständig näherte ich mich meinem alten Höchstgewicht von 112 Kilo. Im Januar stieg ich auf die Waage, sie zeigte 110 Kilo. Meine Angst wuchs, die alte Höchstmarke demnächst zu überschreiten und nun endgültig ins Grenzenlose hinein zu wachsen.

Ungefähr zu dieser Zeit las ich in einer Zeitschrift einen Artikel über Magenbanding. Menschen, die weit mehr wogen als ich, 150 Kilo, einige sogar 230 Kilo, ließen sich im Krankenhaus operativ den Magen verkleinern. Die Klinik als letzte Instanz im Kampf gegen das Fett – ein Schritt, den nur jemand ging, der alles probiert hatte. Während der anderthalbstündigen Operation schnitten die Ärzte den Bauch des Patienten auf, räumten mit Schaufeln und schwerem Gerät Fettschichten beiseite, durchtrennten das Bauchfell und wühlten sich mit beiden Händen durch den Bauchraum, um mithilfe riesiger Haken den Magen – so weit überhaupt möglich – freizulegen. Von ihm klammerten sie schließlich einen Teil ab, trennten ihn durch eine metallene Stanznaht vom Rest und verringerten so das Volumen des Magens auf die Größe eines Weinglases. In der Folge der chirurgischen Verkleinerung konnten die Patienten nicht mehr die gewohnten Mengen vertilgen. Sie stellten ihre Ernährungsweise um, gezwungenermaßen nun, doch aus freiem Willen hatte es ja zuvor niemand geschafft. Ein solches Magenbanding sei bereits Standard und gängigster Eingriff bei der Behandlung extremer Adipositas neben dem Fettabsaugen und der Entfernung von Fettschürzen, erklärte ein Operateur.

Wieder verfolgte ich alle Fernsehsendungen und Zeitungsberichte zum Thema Adipositas und suchte im Internet nach Material über Magenbandings. Ich war fasziniert und erschrocken angesichts dieser Möglichkeit, angezogen und abgestoßen im selben Moment. Es schien brachial; doch was war diese Gewalt gegen den gewaltsamen Sog jener allmächtigen Gier? Es war wider die Natur; doch war es im Sinne der Natur, wenn ein Körper ins Unermessliche ausuferte? Wer, der nicht mit dieser Masse leben musste, vermochte sich vorzustellen, wie es sich im Banne des Fettes lebte?

Die Möglichkeit einer Gastroplastik schien wie die Erlösung von einem jahrzehntelangen Leiden. Ich begann, einen solchen Eingriff für mich in Erwägung zu ziehen, wog die Argumente für und wider ab. Angst hatte ich keine, ich war bereits zweimal operiert worden. Wohl hätte ich in der ersten Zeit Schmerzen, doch war ich bereit, die in Kauf zu nehmen. Was mich faszinierte, war das Technische, die Tatsache, dass es medizinisch die Möglichkeit gab, derart in den Körper und seine Funktionen einzugreifen. Mein Magen würde abgeschnürt, es passte nichts mehr hinein – *das* war die Lösung meines Problems! Nie wieder könnte ich maßlos essen. Nie wieder grosse Mengen verschlingen, obwohl mein Hunger bereits seit einer halben Stunde gestillt war. Nie mehr essen, bis mein Magen beinahe überlief und ich gezwungen war aufzuhören. In Zukunft würde ein Zehntel meiner üblichen Portionen ausreichen, um mich zu sättigen. Geradezu euphorisch wurde ich, als ich von einer Frau las, die sich nach einem Magenbanding ein Stück Kuchen gönnen wollte und nicht mehr schaffte als die Spitze des Tortenstücks.

Das war er, der ultimative Sieg!

Was ich aus eigener Kraft bislang nicht geschafft hatte, würde durch einen Eingriff von außen bewirkt werden – sei es drum, der Zweck heiligte die Mittel.

Eine Weile später erfuhr ich, dass die Operationen nur an adipösen Patienten vorgenommen wurden, die mehr als 50 Kilo Übergewicht mit sich herumschleppten. Und auch bei ihnen trugen die Krankenkassen die Kosten nur, wenn zuvor alle anderen Möglichkeiten ausgeschöpft worden waren – Diäten, Abmagerungskuren, Fettabsaugungen.

Vorläufig käme ein Magenbanding für mich nicht infrage.

12

Was meinst du, wie viele Dicke dort sein werden?«, fragte ich, als Kerstin in den zweiten Gang hinunterschaltete und rechts abbog.

»Der ganze Saal wird voll sein. Er wird aus allen Nähten platzen«, unkte sie. Wir fuhren den Norwegenkai entlang, vorbei an den Schiffen, die dort vor Anker lagen. Die Fähre nach Göteborg legte gerade ab. Ihre weißen Aufbauten glitzerten in der späten Märzsonne. Eine Ampel sprang auf Rot und meine Schwester bremste. »Weißt du, wann ich das letzte Mal bei einem Vortrag war? Mit fünfzehn, als wir mit der Schulklasse im Völkerkundemuseum waren und ein Indianer über Rezepte und Kochgewohnheiten seiner Vorfahren referiert hat.«

Ich kicherte, denn ich konnte mich noch gut daran erinnern, wie Kerstin später zu Hause am Esstisch davon berichtet hatte. Mutter schüttelte sich vor Ekel, als Kerstin akribisch beschrieb, wie Schlangen gehäutet und Wüsteninsekten aufgespießt und gegrillt wurden.

Die Ampel sprang auf Grün, Kerstin ließ die Kupplung kommen und schlängelte sich wieder durch den Feierabendverkehr. An der nächsten Kreuzung bog sie in eine breite, vierspurige Straße.

»Erinnerst du dich noch, was genau in der Zeitungsannonce stand?«, fragte ich.

»Nur, dass es um Adipositas geht. Und dass verschiedene Ärzte aus ihrer Sicht über das Thema referieren.« Kerstin bog in die Einfahrt zum Hotel und parkte neben einem Kleinbus, zog die Handbremse und sah zu mir herüber. »Wir werden auf jeden Fall ein paar Informationen bekommen, etwas Neues erfahren. Guck nicht so skeptisch.« Ich seufzte.

Ein Pförtner in dunkler Livrée trat einen Schritt zur Seite und öffnete uns die Tür. Drinnen spielte leise Barmusik. In den Sesseln des Foyers saßen überwiegend Herren in Anzügen und telefonierten oder lasen Zeitung. Neben den Fahrstühlen entdeckte ich eine gläserne Tafel mit einer Übersicht über alle derzeit im Hotel stattfindenden Veranstaltungen. Der Vortrag über Adipositas fand in einem Tagungsraum im zweiten Stock statt.

Die Tür zu dem Veranstaltungsraum stand offen. Drinnen waren etwa einhundert Stühle ordentlich aufgereiht. Nur in den vorderen drei Reihen waren bereits einige Plätze besetzt.

»Wie spät ist es?«, fragte Kerstin halblaut. Ich sah auf die Uhr.

»Zehn vor sieben.«

Kerstin deutete auf zwei Plätze in der zweiten Reihe. »Hier?«, fragte sie

»Warum nicht«, sagte ich. Wir setzten uns. Ich sah mich um. Vor uns saß eine Gruppe von jungen Leuten. Sie waren durchweg schlank, und ich fragte mich, warum sie wohl gekommen waren. In der dritten Reihe saßen drei mollige Frauen. Richtig dick war niemand, abgesehen von Kerstin und mir. Kerstin, die seit ihrer Scheidung gehörig zugenommen hatte. Sie sehnte sich nach einem neuen Partner, und wie ich aß sie, wenn sie unglücklich war. Inzwischen wog sie 86 Kilo. Ich selbst wog 110 Kilo. Da ich nur zwei, drei Zentimeter größer war als Kerstin, wirkte meine Schwester neben mir geradezu fragil. Ich fühlte mich unwohl. Ich kam mir vor wie ein bestelltes Versuchskaninchen. Und hier, meine

Damen und Herren, haben wir einen besonders schönen Fall von Adipositas, wenn Sie einmal schauen wollen ...

Oben auf der Bühne hatte man ein Rednerpult aufgebaut mit einem Mikrofon. Etwas abseits stand ein Tisch, darauf eine Vase mit Tulpen. Die Atmosphäre im Saal war nüchtern, ein versprengtes Häuflein Menschen saß herum und wartete. Auf der Bühne trat eine Dame in einem blauen Kostüm hinter einem Vorhang hervor, schritt über die Holzdielen und lächelte freundlich in den Saal hinein. Sie wirkte leicht irritiert, vermutlich hatte sie mit mehr Besuchern gerechnet. Im selben Moment betraten mehrere dicke Frauen den Saal. Eine von ihnen vergewisserte sich, dass dies der richtige Tagungsraum sei. Dann setzten sich alle auf freie Stühle in den vorderen Reihen. Nach und nach trafen noch einzelne Gäste ein und verteilten sich auf die freien Plätze. Man entschied sich schließlich, nicht länger zu warten.

»Guten Abend, meine Damen und Herren. Ich freue mich, Sie heute Abend hier begrüßen zu dürfen.« Sie machte eine kleine Pause, in der sie wieder freundlich lächelte. Kerstin und ich sahen uns an, Kerstin zuckte mit den Schultern. »Vor dem Hintergrund, dass Wissenschaftler unterschiedlicher Disziplinen immer wieder darauf hinweisen, dass die Deutschen zu dick sind, haben wir den heutigen Abend initiiert. Dabei soll es vor allem um die extreme Form des Dickseins, um Adipositas gehen. Wir haben dazu drei ausgewiesene Experten zu Gast. Sie werden sich aus sehr unterschiedlichen Perspektiven mit dem Thema beschäftigen. Selbstverständlich haben wir einen Allgemeinmediziener eingeladen, darüber hinaus nehmen aber auch ein Sportarzt und ein Schönheitschirurg Stellung.« Die Frau hatte etwas sehr Gewinnendes. Ich fragte mich, was es war, das mich anzog, fand aber keine Antwort. »Ich denke, es wird ein spannender und interessanter Abend werden, und freue mich, nun zunächst Herrn Dr. Mörken begrüßen zu dürfen.« Im Hintergrund der Bühne bewegte sich der Vorhang. »Herr Dr. Mörken, ich darf Sie auf die Bühne bitten.«

Dr. Mörken schritt auf das Rednerpult zu. Er war ein groß gewachsener Mann, trug Cordhosen und ein Sakko und hätte genauso gut auf dem Weg zu einem Freizeitvergnügen sein können. Er wirkte entspannt, in seinen Augen lag etwas Verschmitztes. Mit einem Lächeln und ohne viele Umstände wandte er sich dem Publikum zu.

»Meine Damen und Herren, ich möchte mich zunächst einmal für die Einladung bedanken. Es ist wohl wahr: Die Deutschen werden immer dicker, und immer mehr Dicke sind sogar schon extrem übergewichtig. Darum ist das Thema von enormer Bedeutung, für jeden Einzelnen, aber auch für die Gesellschaft als Ganzes. Ich selbst arbeite als Allgemeinmediziner in eigener Praxis und habe im Laufe der vergangenen zwanzig Jahre zahlreiche übergewichtige Patienten und Patientinnen behandelt. Seit über zwei Jahrzehnten verfolge ich die Forschung, ich kenne zahlreiche Erklärungsansätze und noch mehr Diätstrategien. Und ich habe am eigenen Leib gespürt, was es bedeutet, dick zu sein.« Dr. Mörken machte eine kurze Pause und ließ seinen Blick durchs Publikum schweifen. Dann sah er an sich herunter und lächelte. »Manche werden es mir vielleicht nicht glauben, aber ich selbst habe auch schon ein paar Diäten hinter mir.«

Ein leises Staunen ging durch das Publikum.

»Ich habe diese und jene Methode durchexerziert, mal mit passablem, mal mit mäßigem, mal mit geringem Erfolg. Vor einiger Zeit haben meine Frau und ich es dann mithilfe eines neuen Medikaments versucht. Sie hat 26 Kilo abgenommen, ich bin heute 30 Kilo leichter.«

Nun brach sich das Staunen Bahn und ein Raunen ging durch den Saal. Kerstin und ich sahen uns an. Sie schüttelte den Kopf. Auch ich konnte mir den Mann nicht dicker vorstellen, als er dort vorne stand. Aber wenn Dr. Mörken es am eigenen Leib erfahren hatte, wusste er immerhin, wovon er sprach. Oft genug war ich Ärzten begegnet, die keine Ahnung davon hatten, was es bedeutete dick zu sein.

Dr. Mörken holte Luft und fuhr fort:

»Wenn wir heute über Adipositas reden, ist einer der zentralen Punkte der so genannte Grundumsatz.« Die jungen Leute vor uns nickten.

»Als Grundumsatz bezeichnet man die Menge an Energie, die der Körper für seine Grundfunktionen benötigt: Atmung, Herzschlag und so weiter.« Das war auch mir nicht neu. »In der Regel geht man davon aus, dass der Grundumsatz eines Menschen etwa sechzig Prozent seines Energieverbrauchs ausmacht. Bei manchen Menschen ist der Grundumsatz allerdings niedriger als bei anderen. Man weiß heute, dass diese Menschen auch leichter zunehmen«, sagte Dr. Mörken. Erneut wanderte sein Blick durch den Saal und blieb kurz an Kerstin und mir hängen. Wahrscheinlich hatte ich einen niedrigen Grundumsatz. Ich hatte schon manchmal den Verdacht gehegt, ein guter Futterverwerter zu sein. Eine rundum günstige Frau sozusagen, sehr preiswert im Unterhalt ...

»Entscheidend ...«, fuhr Dr. Mörken fort, »entscheidend ist es, den Grundumsatz zu steigern. Wenn man ihn steigert, bleibt dem Körper weniger Energie, die er in Form von Fettpolstern einlagern kann. Das versteht sich, nicht wahr?« Nicken bei den jungen Leuten in der ersten Reihe. »In der Konsequenz läuft das auf eine Umstellung der Lebensweise hinaus, vor allem der Ernährung. Denn ...« Wieder hob er seine Stimme, machte dabei eine kurze Bewegung mit der Hand und lächelte. »Fett macht fett! Das Wichtigste bei der Bekämpfung von Adipositas ist die konsequente Reduzierung von Fett.« Dr. Mörken blickte in den Saal, als wolle er sich versichern, dass jeder seine Botschaft begriffen hatte. In der Tat schienen nicht wenige Zuhörer überrascht. Auch ich staunte. Bislang war ich es gewohnt, Kalorien zu reduzieren. Dr. Mörken fuhr fort:

»Ich formuliere es einmal salopp und etwas überspitzt: Kalorien können Sie heute vergessen. Entscheidend ist, wie viel Fett Sie zu sich nehmen.« Im Saal wurde getuschelt und geredet. Ein junger Mann meldete sich, Dr. Mörken nickte ihm zu. Er stellte sich als Student der Ökotrophologie vor.

»In der Ernährungswissenschaft gehen wir ja ohnehin vorsichtig mit Fett um. Welche Mengen pro Tag empfehlen Sie denn?«

»Ideal wäre es, nicht mehr als sechzig Gramm Fett pro Tag zu sich zu nehmen«, antwortete Dr. Mörken. »Gerne auch weniger, das versteht sich ...« Er lachte, einige von den jungen Leute in der ersten Reihe ebenfalls. Auch die Dame in dem blauen Kostüm, die auf einem Stuhl am Rand saß, lächelte.

Im Folgenden referierte Dr. Mörken über ein spezielles System der Fettreduzierung:

»Ich möchte Sie ermutigen, Ihr Schicksal selbst in die Hand zu nehmen«, sagte er. »Führen Sie Buch über das, was Sie essen, und legen Sie ein Fettkonto an. Schätzen Sie doch einmal, meine Damen, wie viel Fett in einer Scheibe Graubrot steckt? Oder in einer Bockwurst? Oder in einem Teller voller Nudeln?«

Schweigen bei den Frauen. Einige schüttelten die Köpfe, alle blickten abwartend auf Dr. Mörken.

»125 Gramm 25-prozentiger Frischkäse schlagen

beispielsweise mit sieben Fettpunkten zu Buche. Hätten Sie es gewusst?« Kopfschütteln bei den Frauen, Schweigen im Saal.

»Wenn Sie abnehmen wollen, müssen Sie wissen, was Sie essen. Sie müssen wissen, wie viel Fett in Ihren Lebensmitteln steckt und wie sie den Fettanteil reduzieren können. So lässt sich eine Mayonaise beispielsweise mit Magermilchjoghurt strecken. Sie schlagen zwei Fliegen mit einer Klappe: Sie haben den vollen Genuss und weniger Fettpunkte auf Ihrem Konto.« Das Fettkonto begann, mich zu interessieren.

»Wir alle kennen diese Momente«, fuhr Dr. Mörken fort und nun nahm seine Stimme einen beinahe freundschaftlichen Ton an. »Man geht durch die Stadt, vorbei an einer Bratwurstbude, und plötzlich kann man dem betörenden Geruch nicht widerstehen. Man isst eine Wurst, obwohl man weiß, wie viel Fett in ihr steckt.

Das Gleiche mit einer Tafel Schokolade: Erst denken Sie, Sie essen nur ein Stückchen, und na ja, am Ende sind es doch mehrere Riegel geworden.« Er sprach mir aus dem Herzen. Obwohl ich Dr. Mörken gar nicht kannte, fühlte ich mich ihm verbunden wie einem langjährigen Leidensgenossen.

»Meine Frau und ich haben mit medizinischer Unterstützung abgenomnmen. Uns hat ein Präparat geholfen, das die Boulevardpresse ›Fettreduzierungspille‹ nannte. Die Tabletten verhindern, dass der Körper all das Fett aufnimmt, das ihm zugeführt wird. Überflüssiges Fett wird schnellstmöglich wieder ausgeschieden.« Dr. Mörken machte eine kurze Pause und trank einen Schluck Wasser aus dem Glas, das vor ihm auf dem Rednerpult stand. »Inzwischen verordne ich das Medikament vielen meiner Patienten. Und ich kann nur sagen: mit gutem Erfolg.«

Nach Dr. Mörken ergriff der Sportmediziner Dr. Baumann das Wort.

Er war einer von dieser Sorte Menschen, die immer schlank sein werden, egal was und wie viel sie essen. Feingliedrig und schmal im Knochenbau, dabei aber sehr athlethisch. Er küsste der Dame im blauen Kostüm charmant die Hand und nickte Dr. Mörken zu.

»Meine Damen und Herren, dicke Menschen bewegen sich nicht gern, und das ist auch verständlich. Auch wenn man gemeinhin denkt, gerade sie hätten es doch nötig, sich ein bisschen sportlich zu betätigen, haben die meisten Menschen, die nicht dick sind, doch keine Vorstellung davon, wie es sich in einem dicken Körper lebt. Die Fülle, die diese Menschen mit sich herumtragen, behindert. Dicke fühlen sich permanent kritischen Blicken ausgesetzt – was ja auch keineswegs nur Einbildung ist. Wer dick ist, gilt in unserer Gesellschaft als hässlich, ungesund, unbeherrscht, kurz: als Versager. Schlank dagegen heißt: schön, gesund, erfolgreich. Wer will das nicht sein?« Ich sah zu Kerstin hinüber, sie hörte zu.

»Die Menschen, und das ist ein allgemeines psychologisches Phänomen, projizieren ihre Ängste gern auf ein Gegenüber. Herr Müller weiß, dass er öfter mal ein Bierchen zu viel trinkt, dass er gerne isst und Süßigkeiten kaum widerstehen kann. Insgeheim hat er Angst, morgen vielleicht nicht mehr schlank und schön und erfolgreich zu sein. Er verschafft seiner Angst ein Ventil, indem er über Dicke lästert. Er lehnt ab, was er selbst fürchtet. Das tun wir unbewusst alle mit dem, was uns Angst macht. Also werden Dicke belächelt, verspottet, beleidigt. Wer möchte sich als dicker Mensch da noch hervortun, sich besonders zur Schau stellen?« Ich sah mich im Saal um. Dr. Baumann sprach ruhig und unaufgeregt. Davon ging eine Wirkung aus, der sich das Publikum nicht entziehen konnte. Alle hörten aufmerksam zu.

»Es gehört Mut dazu, dick zu sein und in ein Fitnessstudio zu gehen. Außerdem bewegen sich dicke Menschen nicht unbedingt harmonisch, ihre Bewegungen sehen nicht elegant aus, eher tollpatschig. Manche Sportarten sind für Dicke auch geradezu schädlich. Das Joggen beispielsweise, es bedeutet eine erhebliche Belastung für die Gelenke.« Dr. Bauman kratzte sich am Ohr und lachte. Dann sagte er: »Für all das habe ich volles Verständnis. Doch es ändert nichts daran: Wenn Sie abnehmen wollen, müssen Sie sich bewegen.« Nun lachten auch einige im Publikum.

»Ich erzähle Ihnen einmal eine Anekdote, sie ist exemplarisch«, fuhr Dr. Baumann fort. »Ich arbeite in einer Kurklinik. Viele unserer Patienten kommen, weil sie abspecken wollen. Sie erscheinen bei mir zur Erstuntersuchung, und ich frage sie, wie sie sich ihren Aufenthalt vorstellen, welche Wünsche und Erwartungen sie haben. Die meisten antworten: ›Ich möchte abnehmen.‹ Wenn ich frage, wie sie das erreichen wollen, sagen sie: ›Nun, ich werde hier auf Diät gesetzt, und dann bekomme ich auch noch ein paar Massagen und andere Anwendungen.‹« Die jungen Leute in der ersten Reihe kicherten. »Fast alle unsere dicken Patienten gehen davon aus: Wir geben ihnen wenig zu essen, kneten ein bisschen an ihren Körpern herum – und nach vier Wochen sind sie schlank.«

Jetzt setzte allgemeines Gelächter ein.

»Lachen Sie nicht!«, sagte Dr. Baumann. »Es klingt banal, aber es ist wahr.« Das Gelächter schwoll eher an, als dass es nachließ. Alle stimmten ein. Auch ich lachte, doch mischte sich ein Gefühl von Verlegenheit in mein Lachen. Ich stellte mir vor, ich wäre Dr. Baumann in einer meiner Kuren begegnet. Wahrscheinlich hätte ich ähnlich reagiert wie die Patienten, von denen er sprach. Es war so mühsam abzunehmen und die Verlockung auf Hilfe von außen zu hoffen immens. Dr. Baumann wartete einen Augenblick, bis wieder Ruhe einkehrte und fuhr dann fort:

»Als Nächstes frage ich meine Patienten: ›Machen Sie manchmal Sport?‹ In 99 von 100 Fällen lautet die Antwort: nein. Ich frage also: ›Warum machen Sie denn keinen Sport?‹ Viele antworten, sie hätten keine Zeit. ›Aha‹, sage ich, ›keine Zeit.‹ Die Patienten setzen dann meist zu wortreichen Erklärungen an: ›Ich habe so viel zu tun, in der Firma, zu Hause. Und dann noch die Familie, ich sehe ja meine Kinder kaum. Ein oder zwei Mal pro Woche auch noch für eine Stunde ins Fitnessstudio – nein, Herr Doktor. Das ist beim besten Willen nicht drin. Ich habe wirklich keine Zeit.‹ ›Gut‹, antworte ich, ›aber hier in der Klinik haben Sie ja jetzt Zeit.‹«

Wieder erhob sich allgemeines Gelächter, und ich konnte nicht umhin, einzustimmen. Ich schaute zu Kerstin hinüber. Sie erwiderte meinen Blick und grinste, als habe man sie bei etwas Verbotenem ertappt. Der Mann kannte die einschlägigen wunden Punkte ...

»Ich frage meine Patienten als Nächstes, was sie gern machen würden. Rad fahren zum Beispiel? Die Antwort lautet meistens: ›Ach Herr Doktor, beim Radfahren tun mir die Knie weh. Als ich das letzte Mal Fahrrad gefahren bin, konnte ich anschließend nur noch humpeln.‹« Dr. Baumann machte eine Pause, er schmunzelte selbst. Gute Ausrede, dachte ich unterdessen. Die jungen Leute in der ersten Reihe waren allerbester Laune.

»›So, so‹, sage ich dann. ›Rad fahren können Sie nicht. Aber Sie können ja gehen, wie wäre es, wenn Sie spazieren gingen?‹ Und die Leute antworten: ›Ach, Herr Doktor, es regnet so oft. Und im Sommer fliegen überall Pollen herum, Sie wissen doch: Ich bin Allergiker.‹ ›Gut‹, sage ich. ›Und Schwimmen? Wie wäre es mit Schwimmen?‹ ›Ja, Schwimmen, das wäre etwas ...‹ Und schwupp stecke ich die Patienten in den Aqua-Gymnastik-Kursus.«

Dr. Baumann lachte und alle im Saal mit ihm.

»Was ich sagen will, ist Folgendes ...«, fuhr Dr. Baumann fort, als es wieder ruhiger wurde im Saal. »Es findet sich für jeden Menschen eine Sportart, die ihm Spaß macht. Bei manchen dauert es nur länger, bis sie auf den Geschmack kommen. Ich mache meinen Patienten deshalb so lange Vorschläge, bis ihre Ausreden versiegen.« Im Publikum setzte halblautes Gemurmel ein. »Die meisten entscheiden sich übrigens am Ende fürs Schwimmen. Was ich gut verstehe, denn ein dicker Körper fühlt sich im Wasser leichter an. Außerdem, und das mag auch eine Rolle spielen, ist der Körper unter Wasser ja nicht mehr zu sehen. Dicke Menschen können sich im Wasser allen kritischen Blicken entziehen.

Ohne Sport geht es nicht. Und am Ende ihres Aufenthaltes sind unsere Patienten überrascht, wie viel Spaß ihnen Sport macht. Sie gehen mit den besten Vorsätzen nach Hause.« Er machte eine kleine Bewegung mit seiner rechten Hand. »Was aus den Vorsätzen wird, steht auf einem anderen Blatt. Ich danke Ihnen.« Die Gäste im Saal applaudierten, und Dr. Baumann verbeugte sich leicht.

Die Dame im blauen Kostüm kündigte den nächsten Redner an: »Die Ernährung spielt eine wesentliche Rolle beim Thema Adipositas. Nicht minder wichtig ist es, sich zu bewegen ...« Sie lächelte in Dr. Baumanns Richtung, der seinerseits schmunzelte und sein Ohr kratzte. »Gerne und zunehmend häufiger wird jedoch versucht, Übergewicht auf dem Operationstisch zu bekämpfen. Was kann die Schönheitschirurgie bei Übergewicht und Adipositas wirklich ausrichten? Fragen, auf die uns Herr Dr. Meyer-Kahlfeld Antworten geben wird.« Wieder trat ein Mann hinter dem Vorhang hervor und ging auf das Rednerpult zu. Auch er war schlank und attraktiv.

Dr. Meyer-Kahlfeld richtete das Mikrofon auf seine Höhe aus. »Ich darf mich Ihnen zuerst vorstellen. Mein Name ist Meyer-Kahlfeld, ich arbeite in eigener Praxis und beschäftige mich seit nahezu zehn Jahren mit kosmetischer und plastischer Chirurgie. Was meine Kollegen und ich beinahe täglich erleben ist, dass dicke Menschen von der Schönheitschirurgie wahre Wunder erwarten.

In aller Regel machen Menschen, und vornehmlich sind es Frauen, erst einmal eine Diät, wenn sie meinen, sie seien zu dick. Sie versuchen es einmal, zweimal, probieren eine weitere Diätmethode aus, nehmen sich vor, strikter zu sein und insgesamt gesünder zu leben. Aber dann begeben sich die Ersten auch schon auf den Weg zu einem Schönheitschirurgen. Überflüssiges Fett absaugen zu lassen, erscheint ihnen als der bequemste und schnellste Weg zum Ziel. Wenn die Entwicklung so weitergeht, ist das Fettabsaugen in ein paar Jahren die beliebteste Methode, um seinen Körper auf Idealmaß zu bringen. Ich für meinen Teil kann Ihnen nur dringend raten, von solchen Überlegungen Abstand zu nehmen.« Ich sah zu Kerstin hinüber. Ihr Gesichtsausdruck war aufmerksam und zugleich skeptisch.

»Das Schönheitsideal der modernen Industriestaaten ist schlank. Schlank heißt vital, und vital steht synonym für erfolgreich. So weit, so gut. Aufgrund meiner Berufserfahrung plädiere ich sehr dafür: Lassen Sie es gar nicht erst so weit kommen! Achten Sie auf Ihr Gewicht und versuchen Sie, gar nicht erst dick zu werden. Das ist die beste Methode schlank zu bleiben.« Was für ein Witzbold, dachte ich. Meine Wade juckte, und ich spürte die Speckwülste an meinem Bauch, als ich mich nach vorne beugte.

Dr. Meyer-Kahlfeld rieb sein Kinn. »Manche unter Ihnen hier im Saal denken vielleicht: Ein Schönheitschirurg, der greift zum Messer, stellt mal eben seine Maschinen an und schwuppdiwupp – weg ist das Fett. So ist es nicht. Schon gar nicht, wenn jemand erst einmal das extreme Stadium der Adipositas erreicht hat. Leben Sie gesund, meine Damen und Herren! Ernähren Sie sich bewusst, achten Sie darauf, wenig Fett zu sich zu nehmen, und bewegen Sie sich viel. Ich kann, quasi in letzter Instanz, ein bisschen nachbessern und Fettpolster am Bauch oder an den Schenkeln, die der Körper trotz Fettreduzierung einfach nicht verarbeiten will, absaugen. Ich kann hartnäckige Problemzonen beseitigen und damit den seelischen Druck lindern, wenn eine Patientin unter ihrer Figur leidet. Aber ich kann keine Wunder vollbringen.« Dr. Meyer-Kahlfeld schaute ins Publikum, sein Blick schien an Kerstin und mir hängen zu bleiben. Er rieb noch immer sein Kinn, ließ dann seine Hand sinken und fuhr fort:

»Natürlich arbeiten wir heute mit sehr feinen Instrumenten. Die Eingriffe an sich sind unproblematisch. Wer von Ihnen vor ein paar Jahren Bilder einer solchen Operation im Fernsehen oder in der Zeitung gesehen hat, war zu Recht erschrocken. Da wurde mitunter mit grobem Gerät gearbeitet. Es wurde teilweise Gewebe zerstört, es wurden Nervenenden beschädigt, sodass einzelne Patienten noch Monate nach der Operation unter einem tauben Gefühl an den entsprechenden Körperstellen litten. Heute arbeiten meine Kollegen und ich mit feinsten Küretten. Doch die Eingriffe bleiben eine Art Ultima Ratio, wenn ich mich so ausdrücken darf.« Ich hatte erst vor einer

Weile im Fernsehen Bilder von solchen Fettabsaugungen gesehen. Noch immer erschienen sie mir um einiges brutaler als beispielsweise ein Magenbanding.

»Problemzonen, die Sie mit Diäten nicht in den Griff bekommen, kann ich zwar operativ beseitigen. Doch daneben empfehle ich jedem, sein Übergewicht durch eine konsequent fettarme Ernährung, gegebenenfalls durch eine medikamentöse Unterstützung sowie durch Sport zu reduzieren. Auf diesem Weg lässt sich eine Menge bewirken.« Danach bekam das Publikum Gelegenheit, Fragen zu stellen. Ein junger Mann in der ersten Reihe erhob sich und stellte eine Frage:

»Wie wirkt sich Ihre Fettreduzierung denn auf den Geschmack aus? Das Fettkonto, von dem Sie sprachen, Dr. Mörken, macht ja keinen Sinn, wenn das, was die Leute essen dürfen, ihnen nicht mehr schmeckt.«

»Studien haben gezeigt, dass fettreiches und fettreduziertes Essen gleich gut schmeckt. Die Testpersonen hatten keinen Grund zur Klage«, sagte Dr. Mörken. »Meine Frau und mich eingeschlossen ...«

Ich meldete mich. Die Dame im blauen Kostüm nickte mir zu.

»Mich interessiert, wie man einen niedrigen Grundumsatz steigern kann.« Dr. Mörken trat erneut ans Mikrofon.

»Das ist ausgesprochen schwierig ...«, sagte er.

»Aber Sie meinten doch, es sei sehr wichtig, den Grundumsatz zu steigern«, sagte ich.

»Nichtsdestoweniger ist es schwierig. Wer keinen Sport treibt, schafft es nicht. Daneben ist es unerlässlich, dass Sie sich vermehrt von kohlehydratreichen Lebensmitteln ernähren, Brot, Nudeln, Kartoffeln und dabei gleichzeitig Fett vermeiden. Mehr darüber erfahren Sie auch in den Patientengruppen, die ich leite.«

»Und wie beurteilen Sie das so genannte Magenbanding. Sehen Sie darin eine Alternative für Menschen, die es nicht schaffen abzunehmen?«, fragte eine Studentin aus der ersten Reihe.

Einen Moment lang schwieg Dr. Mörken, und es sah aus, als dächte er nach. Dann sagte er: »Ich formuliere es einmal so: Es gibt sicherlich schonendere Methoden, sein Gewicht zu reduzieren. Eine solche Operation ist kein unbedeutender Eingriff.«

»Wie sieht es denn mit dem Langzeiterfolg der fettreduzierenden Pille aus?«, fragte der Ökotrophologe.

»Im Rahmen der beschriebenen Therapie sind Rückfälle so gut wie ausgeschlossen. Mit dem Präparat ist ein umfangreiches Begleitprogramm verbunden. In den Patientengruppen, von denen ich eben schon kurz sprach, lernen die Leute viel über Ernährung und Essgewohnheiten, über Nährstoffe, Fettbilanzen, Bewegung, gute Vorsätze, kurz über ihren bisherigen, eher ungesunden und den angestrebten gesunden Umgang mit Essen. Wer da konsequent ist, hat auch Erfolg.« Dr. Mörken sah zu seinen beiden Kollegen hinüber. »Ich denke, begleitet durch Sport und eine fettarme Ernährung ist die Fettreduzierungspille für die meisten Patienten zurzeit *die* Therapie bei Adipositas.«

Ich bemerkte, wie fasziniert Kerstin Dr. Mörken beobachtete. Die Dame im blauen Kostüm wandte sich ans Publikum. »Gibt es weitere Fragen?« Niemand im Saal meldete sich.

»Vielleicht darf ich noch etwas ergänzen«, sagte Dr. Mörken.

»Bitte ...«, sagte die Dame und trat zur Seite.

»Wer abnehmen will, muss sich für eine Methode entscheiden, die auf seinen persönlichen Lebensstil Rücksicht nimmt. Sowohl meine Erfahrung als Arzt als auch meine persönlichen Erlebnisse bestätigen meine Theorie: Es nutzt nichts, sich einzuschränken. Es nutzt nichts, sich zu kasteien. Es nutzt nichts, sich über Wochen und Monate alle schönen Dinge zu verbieten. Es macht den Appetit umso größer und das Durchhalten schwieriger.« Ich spürte, dass Dr. Mörken wirklich am eigenen Leib erfahren hatte, welche Qual eine Diät bedeutete. »Darin, meine Damen und Herren, sehe ich auch den Erfolg der Fettreduzierungspille begründet. Sie reduziert das Fett, das Sie zu sich nehmen, um gut ein Drittel. Ein Drittel von dem, was Sie essen, und was Sie *gern* essen, essen Sie also sozusagen ungestraft. Der Körper kann dieses Fett gar nicht erst aufnehmen, weil es schnell und auf natürlichem Weg wieder abgeführt wird.

Selbstverständlich müssen Sie trotzdem Ihren Speiseplan umstellen. Sie müssen darauf achten, nicht zu viel Fett zu sich zu nehmen. Aber Sie müssen nicht unter Qualen auf jedes Stück Schokolade verzichten. Das nenne ich eine lebensnahe Methode, die kann funktionieren. Viele meiner Patienten sind der lebende Beweis, denn sie haben mithilfe dieser Therapie beachtliche Erfolge erzielt.«

Immer wieder dachte ich in den nächsten Tagen und Wochen über die Fettreduzierungspille nach. Seit jenem Abend fragte ich mich, ob ich den Versuch wagen sollte. Ein paar Mal hatte ich mit Kerstin darüber gesprochen; sie beschloss schließlich, es mit einer weiteren Brigitte-Diät zu versuchen. Meine Schwester war noch der Meinung, ihr Übergewicht ohne fremde Hilfe unter Kontrolle zu bekommen, wenn sie sich nur etwas mehr zusammenriss und streng nach Diätplan lebte. Ich grübelte weiter; am Ende wusste ich nicht, wie ich mich entscheiden sollte.

Einerseits stand ich unter Handlungsdruck. Ich wog 45

Kilo zu viel, mein Gewicht war krankhaft, ich litt unter Adipositas und war nach Berechnung meines Body-Mass-Index' sogar auf dem direkten Weg in die Kategorie »extreme Adipositas«. Andererseits hatte ich eine Aversion gegen das Schlucken von Tabletten. Doch beeindruckte mich, dass Dr. Mörken es mithilfe der Fettreduzierungspille geschafft hatte, 30 Kilo abzunehmen. Wäre ich 30 Kilo leichter, wäre ich zwar immer noch dick; aber ich wäre nicht mehr uferlos fett. Das wäre nach zwanzig schwergewichtigen Jahren schon ein beachtlicher Unterschied. Auch glaubte ich, wenn ich ehrlich war, nicht mehr wirklich daran, mit einer der zahlreichen Methoden, die ich bereits ausprobiert hatte, einen wirklichen Erfolg zu erreichen. Möglicherweise boten Dr. Mörken und die Therapie tatsächlich eine Alternative?

Ich rief in Dr. Mörkens Praxis an und bat um einen Termin.

Während der Fahrt rumorte mein Magen vor Nervosität. Als ich Dr. Mörken im Sprechzimmer gegenübersaß, fiel alle Nervosität von mir ab.

»Wir kennen uns. Waren Sie nicht neulich bei dem Vortrag über Adipositas?«, fragte er, als ich das Zimmer betrat.

»Sie haben aber ein gutes Gedächtnis.«

»Ich interessiere mich eben für Menschen. Das ist ja letztlich auch mein Beruf.« Sein Händedruck war fest und warm. »Nehmen Sie Platz. Was kann ich für Sie tun?«

»Ich möchte mehr über diese Fettreduzierungspille wissen. Ich denke ständig über das nach, was Sie und die anderen Herren an dem Abend erzählt haben. Ich frage mich, ob diese Therapie für mich infrage käme.«

»Grundsätzlich kann jeder, der abnehmen will, die fettreduzierende Pille nehmen. Vorausgesetzt ein Patient leidet nicht an einem chronischen Malabsorptionssyndrom, an einer bestimmten Allergie oder nimmt sonstige Arzneimittel.

Die Therapie basiert auf fünf Eckpfeilern: Sie müssen – und werden – langfristig Ihre Essgewohnheiten verändern. Wobei es keine schwarze Liste von verbotenen Dingen gibt, die Sie nie wieder essen dürfen. Das unterscheidet diese Therapie eben von anderen Diäten, die, wie Sie ja selbst wissen, auf rigide Verbote und strenge Kontrollen setzten. Aber kein Mensch kann lebenslang hungern. Solche Vorgaben sind die beste Methode, den berühmten Heisshunger zu schüren, wenn Sie mich fragen.« Ich nickte; ich wusste, wovon der Mann sprach. »Sie dürfen weiterhin alle Lebensmittel zu sich nehmen, lediglich der Fettverbrauch wird beschränkt. Das kontrollieren Sie mithilfe des Fettkontos. Sie erinnern sich?«

»Ja, ich erinnere mich.«

»Um Ihr Fettkonto zu führen, bekommen Sie von mir Unterlagen, Tabellen und Broschüren. Es ist nicht besonders kompliziert. Außerdem haben Sie die Fettreduzierungspille. Sie sorgt dafür, dass Ihr Körper nicht alles Fett, das Sie essen, auch tatsächlich aufnimmt und einlagert. Viertens werden Sie anfangen, sich zu bewegen. Ich vermute, Sie treiben keinen Sport?«

»Nein. Ich bin eine von denen, die Dr. Baumann neulich so treffend beschrieben hat. Allerdings bin ich lange geritten, ich hatte zwei Pferde.«

»Hatte?«

»Das erste habe ich verkauft, das zweite musste ich einschläfern lassen. Ich gebe aber auch zu, dass ich ab einem bestimmten Gewicht nicht mehr reiten mochte. Ich hatte ein schlechtes Gewissen, mich mit 100 Kilo oder mehr auf ein Pferd zu setzen. Das arme Tier tat mir jedes Mal leid ...«

»Nun, das ist doch eine gute Motivation, abzunehmen, oder?«

»Hm. Wenn ich es denn schaffen würde.«

»Sie haben also auch eine längere Diätkarriere hinter sich?« Ich nickte.

»Zwanzig Jahre.«

»Da bringt man natürlich eine gewisse Skepsis gegenüber neuen Methoden mit. Aber wahrscheinlich auch große Hoffnungen?«

»Sie sagen es. Und Skepsis und Hoffnung lösen einander ständig ab. In meinem Kopf herrscht ein einziges Durcheinander.«

»Das geht anderen Patienten genauso. Aber Kopf hoch! Ich denke, Sie haben gute Chancen mit dieser Therapie zu schaffen, was Sie bislang nicht geschafft haben. Nicht zuletzt sind die Patientengruppen eine große Hilfe. Wir treffen uns einmal im Monat und diskutieren anhand eines Arbeitsbuches verschiedene Themen rund ums Essen und Abnehmen. Es werden Rollenspiele gemacht, Videoaufzeichungen und verschiedene Übungen. Es geht darum, dass Sie lernen, Ihr Denken und Verhalten zu analysieren. Ohne Diagnose keine Therapie – nur wenn Sie die Ursachen für Ihr Verhalten kennen, können Sie es auch ändern. Wenn Sie wissen, welche Bedeutung Essen für Sie hat, können Sie anfangen alternative Strategien zu entwickeln und sich anders verhalten. Sie können aus den alten Kreisläufen ausbrechen, die bisher dazu geführt haben, dass Sie zu viel und zu ungesund gegessen haben. Letztlich werden Sie Ihr Selbstwertgefühl nicht mehr nur über Ihr Gewicht und Ihre Figur definieren. Dabei sind der ständige Ansporn und die regelmäßige Hilfestellung durch die Gruppe von enormer Bedeutung. Das versichern mir meine Patienten immer wieder.«

Schweigend hörte ich Dr. Mörken zu. Mein Kopf drehte sich bereits. Das Ganze wirkte anschaulich und einleuchtend, ja geradezu bestechend. Wo war der Haken? Oder war ich zu misstrauisch? Vielleicht gab es keinen Haken, vielleicht war es wirklich eine durchdachte Methode, mit deren Hilfe auch ich es schließlich schaffen konnte, abzunehmen.

Dr. Mörken nahm sich an diesem Nachmittag viel Zeit und ging auf alle meine Fragen ein. Später untersuchte er mich, so gründlich und umfassend, wie ich es lange nicht mehr bei einem Arzt erlebt hatte. Als ich mich wieder angezogen hatte, sagte er: »Ich schlage vor, noch einen Zuckerbelastungstest durchzuführen. Ich möchte ausschließen, dass bei Ihnen eine Diabetes vorliegt. Nicht als Ursache des Dickseins. Aber Diabetes gehört zu den möglichen Folgekrankheiten von Übergewicht.« Er erklärte mir Details der Laboruntersuchungen und begleitete mich ins Nebenzimmer.

»Ich darf mich jetzt verabschieden. Bei meiner Helferin sind Sie in besten Händen.« Er lächelte, und auf seinem Gesicht bildeten sich zahlreiche Grübchen. Er musste Ende vierzig sein; nur seine Augen hatten etwas Kindliches, eine Spur naiven Schalks.

Die Arzthelferin zapfte drei kleine Kanülen voll Blut aus meinem Arm. Nachdem sie die Röhrchen mit kleinen Namensschildern versehen und in einen Ständer gestellt hatte, bereitete sie ein Glas Glukoselösung vor. Ich trank die klare Flüssigkeit in einem Zug. Anschließend durfte ich die Praxis verlassen, musste aber im Laufe des Nachmittags mehrfach zu weiteren Blutabnahmen erscheinen.

Abends traf ich Dr. Mörken ein weiteres Mal.

»Am Freitag werden die Untersuchungsergebnisse vorliegen. Dafür brauchen Sie nicht extra aus Rendsburg herübergefahren zu kommen. Rufen Sie einfach an. Am besten über Mittag, dann ist es etwas ruhiger in der Praxis.« Er lächelte.

Am Freitag rief ich in der Praxis an.

»Alles in Ordnung«, sagte Dr. Mörken. »Sie sind nicht krank. Aus medizinischer Sicht steht einer Therapie nichts im Weg.«

Ich entschied mich für die Fettreduzierungspille. Ich fühlte mich bei Dr. Mörken in guten Händen. Auch hatte ich nicht viel zu verlieren. Ich hatte mir eine Frist für einen letzten Versuch gesetzt und wollte nichts unversucht lassen.

Auf dem Heimweg war ich beinahe euphorisch vor Mut und Zuversicht. An einer Kreuzung ließ ich einem rabiaten Taxifahrer die Vorfahrt und winkte ihm sogar noch zu. Der Mann sah mich verständnislos an.

Diesmal würde ich es schaffen.

Ein paar Tage später klingelte das Telefon.

»Guten Morgen«, Frau Kessner, die Assistentin von Dr. Mörken war am Apparat, »Dr. Mörken beginnt demnächst mit einer neuen Gruppe. Wenn Sie möchten, können Sie gern teilnehmen. Sie sind herzlich eingeladen.«

Es war bereits Abend und die Sprechstunde vorüber, als ich die Praxis betrat. Sie wirkte seltsam verwaist wie eine leere Theaterkulisse. Meine Schritte hallten über den Fußboden mit den anthrazitfarbenen Marmorplatten.

»Hallo?« Niemand war zu sehen. Dann hörte ich Schritte in einem Nebenzimmer. Eine Tür ging auf und Frau Kessner trat auf den Flur.

»Guten Abend«, sagte sie, »schön Sie zu sehen.« Sie nahm mir meinen Mantel ab und hängte ihn auf einen Bügel an der Garderobe. Auf der gewundenen Messingstange hingen drei weitere Jacken.

»Bitte«, lächelte sie und hielt die Tür auf, aus der sie eben herausgetreten war, »kommen Sie herein!«

Drinnen saßen ein alter Mann, ich schätzte ihn auf etwa siebzig Jahre, sowie ein mittelaltes Ehepaar, vermutlich in den Fünfzigern. Frau Kessner bot mir einen Stuhl an. Der Mann trug ein Menjoubärtchen und ein seidenes Halstuch, was ihm die Aura eines gealterten Salonlöwen verlieh. Er war groß und recht füllig, sein Haar noch immer dicht und mit Pomade zurückgekämmt. Ich konnte ihn mir, einige Kilo schlanker, gut in Salons und Ballsälen vorstellen. Ein Herr der Gesellschaft, sicher ein guter Tänzer, ein Mann mit Manieren, der den Frauen in den Mantel half und so. Der andere Mann wirkte wie ein piefiger Kleingärtner, bieder, ordentlich, langweilig. Seine Frau war bereits ergraut und hatte eine von diesen Blauspülungen im Haar. Kerzengerade saß sie auf ihrem Stuhl. Hinter ihr leuchtete eine Stehlampe, sodass es aussah, als umgäbe ein veilchenfarbener Heiligenschein ihr erhobenes Haupt. Frau Kessner lächelte und reichte mir ein Buch.

»Unser Arbeitsbuch«, sagte sie. Im selben Moment fiel draußen die Eingangstür ins Schloss. Eilige Schritte hallten durch den Flur.

»Guten Abend!« Ein wenig atemlos betrat Dr. Mörken den Raum. »Entschuldigen Sie bitte meine Verspätung. Ein akuter Blinddarmdurchbruch, ich musste noch zu einem Patienten fahren.« Er zog seine Lederjacke aus und warf sie über einen leeren Stuhl. Frau Kessner reichte ihm ebenfalls ein Arbeitsbuch.

»Vielen Dank. Hätten Sie vielleicht auch ein Glas Wasser?« Frau Kessner ging nach nebenan und kam gleich darauf mit einer Flasche Mineralwasser und einem Glas zurück.

»Danke. Was wäre die Praxis bloß ohne Sie, Frau

Kessner?« Dr. Mörken ließ seinen Charme spielen. Frau Kessner lächelte, sagte aber nichts. Es schien wie ein etabliertes Spiel zwischen beiden.

»Gut«, sagte Dr. Mörken, »kommen wir zum Wesentlichen.« Er sah in die Runde und auf seinem Gesicht erschien wieder dieses verschmitzte Lächeln. »Die Therapie erschöpft sich nicht darin, dass Sie ab und zu eine Pille schlucken und zusehen, wie Sie ihre Pfunde verlieren. So einfach ist es nicht. Das Ganze wird von einem umfangreichen und klugen Programm begleitet. Sie werden hier viel über Ernährung lernen, Sie werden Buch führen müssen über das, was Sie essen, Sie werden – auch wenn Sie es nicht gerne tun – Sport treiben müssen. Sie werden, um es auf einen kurzen Nenner zu bringen, Ihr Leben ändern müssen. Das ist aber auch schon alles, was sie tun müssen ...« Die beiden Männer grinsten, und auch ich konnte mir ein Schmunzeln nicht verkneifen. Nur die Dame mit dem lila Haar saß stocksteif auf ihrem Stuhl.

»Nun bekommen Sie aber keinen Schreck. Sie werden sehen, auch wenn es jetzt ganz neu und fremd klingt, am Ende ist diese Art abzunehmen eine ausgesprochen angenehme. Sie werden sich nie mehr geißeln müssen, weil Sie einmal ein Stück Kuchen zu viel gegessen haben.« Mit diesen Worten schlug Dr. Mörken das Arbeitsbuch auf, das auf seinem Schoß lag.

»Das Arbeitsbuch gliedert sich in neun Kapitel. Wir beschäftigen uns pro Abend mit einem Thema.« Flüchtig blätterte ich durch die Seiten meines Exemplars. Es ging um Adipositas und das Abnehmen an sich, um die Ursachen von Übergewicht, um Fett und Ernährung, um Sport und den so genannten inneren Schweinehund, um Essen als Problemlösung, den Umgang mit Misserfolgen, Verhaltensänderung und die Macht der Gewohnheit.

»Zu jedem Kapitel finden Sie Anregungen und Aufgaben«, erklärte Dr. Mörken. »Die können sie in der Zeit zwischen den Treffen selbstständig zu Hause bearbeiten.« Frau Kessner nieste und sofort sprang der Herr mit dem Menjoubärtchen auf und bot ihr ein gefaltetes Taschentuch an. Seine Gewicht hinderte ihn nicht daran, sich elegant zu bewegen. Lächelnd bedankte sich Frau Kessner und putzte sich die Nase. Sie tat es sehr damenhaft.

»Heute Abend geht es zunächst einmal um den Bereich ›Diagnose und Therapieziel‹«, fuhr Dr. Mörken fort. »Doch zunächst, da wir einander alle nicht kennen, möchte ich Sie bitten, sich kurz vorzustellen. Herr Wiese, wenn Sie den Anfang machen wollen.«

Herr Wiese war der Mann mit dem Menjoubärtchen. Er räusperte sich. »Nun, mein Name ist Wiese, wie Sie schon sagten, ich bin neunundsechzig Jahre alt, im Sommer werde ich siebzig. Ich war mein ganzes Leben lang ein Hungerhaken.« Er lachte. »Ich war sehr überrascht, als ich vor ein paar Jahren plötzlich den ersten Ring auf meiner Hüfte entdeckte. Ich dachte, ich würde niemals dick werden, aber im Alter muss man sich eben daran gewöhnen, dass alles nicht mehr so ist, wie es einmal war.«

»Ja«, sagte Dr. Mörken, »damit müssen wir leider leben.« Herr Wiese strich über sein Bärtchen.

»Ich bin recht groß, 1,79 Meter, da verteilt sich das alles ein bisschen. So schlimm ist es nicht. Aber zehn Kilo weniger, das wäre schon schön.« Er machte eine Pause und lächelte, fast ein wenig kokett. »Sollte ich in den nächsten Jahren schrumpfen, müsste ich vielleicht noch ein paar Pfund mehr abnehmen.« Alle lachten, bis auf die Dame mit dem getönten Haar. Mit Humor schien man ihr nicht kommen zu dürfen.

»Herr Grüner, wenn Sie weitermachen wollen?« Dr. Mörken blickte hinüber zu dem Kleingärtner.

»Mein Mann hat auch erst in der letzten Zeit etwas zugelegt. Abends ein Bierchen oder zwei, Sie wissen ja, wie das ist. Und man bewegt sich doch weniger, wenn man älter ist. Nur im Garten, da ist er sehr aktiv. Und ich bin heute Abend mitgekommen, um zu hören, ob ich in Zukunft anders kochen muss.« Dr. Mörken nickte. Herr Grüner schwieg.

Als Nächstes stellte ich mich vor. Dabei befiel mich das leise Gefühl, falsch in dieser Gruppe zu sein. Zu unterschiedlich waren unsere Karrieren. Beide Männer hatten kaum Diäterfahrung und den »Jojo-Effekt« noch nie zu spüren bekommen. Ihre Körper würden ganz anders reagieren, wenn sie nun abnahmen. Sie würden ihre Kilos viel schneller verlieren als ich. Ich würde nicht mithalten können. Ich hörte sie bereits, die bekannte Stimme meiner Angst, die raunte: Na, packst du es diesmal ...? Ich suchte schon nach Argumenten, um mein bevorstehendes Scheitern zu erklären, um es zu rechtfertigen.

In straffen Zügen erzählte ich meine Geschichte.

»Gut«, rief Dr. Mörken und klatschte in die Hände. »An die Arbeit. Bitte schlagen Sie Ihre Bücher auf.« Alle blätterten, und Dr. Mörken wartete, bis jeder die richtige Seite gefunden hatte.

»Es hat sich gezeigt, dass es viel besser ist, wenn Sie Ihre Ernährungsgewohnheiten langsam umstellen«, begann er und sah in die Runde. »Lange Zeit ging man davon aus, dass wer abnehmen will, es sehr rigide tun muss. Dies war verboten, das war verboten – von heute auf morgen mussten die Menschen auf alle ihre Gewohnheiten verzichten. Jeder Fehltritt kam einer Katastrophe gleich. Das sieht man in der Wissenschaft heute viel moderater. Man akzeptiert inzwischen, dass Menschen sich nicht von einem Tag auf den anderen umkrempeln können.«

»Wohl wahr«, seufzte Herr Grüner. Seine Frau drehte ihm ihr veilchenfarbenes Haupt zu. Dann wandte sie sich Dr. Mörken zu und sagte: »Mein Mann meint, dass er es auch schon einmal versucht hat und genau diese strengen Vorschriften sehr belastend fand.« Mir war nicht klar, warum die Frau erklären musste, was ihr Mann eigentlich sagen wollte. Doch machte er ein Gesicht, als sei er dies seit langen Jahren gewohnt.

»Du darfst nicht gegen die Regeln verstoßen, und tust du es doch, folgt die Strafe umgehend – diese Gleichung hat etwas Alttestamentarisches«, sagte Dr. Mörken. »Sie entspricht nicht den Bedürfnissen moderner Menschen. Wer mag sich heute denn noch etwas verbieten lassen, nicht wahr?« Ich sah in die Runde und überlegte, wer hier wohl ein moderner Mensch war. Der Ansatz aber sagte mir zu. Dr. Mörken fuhr fort und sprach über den Energieumsatz und die Rolle der Vererbung. Dann kam er auf das zu sprechen, was er auch während seines Vortrages in der Volkshochschule so herausgehoben hatte: das Fettkonto.

Das Fettkonto war eine handliche Broschüre, die den Fettgehalt diverser Lebensmittel auflistete und darüber hinaus Vordrucke enthielt, in die man seinen persönlichen Fettverbrauch in Wochenübersichtsplänen festhalten konnte. Sammelte man pro Tag nicht mehr als sechzig Fettpunkte an – wobei ein Fettpunkt einem Gramm Fett entsprach – bewegte man sich im »grünen Bereich«. Im Bereich zwischen sechzig und achtzig Fettpunkten war die Tabelle gelb getönt und darüber hinaus begann der rote Teil. Rot hieß: Achtung, dieser Fettverbrauch ist zu hoch!

»Wenn mein Mann mehr als sechzig Fettpunkte ansammelt, muss ich also anders kochen?«, fragte Frau Grüner. Dr. Mörken nickte und verwies auf eine Liste fettarmer Nahrungsmittel, die als Ersatz für Sahne oder Crème fraîche infrage kämen.

»Der Vorteil der Tabellen ist, dass Sie immer einen Überblick über Ihre Ernährung behalten«, sagte Dr. Mörken. »Sie brauchen sich nur einmal in der Woche zu wiegen. Ja, es ist im Rahmen dieser Therapie sogar verboten, sich häufiger zu wiegen. Schließlich hängt das Lebensglück nicht allein davon ab, was der Zeiger im Bad anzeigt!« Er lachte und Herr Wiese stimmte ein. »Viel wichtiger ist, wie Sie sich fühlen«, sagte Dr. Mörken.

Angesichts meines beträchtlichen Wissens über Diäten musste ich einräumen, dass dies eine sehr modere Haltung war. Ich fragte mich, ob ich mit einer solchen Einstellung vor zwanzig Jahren wohl auch in die Diäten-Spirale hineingerutscht wäre. Vermutlich wäre der Druck, unter dem ich litt, niemals so groß geworden, wenn ich mich nicht von Anfang dieser strengen Maßgabe unterworfen hätte: Bloß keinen Fehltritt – sonst hast du sofort verloren!

»Untersuchungen haben gezeigt, dass dicke Menschen nicht unbedingt mehr essen.« Dr. Mörkens Stimme holte mich aus meinen Gedanken. »Aber dicke Menschen nehmen wesentlich mehr Fett als Kohlenhydrate zu sich. Während es bei Normalgewichtigen so ist, dass sie sich weniger süß und deutlich kohlenhydratreicher ernähren. Warum Übergewichtige eine Vorliebe für Fettes haben, das weiß man allerdings noch nicht.« Schade, dachte ich noch einmal, dass ich dieses Wissen nicht schon vor zwanzig Jahren gehabt habe.

»Der erste Schritt für Sie ist nun die Bestandsaufnahme. Sie alle haben, als Sie sich vorstellten, schon ein bisschen darüber erzählt, wie sich Ihr Gewicht in der Vergangenheit entwickelt hat. Bitte schlagen Sie in Ihrem Arbeitsbuch die Seite 10 auf. Sie finden dort eine Tabelle.« Alle blätterten in ihren Büchern. »In diese Tabelle tragen Sie zu Hause bitte ein, wie sich Ihr Gewicht in den Jahren bis heute entwickelt hat. In einer zweiten Kurve zeichnen Sie auf, wie Sie sich vorstellen, dass sich Ihr Gewicht in Zukunft entwickeln wird.

Denken Sie anschließend einmal über Ihre Essgewohnheiten nach. Schreiben Sie auf, wie man in Ihren Familien gegessen hat, als Sie Kinder waren. Erinnern Sie sich, ob Ihre Eltern und Geschwister eher schlank oder eher füllig waren. Was meinen Sie, warum Sie Übergewicht haben? Notieren Sie, was Sie täglich essen, und rechnen Sie Ihre Fettpunkte aus. Außerdem bitte ich Sie, Ihre Ziele zu formulieren. Und denken Sie dabei nicht nur in Kilo! Ziele können sein: Mein Lieblingskleid soll wieder passen; ich möchte wieder mit Freude essen; mein Blutdruck soll auf einen unbedenklichen Wert fallen. Sie können sich zum Ziel setzten, vier Mal pro Woche Gemüse zu essen oder zwei Mal pro Woche zum Sport zu gehen. All das sind Schritte auf dem Weg zu mehr Lebensqualität und Gesundheit. Beim nächsten Treffen werden wir darüber sprechen.« Herr Wiese schaute nachdenklich und Frau Grüner trug Falten auf der Stirn.

»Frau Grüner, Sie sehen aus, als wollten Sie etwas fragen«, lachte Dr. Mörken.

»Ja«, antwortete Frau Grüner trocken. »Wozu soll das gut sein?«

»Nun, die Menschen sind unterschiedlich«, antwortete Dr. Mörken. »Der eine nimmt zu, wenn er nur etwas zu essen sieht. Der andere isst alles auf und bleibt trotzdem schlank. Gewicht ist auch genetisch bedingt. Auch der Energieverbrauch ist abhängig von den Erbanlagen. Manche Menschen brauchen mehr Energie, manche weniger. Da all diese Faktoren eine Rolle spielen, wenn wir versuchen abzunehmen, steht am Anfang die Analyse. Wir sollten unsere eigene Situation und die Ursachen für unser Übergewicht kennen. Sonst droht die Gefahr, dass wir, wenn eine Diät nicht so verläuft, wie wir uns das vorstellen, schnell wieder aufgeben. Oder dass wir uns Selbstvorwürfe machen, weil unser Wille angeblich nicht stark genug ist.« Ich seufzte. »Wenn Sie ein Ziel erreichen wollen, ist es wichtig, dieses Ziel mit Ihrer Realität in Einklang zu bringen. Überzogene Ziele erreichen wir nicht. Im Gegenteil, sie sind kontraproduktiv. Sie machen unsere Vorsätze zunichte und uns das Leben zur Hölle.«

Frau Grüner nickte jetzt, Herr Wiese ebenfalls. Ich seufzte erneut und dachte an all die Blitz- und sonstigen Diäten, die einem stets in vollmundigen Worten einen schnellen und großen Erfolg versprachen. Als hätte er meine Gedanken gelesen, sagte Dr. Mörken: »Blitzdiäten sind Blödsinn. Sie gaukeln uns etwas vor. Nur langfristiges, gesundes Abnehmen hat auf die Dauer Erfolg.« Er sah sich um. »Hat noch jemand eine Frage?«

Niemand meldete sich zu Wort und so beendete Dr. Mörken den Abend. »In vier Wochen sehen wir uns wieder. Das genaue Datum wäre der ...« Er sah hinüber zu Frau Kessner, die ihrerseits auf dem Tisch nach einem Kalender suchte. Dabei hielt sie immer noch das Taschentuch in der Hand, das Herr Wiese ihr, ganz Kavalier, gegeben hatte.

»Das wäre der 5. Mai«, assistierte Frau Grüner. »Mein Mann wird pünktlich erscheinen.« Herr Grüner nickte und ich bemerkte Frau Kessners leicht amüsierten Blick. Dann ergänzte ich die Hausaufgaben für mich um einen weiteren Punkt. Wenigstens ein Kilo pro Woche müsste ich abnehmen; das machte bis Anfang Mai summa summarum vier Kilo. Schaffte ich das?

Herr Wiese und die Grüners standen auf, verabschiedeten sich und gingen hinaus auf den Flur, um ihre Jacken von der Garderobe zu holen. Auch ich erhob mich, doch Frau Kessner bedeutete mir, noch einen Augenblick zu warten. Ich setzte mich wieder.

»Bis in vier Wochen«, rief Frau Grüner und steckte ihren Kopf zur Tür herein. Sie hatte eine gelbe Mütze auf ihr veilchenfarbenes Haupt gestülpt; ihr Farbgefühl war erschlagend. Herr Grüner trug eine karierte Schiebermütze, wahrscheinlich hatte seine Frau sie für ihn gekauft. Ich konnte sehen, wie Herr Wiese auf dem Flur galant Frau Kessners Hand küsste. Dr. Mörken wiederum ließ seinen Charme auf des Kleingärtners Gattin los, doch vergeblich. Sein freundliches »Auf Wiedersehen« wurde spröde beantwortet. Schließlich hörte ich, wie die Praxistür ins Schloss fiel.

»Entschuldigen Sie«, sagte Frau Kessner, als sie, gefolgt von Dr. Mörken, zurückkam. Sie fuhr sich mit den Fingern durchs Haar. »Ich hoffe, Sie haben es nicht eilig?«

»Nein, nein.« Ich fragte mich, was wohl käme, aber insgeheim wusste ich es bereits. Frau Kessner würde meine Maße nehmen und mich wiegen wollen. Es war das ewig gleiche, unausweichliche Grauen.

»Ich brauche noch Ihre Daten. Die beiden Herren sind Patienten von Dr. Mörken, da haben wir alles vorliegen.« Frau Kessner blätterte in einer Kartei.

»Ich darf mich verabschieden, meine Damen?« Dr. Mörken griff nach seiner Jacke, die er lose über einen Stuhl geworfen hatte, und steckte ein Handy ein, das auf dem Schreibtisch lag. »Ich muss noch einmal ins Krankenhaus, wegen des Blinddarmdurchbruchs.«

Nachdem Dr. Mörken gegangen war, zog Frau Kessner eine leere Karteikarte aus dem Kasten und schrieb meinen Namen darauf. »Keine Angst, Sie müssen nicht auf die Waage«, sagte sie und sah mich dabei über den Rand ihrer Brille hinweg an.

»... ein Glück«, entfuhr es mir.

»Ich weiß, es ist unangenehm.« Obwohl sie schlank war, traute ich ihr durchaus zu, dass sie wusste, wovon sie sprach. Sie wirkte warmherzig und sensibel.

»Wir haben ein spezielles Gerät, um den Fettanteil im Körper zu messen«, sagte sie, ging hinüber zu einem Wandschrank und nahm eine Art Hantel heraus. Sie legte sie neben sich auf den Tisch und griff wieder nach ihrem Kugelschreiber.

»Wie groß sind Sie?«, fragte Frau Kessner.

»1,62 Meter.«

»Fassen Sie jetzt bitte dieses Gerät links und rechts an den Metallgriffen an, und halten Sie es fest.« In der Mitte der Hantel war ein kleines Display eingelassen, darunter eine Tastatur, auf der Frau Kessner Zahlen eintippte.

»Ihr Gewicht?«

»107 Kilo.«

»Geschlecht – das ist klar. Alter?«

»38 Jahre.« Frau Kessner drückte auf eine Taste, auf der in schwarzen Lettern »Start« stand. »Halten Sie die Hantel fest, bis es piept.« Irgendwann piepte es. Zwei Werte erschienen auf der kleinen Anzeigetafel. Frau Kessner notierte sie.

»Dieser Fettwert gilt bereits als adipös. Und als sehr gesundheitsgefährdend«, sagte sie. Obwohl solche Mitteilungen Teil ihrer täglichen Arbeit waren, sah ihr Gesichtsausdruck besorgt aus.

Nun ja, was sollte ich antworten. Es war mir nichts Neues.

Von nun an aß ich Hähnchenbrust mit süß-saurem Gemüse (neun Fettpunkte) oder Lachsforelle in Wirsing (21

Fettpunkte). Ich verzichtete auf Sahne und Schokolade, gönnte mir aber ab und zu ein Tiramisu, mit Magerquark und Joghurt anstelle von Mascarpone (20 Fettpunkte). Parallel begann ich, die Fettreduzierungspille einzunehmen.

Ich hatte von Dr. Mörken ein Rezept bekommen und fuhr in die Apotheke.

»Das macht dann bitte 180 Mark«, sagte die Apothekerin, steckte die Schachtel in eine kleine Tüte und schob sie über den Buchenholztresen. Ich schluckte.

Zu Hause schluckte ich wieder, als ich las, dass die Packung nur einen Monat ausreichen würde. Egal, dachte ich, das solltest du dir wert sein. Von nun an ernährte ich mich strikt nach Anleitung, zählte Fettpunkte und schluckte zu jeder Mahlzeit eine fettreduzierende Pille. Der Erfolg war durchschlagend.

Häufig lief ich spontan zur Toilette, manchmal erreichte ich sie im letzten Augenblick, und manchmal war es bereits zu spät. Die Fettreduzierungspille wirkte im Dünndarm. Dort blockierte sie bestimmte Moleküle, die Fette in einzelne Fettsäuren zerlegten, die der Körper in dieser Form überhaupt erst absorbieren konnte. Alles Fett, das nicht über die Darmwände aufgenommen wurde, wurde unverdaut wieder ausgeschieden. Je höher der ausgeschiedene Fettanteil, desto öliger und unkontrollierter der Stuhl. Keine sehr angenehme Begleiterscheinung. Doch je weniger Fett ich zu mir nähme, desto zügiger verschwänden diese Begleiterscheinungen, hieß es im Beipackzettel. Nicht zum ersten Mal in meiner Karriere biss ich die Zähne zusammen und sagte mir: Der Zweck heiligt die Mittel.

Zwei Wochen später hatte ich trotz der fettreduzierenden Pille kein einziges Kilo abgenommen. Was, ich gebe es zu, allein meine Schuld war. Denn kaum dass ich mit der Einnahme begonnen hatte, hatte ich auch jedem Appetit auf Süßigkeiten nachgegeben. Ich habe doch meine Pille, sagte ich mir und vertilgte mit Genuss eine Tafel Schokolade nach der anderen. Sie würde schon dafür sorgen, dass ich nicht zunahm. Ich betrog mich selbst und missbrauchte die Fettreduzierungspille als Freibrief. Erleichtert hörte ich, dass es anderen anfangs ebenso ergangen war.

Anfang Mai, als wir uns wieder in der Praxis von Dr. Mörken trafen, hatte ich zwei Kilo abgenommen. Anfang Juni wog ich bereits sechs Kilo weniger. Ich war stolz und konnte durchaus mit meinen Konkurrenten mithalten.

»Seit April habe ich sieben Kilo abgenommen«, verkündete Herr Wiese bei unserem übernächsten Treffen, »ich bin ganz zufrieden.«

»Mein Mann ist acht Kilo leichter«, sagte Frau Grüner. »Ich bin ebenfalls zufrieden.« Ihr Gatte schwieg und nickte.

»Wie ist es Ihnen ergangen seit dem letzten Treffen?«, fragte Dr. Mörken in die Runde.

»Nun, es gibt da dieses kleine, etwas unappetitliche Problem«, sagte Herr Wiese. Sein Ton und sein Gesichtsausdruck verrieten, woran er dachte.

»Sie meinen den Fettstuhl?« Dr. Mörken brachte es mit professioneller Deutlichkeit auf den Punkt. Herr Wiese nickte.

»Ich vermute, das Problem haben Sie alle einmal gehabt«, sagte Dr. Mörken.

»Ja«, sagte ich.

»Es kam zuweilen vor«, antwortete Frau Grüner und sah dabei aus, als litte sie ebenfalls darunter.

»Das ist eine Begleiterscheinung der Fettreduzierungspille«, sagte Dr. Mörken. »Allerdings setzt dieser Effekt nur ein, wenn Sie deutlich zu viel Fett gegessen haben. Was bedeutet, dass diese – zugegebenermaßen lästige –

Nebenwirkung durchaus auch etwas Positives hat: Sie ist ein Warnsignal.«

»Sie meinen, wenn ich zu fett esse, bekomme ich spätestens beim Gang zur Toilette die Rechnung präsentiert?«

»So ist es. Sie merken, dass Sie Ihren Speiseplan überdenken müssen.« Herr Wiese seufzte. Dann holte er Luft und sagte: »Ich denke, dieser unappetitliche Nebeneffekt wird mich in Zukunft bestens diziplinieren.« Sein Lächeln war nun beinahe kokett. Nacheinander stimmten alle ein, selbst Frau Grüner verzog ein wenig ihre Mundwinkel. Die Peinlichkeit wich allgemeiner Heiterkeit.

Dr. Mörken stand auf und ging hinüber zu einem weissen Metallschrank, dessen Tür quietschte, als er sie öffnete. Er nahm eine leere Flasche heraus, verschloss die Schranktür, wobei diese erneut quietschte, und setzte sich wieder in auf seinen Stuhl. »Ich möchte heute ein Spiel mit Ihnen spielen«, sagte er. »Ich glaube, Sie kennen es alle aus Ihrer Kindheit.« Er deutete auf die Flasche in seiner Hand.

»Flaschendrehen?«, fragte Herr Grüner und sein Gesicht leuchtete auf. Jedenfalls so lange, bis er den strengen Blick von Frau Grüner spürte.

»Genau. Wir spielen Flaschendrehen«, lachte Dr. Mörken. »Dazu sollten wir unsere Stühle zu einem Kreis zusammenrücken.« Er machte den Anfang und im nächsten Moment füllte das Geräusch von sechs über den Boden schleifenden Stühlen den Raum. Als alle saßen, platzierte Dr. Mörken die Flasche vor sich auf den Boden, seine rechte Hand legte sich um die schlanke Mitte der Flasche.

»Sie kennen noch die Regeln?« Alle nickten. Wie früher lag eine leise Spannung in der Luft. »Nun, meine erste Frage lautet: In welchen Situationen kann man Sie am leichtesten zu einem fetten Essen verführen?« Dr. Mörken sah in die Runde. Dann wandte er seine Hand entgegen dem Uhrzeigersinn, drehte sie im nächsten Moment in die entgegengesetzte Richtung und gab der Flasche so einen kräftigen Schwung. Sie schoss um ihre eigene Achse, rutschte ein wenig über den glatten Boden, drehte sich weiter, kam allmählich ins Trudeln und blieb schließlich liegen. Ihr Hals zeigte auf – Dr. Mörken. Alle lachten.

»Ich muss zugeben, am leichtesten verführt man mich an einer Bratwurstbude«, sagte Dr. Mörken. »Das erinnert mich auch heute noch an Spaziergänge mit meinem Vater. Sonntags, wenn Mutter ein Nickerchen hielt, ging Vater mit uns Kindern in den Wald. Am Ende unseres Spaziergangs kamen wir immer an einem Imbissstand vorbei. Meistens kaufte mein Vater jedem von uns vier Kindern eine Bratwurst.«

»Mir geht es so ähnlich«, sagte Herr Wiese. »Bei uns zu Hause gab es sonntags immer Torte. Ich habe die allerschönsten Erinnerungen an diese Nachmittage, und wenn ich heute an einem Café vorbeikomme und den Geruch von Kuchen und Kaffee rieche, ist das jedes Mal wie ein klitzekleiner Stich ins Herz.«

»Ich werde am leichtesten schwach, wenn ich Fernsehen gucke«, sagte ich und zögerte einen Augenblick. »Oder wenn ich traurig bin und das Gefühl habe, mir etwas Gutes tun zu müssen.«

»So hat jeder seine ganz persönlichen Schwachstellen. Seine Momente, in denen er verführbar ist«, sagte Dr. Mörken.

»Hinterher bekomme ich aber stets ein schlechtes Gewissen.«

»Auch das kennt wohl jeder. Ihre Bemerkung ist eine gute Überleitung. Lassen Sie uns noch ein anderes Spiel spielen.« Dr. Mörken stand auf und schob seinen Stuhl beiseite. Wir folgten seinem Beispiel. Dann zog Dr. Mörken zwei Stühle wieder hervor und stellte sie einander gegenüber in den Raum. »Lassen Sie uns einmal folgende Situation durchspielen: Sie sitzen abends gemütlich auf dem Sofa, sehen fern und plötzlich bekommen Sie Appetit. Es beginnt der Dialog mit dem ›inneren Schweinehund‹. Wer übernimmt die Rolle des ›inneren Schweinehunds‹, wer die des Gewissens?«

»Oh, ich übernehme nur zu gerne den ›inneren Schweinehund‹«, rief Herr Wiese. »Ich kenne alle seine Argumente.« Ich erklärte mich bereit, in die Rolle des Gewissens zu schlüpfen. Wir setzten uns auf die beiden Stühle; die anderen Teilnehmer traten einen Schritt zurück und sahen uns zu.

»Ach, jetzt hätte ich gerne eine Tüte Chips«, begann Herr Wiese und strich sich über den Bauch.

»Chips machen dick«, konterte ich.

»Aber ein Fernsehabend ohne Chips ist nicht gemütlich. Das ist wie eine Suppe ohne Salz.«

»Du könntest dir ein paar Karotten aus dem Bioladen holen.«

»Die schmecken nicht.«

»Oh, sie sind köstlich. Und sie haben weder Kalorien noch Fettpunkte – sie sind unschlagbar gesund!«

»Zum Fernsehen gehören Chips. Das war schon immer so.« Herr Wiese machte eine kurze Pause und lächelte ein diabolisches Lächeln. »Oder zumindest eine Tafel Schokolade.«

Schlagartig lief auch mir das Wasser im Mund zusammen. Es fiel mir schwer, mich auf Gegenargumente zu konzentrieren. »Schokolade macht fett«, sagte ich mit einiger Mühe.

»Schokolade ist lecker«, säuselte Herr Wiese.

»Schokolade macht Karies.«

»Schokolade tut gut«, lockte Herr Wiese.

»Schokolade ist teurer geworden.« Mir gingen die Argumente aus, und Herr Wiese spürte es.

»Das ist doch egal. Ein bisschen was Gutes muss man sich manchmal gönnen. Und eine Tafel würde ja schon reichen. Oder zumindest ein paar Riegel.«

Ich gab mich geschlagen.

»Hat jemand noch ein Argument parat?«, fragte Dr. Mörken in die Runde. »Frau Grüner?«

»Wir haben keine Schokolade im Haus«, sagte Frau Grüner.

»Das macht nichts. Ich fahre schnell los und hole welche«, antwortete ich grinsend.

»Sie sehen, es ist ausgesprochen schwierig, den Lockungen des ›inneren Schweinehundes‹ nicht nachzugeben«, sagte Dr. Mörken und zog die abseits stehenden Stühle wieder näher heran. »Seine Argumente sind attraktiv und lustig. Die Argumente des Gewissens sind vergleichsweise dröge: es ist gesünder, vernünftiger, besser keine Chips und keine Schokolade zu essen. Aber die Lust bleibt auf der Strecke.« Alle nickten und murmelten Zustimmendes, sogar Frau Grüner.

»Doch es lassen sich ja – wie in jedem Konflikt – Kompromisse finden! Eine Hand voll Salzstangen statt einer Tüte Chips. Ein Tellerchen mit Keksen und Puffreis statt eines Stücks Torte. Das wären Alternativen. So können Sie Ihre Lust auf Chips stillen *und* sich für die gesündere, vernünftigere Möglichkeit entscheiden.« Dr. Mörken sah in die Runde. Alle nickten und machten dabei – mich selbst wohl eingeschlossen – ein Gesicht, als begegnete ihnen ein solcher Gedanke zum ersten Mal. Es war ein unbekanntes Lebensgefühl, nicht nur mit Verboten zu leben, sondern sich in Maßen auch zu verwöhnen.

»Lust statt Frust«, sagte Dr. Mörken. »Nur ein Engel, der genießen kann, hat auch gute Chancen, den Teufel zu besiegen.«

Am Ende des Abends lud Frau Kessner mich zu den Treffen einer Turngruppe ein.

»Dort treffen sich Teilnehmer aus früheren Gruppen. Ein Krankengymnast leitet den Kursus. Gehen Sie einmal hin, es macht Spaß.« Spontan sagte ich zu.

Als ich am darauf folgenden Montag die Turnhalle betrat, traf ich auf eine Runde ausgelassener mehr oder weniger dicker Frauen. Herr Wiese hatte sich als einziger Mann angeschlossen, was ich sehr mutig fand. Der Krankengymnast ließ uns eine Weile mit den Armen kreisen und mit den Beinen rotieren. Später gingen wir in den Wald zum Walking. Zügig marschierten wir über weiche Waldwege – ein exellentes Ausdauertraining für Übergewichtige, weil es die Gelenke schont. Am Ende tanzten wir zu südamerikanischer Musik. Der Krankengymnast führte uns an unsere Grenzen, aber er überforderte uns nicht. Ich kam ins Schwitzen, ohne mich dabei zu sehr zu verausgaben. Es war körperlich angenehm und sehr spaßig, die Musik groovte. Ich tanze gerne, ein guter Rhythmus holt all mein Temperament, das ich im Alltag manchmal vergrabe, aus mir heraus. Herr Wiese war ebenfalls in seinem Element.

»Darf ich bitte?«, fragte er und machte eine leichte Verbeugung. Meine Vermutung, dass er im Grunde seines Herzens ein Salonlöwe war, bestätigte sich. Der Reihe nach forderte Herr Wiese alle Damen auf. Die meisten erlagen seinem Charme, und er legte Tänzchen hin wie wohl in seinen besten Jugendtagen.

Als ich durch die gläserne Eingangstür trat, schlug mir der Geruch von Chlor und Haarshampoo entgegen. Die

Trainer trugen schwarze Hosen und T-Shirts. Ein diffuser Teppich aus Stimmen lag unter allem. Hinter einem aus Ziegelsteinen gemauerten Empfangstresen standen zwei junge Mädchen, freundlich, schlank und zuckersüß. Sie sahen mich an, ohne den üblichen Was-will-die-denn-hier-Blick.

»Was kann ich für dich tun?«, fragte die mit den blonden Zöpfen.

»Ich möchte trainieren.«

»Dann rufen wir gleich einmal einen Trainer«, sagte sie, und ihre Kollegin mit dem roten Bürstenschnitt ging hinüber zu einem Mikrofon und rief einen Namen aus, den ich nicht verstand. Es schien ganz natürlich, dass ich hier an diesem Tresen in diesem Fitnesscenter unter all diesen schlanken Menschen stand.

»Der Trainer wird mit dir ein Programm zusammenstellen. Er erklärt dir die einzelnen Geräte, die Übungen und Bewegungsabläufe und was du sonst noch wissen musst.« Sie lächelte, niedlich und herzig, und die Reste meiner Skepsis und meines Unbehagens, mich wieder in eine solche Trainingshölle zu wagen, zerschmolzen.

»Dies ist dein provisorischer Ausweis«, sagte das Mädchen mit dem roten Bürstenschnitt und schob mir eine Art Scheckkarte über den Tresen. »Damit kannst du deinen Kleiderschrank verschließen. Über den Magnetstreifen kannst du später auch Geld auf die Karte laden. Das ist praktisch, wenn du in unser Solarium gehen möchtest.«

»Oder wenn du in unserem Fitness-Café nach dem Training etwas trinken möchtest«, sagte die Blonde.

Eingelullt von so viel Freundlichkeit ging ich in die Umkleidekabine. Dort traf mich die harte Wirklichkeit.

Der Raum war hell und großzügig. Von einem langen Gang zweigten links drei große Buchten ab, in deren Mitte Bänke standen. Um die Bänke herum waren mit einigem Abstand die Kleiderschränke angeordnet. An der gegenüberliegenden Wand hatte man mehrere übermannshohe Spiegel angebracht. Die gesamte Architektur war offen und transparent. Es gab keine Nischen, keine Verstecke, keine heimlichen Plätze für ein bisschen Intimität. Ich wählte einen Winkel, von dem aus zumindest kein Spiegel zu sehen war. Ich hatte Glück, denn außer mir war niemand da. Es war Vormittag und recht leer. Zügig packte ich meine Tasche aus, legte Jogginghose und T-Shirt bereit, und bückte mich umständlich, um meine Schnürsenkel zu öffnen.

Jahrelang hatte ich mich erfolgreich herausgeredet. Wenn ich erst einmal zehn, fünfzehn Kilo abgenommen habe ... Ja, sobald ich das geschafft habe, mache ich es ... Dann gehe ich sofort zum Sport, bestimmt! Doch seit Dr. Baumanns Vortrag stand fest, dass ich nicht darum herumkam. Es hatte keinen Sinn zu warten. Die einzige Chance meinen Grundumsatz zu steigern lag darin, mich zu bewegen. Zwar ging ich regelmäßig einmal in der Woche zur Gymnastik, doch reichte das allein nicht aus. Ich erinnerte mich, wie gut es meinem Rücken getan hatte, als ich nach der letzten Kur für drei Monate in einem Fitnesscenter trainiert hatte. Alles zusammengenommen führte schließlich dazu, dass ich mir Adressen von Sportstudios aus dem Telefonbuch herausschrieb. In das alte Studio wollte ich nicht zurück, den Kasernenhofton des Trainers dort hatte ich noch im Ohr.

Ich zog meine Schuhe aus, die Socken, den Pullover. Ich horchte auf Schritte, auf fremde Stimmen. Alles war still. In Windeseile knöpfte ich meine Bluse und die Hose auf, zog mich aus und stieg in meine Sportsachen. Schnell, schnell. Bevor jemand kam. Innerhalb von zehn Sekunden war ich umgezogen. Bis heute ist es mir peinlich, meinen Körper fremden Blicken auszusetzen. Bis heute habe ich Hemmungen, mich auszuziehen. Ich verhülle meine Speckrollen, und es gibt mir ein relatives Gefühl von Sicherheit, wenn ich meinen Körper verborgen weiß. Wenn niemand sehen kann, was da wirklich wabbelt und quillt. Mein Schamgefühl ist groß.

Erleichtert schob ich meine Tasche in den Schrank, hängte den Mantel auf einen Kleiderbügel und die restlichen Kleider über die Kleiderstange. Um den Schrank zu schließen, musste man den Magnetstreifen der Scheckkarte an einem kleinen Infrarotlicht entlangschieben. Es klackte leise, der Schrank war zu. Ich befestigte den Klemmverschluss der Karte an meinem Handtuch und ging in den Trainingsraum.

Dort wartete bereits der Trainer.

»Hallo, ich bin Marc«, sagte er und streckte mir die Hand entgegen. Ich folgte ihm in den ersten Stock hinauf, wo die Fahrräder und die Stepper standen. Marc erklärte die einzelnen Knöpfe neben dem Display: Geschwindigkeitsanzeige, Kilometeranzeige, Zeitanzeige, Kalorienverbrauch, Herzfrequenz.

»Ich stelle dir erst einmal den niedrigsten Schwierigkeitsgrad ein. Zehn Minuten, das genügt zum Warmwerden.«

Auch später, als wir hinüberwechselten in die Halle mit den Kraftgeräten, ließ mich Marc – muss ich sagen, dass auch er jung, schlank und durchtrainiert war? – keinen Moment spüren, wie wenig ich dem schlanken Ideal entsprach. Damit hatte ich nicht gerechnet; ich fühlte mich richtiggehend wohl. Später entdeckte ich, dass außer mir auch andere übergewichtige Frauen in diesem Studio trainierten. Man war hier unter ganz gewöhnlichen Menschen und nicht umgeben von einem Heer gestählter Aerobicschönheiten in hautengen Kampfanzügen.

Am Ende unterschrieb ich einen zeitlich unbegrenzten Vertrag und verabschiedete mich gut gelaunt von Marc und den beiden Mädchen am Empfang.

Ich kochte weiterhin leichte Kost, aß Frischkäse und Knäckebrot, eine Scheibe Braten hier und da sowie jede Menge Pasta wegen der Kohlenhydrate. Täglich trug ich die Zahl meiner Fettpunkte in eine Tabelle ein, und manchmal las sich die Kurve wie das Fahrtenbuch einer Achternbahn. Oft lag ich unter dem täglichen Schnitt von sechzig Fettpunkten, doch ab und zu schoss ich hoch in den gelben Toleranzbereich zwischen sechzig und achtzig Fettpunkten, und an einigen Tagen lag ich sogar jenseits der Grenze im roten Bereich. Trotzdem nahm ich ab. Seit knapp drei Monaten schluckte ich die Fettreduzierungspille und hatte bereits zehn Kilo verloren. Nach zwanzig Jahren mehr oder weniger vergeblicher Versuche ein beachtlicher Erfolg.

Während des Sommers wurde ich zu mehreren Grillfesten eingeladen. Ich schränkte mich ein und aß möglichst wenig fettes Fleisch. Ich wusste ja um die Wirkung der fettreduzierenden Pille.

Ich genoss es wieder, in Gesellschaft zu sein. Ich genoss das Leben.

Allerdings verursachte die Tablette Blähungen. Gelegentlich bekam ich Bauchweh. Beides war im Beipackzettel als mögliche Nebenwirkung beschrieben. Ich nahm es als den Preis, den ich für meine neugewonnene Freiheit zahlen musste. Er erschien mir nicht allzu hoch. Die Tabletten wurden zu meiner persönlichen Fett-Bremse, sie gaben mir Sicherheit.

Mit Grauen erinnerte ich mich zuweilen an die Zeiten, in denen ich befürchtet hatte, ins Uferlose zu wachsen, zuzunehmen und zuzunehmen, immer weiter meine bisherigen Grenzen zu sprengen, bis ich eines Tages 130, 140, 150, 160 Kilo wöge. Die Gefahr, ins Unermessliche auszuufern war ein für alle Mal gebannt.

Eines Tages ging ich in eine Buchhandlung und fragte, ob es ein Buch übers Dicksein gab. Die Buchhändlerin ging zu einer Säule und zog ein Taschenbuch heraus. Ein dicke Frau auf dem Titel, sie musste mindestens 100 Kilo wiegen, verkündete stolz, sie bleibe, wie sie sei.

»Haben Sie auch ein Buch, dass beschreibt, wie unglücklich man sein kann, wenn man 100 Kilo wiegt und sich nicht darüber freut? Wenn man immer wieder vergeblich versucht abzunehmen?« Die Frau sah mich erstaunt an und schüttelte den Kopf.

Auf dem Heimweg ließ der Gedanke mich nicht mehr los. Hätte ich in irgendeiner Buchhandlung ein solches Buch entdeckt, ich hätte es sofort gekauft. Ich hätte es gelesen, weil es mich getröstet hätte zu wissen, dass ich mit meinem Problem nicht alleine auf der Welt war. Schließlich rief ich eine Bekannte an, die in einem Verlag arbeitete, und erzählte ihr von meiner Idee.

In den kommenden Wochen sprach ich mit niemandem darüber. Ganz im Stillen entwickelte ich einen Plan. Langsam, Schritt für Schritt nahm er Gestalt an, wand sich, schlängelte sich aus meinem Gehirn in die Welt heraus, suchte seinen Weg, bis er schließlich klar und bestechend vor mir lag. Noch einmal telefonierte ich mit meiner Bekannten. Dann ging alles wie von allein.

Ich hatte weder Angst noch Skepsis, da war kein Befremden, ich freute mich einfach, einmal meine Geschichte erzählen zu können. Die Freude darüber wuchs mit jedem Augenblick. Das Buch bot die Möglichkeit, aus der inneren Einsamkeit herauszutreten, in der ich mich über viele Jahre hinweg eingerichtet hatte. Es gab mir die

Chance, all den Menschen, die mich immer wieder gefragt hatten, warum ich mich denn nicht beherrschen könne, eine Antwort zu geben. Vielleicht auch mit all jenen abzurechnen, die mich mit ihren abschätzigen Blicken und Bemerkungen immer wieder verletzt und gedemütigt hatten. Es bot ein Ventil für allen Leidensdruck. Es war die Möglichkeit, mich intensiv mit meiner eigenen Geschichte auseinander zu setzen. Sogar das freute mich mehr, als dass es mich schreckte, seltsamerweise.

Als ich, ein wenig zu früh, das Sprechzimmer betrat, standen bereits sechs Stühle in einem mittelgroßen Halbkreis. Auf jedem Stuhl lagen eine blütenweisse Karteikarte und ein Bleistift. Ich setzte mich. Aus dem Nebenzimmer hörte ich Dr. Mörkens Stimme. Er schien zu telefonieren, denn es gab keine Stimme, die ihm antwortete. Frau Kessner hatte sich entschuldigt, um sich schnell ein wenig frisch zu machen.

Kurze Zeit später trafen Herr Wiese und Frau Grüner mit ihrem Gatten ein. Offensichtlich hatte sie ihr Haar neu getönt; noch nie war es von einem so kraftvollen Violett gewesen. Dazu trug sie ein rotes Kleid mit grünen Paspelnähten. Doch ich staunte mehr darüber, dass mir Frau Grüners Aussehen nicht mehr die Sprache verschlug; offensichtlich hatte ich mich, ohne es zu merken, an ihren Geschmack gewöhnt. Im selben Moment kam Frau Kessner von der Toilette zurück. Sie hatte sich die Lippen geschminkt, in einem klaren, frischen Rot.

»Ich fürchte, es dauert noch einen Augenblick, bis Dr. Mörken erscheint. Er telefoniert mit einem Professor in der Schweiz. Aber ich denke, wir können schon beginnen. Wie ist es Ihnen seit unserem Treffen vor vier Wochen ergangen?«

»Gut«, sagte Herr Wiese. »Ich fühle mich rundherum wohl. Ich habe sogar ein paar Komplimente bekommen, als ich am Sonnabend mit meinem Kegelklub unterwegs war.«

»Mir geht es auch gut«, sagte ich. »Ich nehme kontinuierlich weiter ab und habe nur selten Heißhunger auf Süßigkeiten.«

»Das freut mich. Und Sie, Herr Grüner?«

»Mein Mann fühlt sich auch sehr gut. Selbst diese anfänglichen unappetitlichen Nebenwirkungen der Tabletten sind nicht mehr aufgetreten.«

»Dann kochen Sie perfekt, meine liebe Frau Grüner.« Dr. Mörken stand im Türrahmen. »Ihr Mann kann sich glücklich schätzen.«

»Das tut er«, antwortete Frau Grüner. Ihr Mann nickte.

»Guten Abend erst einmal«, sagte Dr. Mörken, während er sich auf den letzten freien Stuhl setzte. Er entschuldigte sich für seine Verspätung. Dann fragte er reihum, welche Erfahrungen jeder einzelne Teilnehmer während der vergangenen Wochen mit der Fettreduzierungspille gemacht hatte, wie es mit den Fettkonten klappte, wie mit der Ernährung insgesamt und welche Fortschritte wir beim Sport machten. Alle kamen im Großen und Ganzen gut mit der Therapie zurecht, hier oder da gab Dr. Mörken einen kleinen Tipp.

»Gut. Dann kommen wir heute zu einem ganz wichtigen Thema. Sie haben, als Sie kamen, alle eine Karteikarte auf Ihren Stuhl vorgefunden. Ich möchte Sie gleich bitten, auf dieser Karte zu notieren, mit welchen Vorurteilen über das Dicksein Sie in der Vergangenheit konfrontiert wurden.« Für einen Moment war es vollkommen still.

»Wir leben heutzutage mit ziemlich strikten Vorstellung davon, was schön ist. Jede Frau sollte möglichst wie

Claudia Schiffer oder Cindy Crawford aussehen und jeder Mann wahlweise wie Kevin Costner, Brad Pitt oder Arnold Schwarzenegger ...« Herr Wiese pumpte seinen Bizeps auf und Dr. Mörken musste grinsen. »Herr Wiese, nehmen Sie mich womöglich nicht ernst?«, lachte er.

»Doch sicher, Herr Doktor. Ich habe mir nur gerade vorgestellt, wie ich wohl aussähe, wenn ich Arnold Schwarzeneggers Muskeln hätte. Oder ...« Herr Wiese konnte sich kaum halten vor Vergnügen. »Oder wie Arnold Schwarzenegger aussähe, wenn er so alt wäre wie ich.«

»Das ist in der Tat eine amüsante Vorstellung«, gab Dr. Mörken zu. »Dennoch geben diese Schönheitsideale nicht nur Stoff zum Lachen. Im Gegenteil. Vor allem Menschen, die seit Jahren oder Jahrzehnten mit Übergewicht kämpfen, lehnen ihren Körper ab. Sie fühlen sich in ihrer viel zu großen Hülle ausgesprochen unwohl. Die wenigsten haben gelernt, sich mit ihrer Figur zu arrangieren oder gar anzufreunden. Nicht selten geht die Ablehnung so weit, dass diese Menschen einen regelrechten Hass gegenüber ihrem eigenen Körper entwickeln.« Wie ein Blitz schoss mir das Bild in der Umkleidekabine durch den Kopf. Ich sah mich, wie ich geschüttelt von Ekel und Abscheu an meinen Bauchfalten riss – bis Kerstin den Vorhang aufzog und entsetzt und mit eisernem Griff meine Handgelenke festhielt. Mir lief ein Schauer über den Rücken.

»Eine Diät ist immer auch ein Versuch, sich dem allgemeinen Schönheitsideal anzunähern. Dahinter steckt der Wunsch, den eigenen unförmigen Körper auf ein Maß zurechtzustutzen, in dem er liebenswert ist. Die seelischen Ursachen, die hinter einem solchen schwach ausgeprägten Selbstwertgefühl stehen, sind höchst unterschiedlich und sehr individuell. Im Einzelnen auf sie einzugehen würde hier den Rahmen sprengen. In solchen Fällen ist ein geschulter Psychologe sicher der bessere Ansprechpartner. Ich möchte jedoch heute mit Ihnen über Vorurteile sprechen, denen dicke Menschen immer wieder begegnen und die am Selbstbewusstsein nagen. Schreiben Sie jetzt bitte auf Ihre Karteikarten, in welche Schublade man Sie aufgrund Ihrer Figur bereits gesteckt hat. Welche Eigenschaften und Verhaltensweisen werden Dicken gemeinhin zugeschrieben. Sie haben zehn Minuten Zeit, dann werden wir in der Gruppe über das, was Sie zusammengetragen haben, sprechen.«

Es dauerte keine zehn Minuten, bis meine Karteikarte von oben bis unten voll geschrieben war.

»Frau Jöhnk, Ihnen scheinen die Vorurteile nur so aus der Feder geflossen zu sein«, sagte Dr. Mörken und sah mich an. Ich nickte und las vor:

Dicke sind faul – Dicke sind maßlos – Dicke haben einen schwachen Willen – Dicke können sich nicht beherrschen – Dicke schwitzen – Dicke stinken – Dicke sind ungepflegt – Dicke essen den ganzen Tag über – Dicke kosten die Krankenkassen ein Vermögen – Dicke sind dumm – Dicke sind doof ...

»Und was davon stimmt?«, fragte Dr. Mörken schließlich provokativ.

»Alles.«

»Das glaube ich nicht.«

»Nein, nichts stimmt«, sagte ich. »Aber manchmal kommt es mir so vor, als würden all die Vorurteile doch irgendwie stimmen.«

»Darum ist es hilfreich, diese Aussagen einmal auf ihren Wahrheitsgehalt hin zu überprüfen.«

»Ich finde beispielsweise nicht, dass ich faul bin«, sagte Herr Wiese. »Im Gegenteil, manchmal habe ich den Eindruck, als könnten sich meine Enkel einmal ein Beispiel an mir nehmen. Die liegen nämlich den ganzen Nachmittag über vor dem Fernsehapparat, und die größte körperliche Anstrengung, der sie sich aussetzen, ist, dass sie auf ihrem *Gameboy* ein paar Knöpfe drücken.« Dr. Mörken schmunzelte.

»Mein Mann ist auch nicht faul. Erst gestern hat er die Apfelbäume zurückgeschnitten. In seinem Alter.« Frau Grüners Blick ruhte auf ihrem Gatten, und Herr Grüner sah ein wenig stolz aus.

»Ich stinke auch nicht«, sagte ich, »und dumm bin ich schon gar nicht.«

»Machen wir ein Rollenspiel«, schlug Dr. Mörken vor. Ein Vorurteil nach dem anderen kam auf den Tisch. Gemeinsam suchten wir nach Möglichkeiten, sie zu entkräften. Ich begann:

»Ja, ich schwitze, wenn ich mich bewege. Mein Kreislauf kommt in Fahrt, sobald ich Sport mache. Aber ich habe ein gutes Deodorant.«

Frau Grüner fuhr fort:

»Nein, Dicke haben nicht unbedingt einen schwachen Willen. Es sind die Diäten und ihre strengen Verbote, die den Heißhunger schüren.«

Herr Wiese schloss sich an:

»Nein, Dicke sind nicht doof. Sie haben mehr Fett auf den Knochen als andere, aber genauso viel Gehirn unter der Schädeldecke.«

Am Ende zogen wir amüsiert Bilanz. Wer es schaffte, sich nicht von Vorurteilen verletzen zu lassen, konnte ihnen sachlich begegnen und sie als das entlarven, was sie waren: blanker Unsinn.

Auf der Fahrt nach Hause schaltete ich das Autoradio ein. Auf dem Sender, den ich am besten empfangen konnte, lief eine Schlagersendung. Ich drehte die Lautstärke hoch und kurbelte das Fenster herunter. Voller

Freude über das Leben sang ich mit Julio Iglesias um die Wette. »*Amor, amor, amor ...*«

Die Arbeit an dem Buch ist abgeschlossen. Noch einmal all die Jahre, die gescheiterten Diäten und die Enttäuschungen zu rekapitulieren, war schmerzhaft, aber auch heilsam. Vieles in meinem Leben hat sich verändert.

Vor einer Weile habe ich eine Psychotherapie begonnen. Irgendwann, wenn auch spät, hatte ich begriffen, dass ich nicht nur dick war, weil ich es nicht schaffte, eine Diät durchzuhalten. Die Ursachen für mein extremes Übergewicht liegen tiefer. Ich habe heute den Mut, mir selbst zu begegnen und Fragen zu stellen nach den Ursachen meines Leids.

Noch immer esse ich ausgesprochen gern. Doch ich ernähre mich bewusst, ausgewogen und fettarm. Unterstützt durch die Fettreduzierungspille nehme ich beständig weiter ab, Kilo für Kilo.

Nach wie vor treibe ich regelmäßig Sport. An manchen Tagen muss ich mich überwinden. Auf dem Weg vom Büro zum Fitnessstudio komme ich an einer Ampel vorbei. Meist ist sie rot, und man muss halten. Links zweigt die Straße ab, die zum Sportstudio führt. Ich ringe mit mir, ich bin faul, habe keine Lust, will einfach nicht. Die Ampel springt um auf grün, und ich fahre weiter, geradeaus. Sofort mache ich mir Vorwürfe. Fahr zum Sport, sag ich mir. Zu Hause wirst du auf dem Sofa herumliegen, fernsehen und irgendwann den Kühlschrank plündern. Also los, fahr zum Sport! Ich komme an eine weitere Kreuzung, auch hier steht eine Ampel, auch sie ist meist rot. Ich halte wieder. Die Ampel springt auf Grün. Ich fahre – und biege links ab. Auch diese Straße führt zum Fitnesscenter. Ich bin stolz, meinen inneren Schweinehund bezwungen zu haben.

Manchmal gehe ich an den hohen Spiegeln im Umkleideraum entlang, sehe mich – und brauche all meine Kraft, um nicht sofort umzudrehen. Ich rede mir gut zu, betrete trotzdem den Trainingsraum, sage mir, dass mein Eindruck von allen Seiten angestarrt zu werden nur eine Einbildung ist. Ich glaube mir kein Wort. Aber ich gehorche meiner Vernunft. Ich bemühe mich, mich nicht hinabziehen zu lassen von meinem Minderwertigkeitsgefühlen. Würde ich ihnen nachgeben, würde ich in mir zusammenfallen, zu einem Haufen Elend, einem mickerigen weinerlichen Ich, das sich nichts mehr traut in diesem Leben. Das gesamte Leben wöge zentnerschwer.

Manchmal verrutscht beim Heben der Gewichte mein T-Shirt, oder es legt sich, auch wenn es noch so weit geschnitten ist, bei bestimmten Bewegungen eng an den Körper. In diesen Momenten stockt mir für Sekunden der Atem. Wieder scheinen alle Blicke auf mich gerichtet zu sein. Wieder zwinge ich mich, nicht daran zu denken. In keinen Spiegel zu sehen, mich nicht umzublicken, mich nicht in mir selbst zu verkriechen. Es ist ein ständiges Ringen.

Es gibt Erfolge zu verzeichnen. Tage, an denen ich auf das Fahrrad steige und leicht und zügig dahinfahre, fröhlich summe, sogar den nächsthöheren Schwierigkeitsgrad wähle und die Trainingszeit freiwillig auf eine Viertelstunde erhöhe. An anderen Tagen fahre ich drei Minuten und meine Beine werden steinschwer. Ich habe das Gefühl, bereits seit einer halben Stunde zu strampeln, auf einer endlosen Route, ohne Sinn, ohne Ziel, ohne Erfolg. An den Geräten stufe ich die Gewichte herunter, alles ist beschwerlich, und ich frage mich: Warum tust du dir das an?

Für mich ist es bereits ein großer Erfolg, dass ich trotzdem dabeibleibe.

Eine Etage unter dem Geräteraum liegt ein Swimmingpool. Noch traue ich mich nicht hinein. Mich im Badeanzug oder unter der Dusche zu präsentieren, dazu fehlt mir bislang der Mut. Aber es wird nicht mehr lange dauern ...

Ich zwinge mich nicht mehr zum Erfolg. Wenn ich etwas erreichen will, muss ich gelassen bleiben und Schritt für Schritt auf mein Ziel zugehen. Ich versuche, meine Ansprüche an mich selbst herunterzuschrauben, sie auf einem Niveau anzusiedeln, auf dem ich ihnen auch entsprechen kann. Ich versuche, jeden Leistungsdruck zu vermeiden, ich gebe auf mich Acht.

Ich wiege heute 92 Kilo. Ich habe meinen Weg gefunden, und ich bin zuversichtlich: Diesmal werde ich es schaffen.

Er war der kommende Mann im internationalen Radrennsport, doch dann kam der Krebs: Hodenkrebs – mit Metastasen in der Lunge und zwei Tumoren im Gehirn. Überlebenschancen: nahezu keine. Der Profiradsportler Lance Armstrong erzählt seine unglaubliche und bewegende Geschichte, die aus ihm einen anderen Menschen gemacht hat.
Eine Geschichte von Zusammenbruch und Durchhaltewillen, von Verrat und Freundschaft, von Verzweiflung und Liebe, von der Hölle der Chemotherapie und dem Zusammenbruch aller Lebenspläne – eine Geschichte, die mit der Rückkehr ins Leben endet und den Siegen der Tour de France 1999 und 2000.

»Ein erschütternd beglückendes Buch.«

Welt am Sonntag

»Mehr als lesenswert, nicht nur für Radsport-Aficionados.«

Kölner Stadt-Anzeiger

ISBN 3-404-61470-4

BASTEI LÜBBE